CRIMINOLOGIA

Coleção
CARREIRAS POLICIAIS

COORDENADORES
EDUARDO FONTES
HENRIQUE HOFFMANN

Organizadores Eduardo Fontes | Henrique Hoffmann

CRIMINOLOGIA

2018

EDITORA JusPODIVM
www.editorajuspodivm.com.br

EDITORA
*Jus*PODIVM
www.editorajuspodivm.com.br

Rua Mato Grosso, 164, Ed. Marfina, 1º Andar – Pituba, CEP: 41830-151 – Salvador – Bahia
Tel: (71) 3045.9051
• Contato: https://www.editorajuspodivm.com.br/sac

Diagramação: Ana Paula Lopes Corrêa *(aninha_lopescorrea@hotmail.com)*

Capa: Marcelo S. Brandão *(santibrando@gmail.com)*

Imagem de Capa: fotolia.com.br | #85319691 | conejota e #94777006 | Jiri Hera

---

C314 Carreiras policiais: criminologia / Salvador: Editora JusPodivm, 2018.

336 p. (Carreiras Policiais / coordenadores Eduardo Fontes e Henrique Hoffmann)

Bibliografia.
ISBN 978-85-442-2201-0.

1. Delegado Federal. 2. Didática - Métodos de ensino instrução e estudo. 3. Métodos de estudo (para casa, livro de anotações, relatórios escritos. 4. Motivação. 5. Orientação vocacional e profissional. I. Fontes, Eduardo. II. Hoffmann, Henrique. III. Título.

CDD 371.425

Sobre os autores

Eduardo Fontes

Professor do CERS. Coach da Ad Verum. Especialista em Segurança Pública e Direitos Humanos pela UNISO. Aprovado nos concursos de Procurador do Estado de São Paulo e Delegado de Polícia Civil no Paraná. Delegado de Polícia Federal. Premiado como melhor Delegado de Polícia do Brasil na categoria jurídica.

Henrique Hoffmann

Professor do CERS, Vorne, Escola da Magistratura do Paraná, Escola da Magistratura do Mato Grosso, Escola do Ministério Público do Paraná, Escola Superior de Polícia Civil do Paraná, SENASP e TV Justiça do STF. Colunista do Conjur e da Rádio Justiça do STF. Mestre em Direito pela UENP. Especialista em Direito Penal e Processual Penal pela UGF. Bacharel em Direito pela UFMG. Ex-Delegado de Polícia do Mato Grosso. Delegado de Polícia Civil do Paraná. Premiado como melhor Delegado de Polícia do Brasil na categoria jurídica. www.henriquehoffmann.com

Apresentação da Coleção Carreiras Policiais

A Coleção Carreiras Policiais tem a missão de preparar o concurseiro para provas de concursos públicos para delegado de polícia e demais carreiras policiais.

Os conteúdos são apresentados com clareza e aprofundamento necessários por autores experientes, delegados de polícia que tiveram êxito no certame policial e aprimoraram ainda mais seu conhecimento como professores. A metodologia e a didática empregadas facilitam a tarefa de adquirir conhecimento e revisar a matéria.

Este Projeto Editorial preenche lacuna com o desiderato de se tornar referência segura para os postulantes a carreiras policiais e também para aqueles que já integram as fileiras policiais.

Eduardo Fontes e **Henrique Hoffmann**

Coordenadores da Coleção Carreiras Policiais

Ricardo Didier

Editora JusPODIVM

Prefácio

Foi com muita alegria que recebi o convite dos autores para fazer o prefácio deste livro que agora é trazido ao conhecimento do público.

Confesso que prefaciar um livro como este não é lá uma tarefa das mais fáceis, sobretudo por tratar-se de obra de autoria dos professores Eduardo Fontes e Henrique Hoffmann. Fui tomado por um sentimento de alegria e, também, por um sentimento de grande reponsabilidade. Tais sentimentos devem ser creditados à grande competência e comprometimento dos autores com a dogmática das Ciências Criminais.

Os autores pertencem a uma geração de professores que não se limitam a simplesmente escrever sobre um determinado tema. Eles vão além, para buscar sempre tratar os temas de forma crítica e embasados pela dogmática das Ciências Criminais. O comprometimento dos autores com o tema proposto é notável em cada linha escrita sobre o tema da presente obra.

A Criminologia é um ramo das Ciências Criminais até então esquecido pelos personagens que atuam no dia a dia da persecução penal. Entretanto, não havia momento melhor para este livro chegar ao conhecimento do público, pois a Criminologia, que já alcançou a autonomia científica há muitas décadas, agora ganha autonomia editalícia, sendo cobrada como disciplina autônoma em vários concursos públicos para as mais variadas carreiras.

O estudo da Criminologia nunca esteve em um patamar de necessidade primária como está nos dias atuais, na sociedade criminógena em que vivemos. O acesso aos originais da obra permitiu-me constatar que os autores procuram a todo momento tratar da Criminologia à luz das questões mais atuais, olhando para essa matéria com lentes constitucionais, para que o estudo e a aplicação desse tema seja feito da forma mais adequada aos direitos e garantias fundamentais vigorantes no Estado Democrático de Direito.

A experiência dos autores como Delegados de Polícia certamente permitiu-lhes agregar à presente obra a experiência obtida pela convivência diária com a criminalidade de todas as ordens, trazendo-a para o estudo da Criminologia.

Registro aqui os meus agradecimentos aos autores pelo convite que muito me honrou para escrever este prefácio, desta obra que certamente faltava nas estantes dos estudantes do Direito e nas bibliotecas das universidades brasileiras, de consulta obrigatória para todos os operadores e profissionais do Direito.

Gabriel Habib

Mestre em Ciências Jurídico-Criminais pela Universidade de Lisboa.
Pós-graduado em Direito Penal Econômico pelo Instituto de Direito Penal Econômico e Europeu da Universidade de Coimbra.
Professor da pós-graduação da FGV e da PUC-RJ.
Professor da EMERJ, ESMAFE/PR, FESUDEPERJ, FESMP/MG, CERS, Forum e Supremo. Defensor Público Federal.

Apresentação da obra

O incremento da complexidade dos fenômenos criminais, como o aumento da violência urbana e do caos carcerário, a sofisticação da corrupção e o recrudescimento da criminalidade organizada são motivos significativos para a ascensão da Criminologia. Isso porque é justamente a ciência que se propõe a fornecer respostas mais pormenorizadas a esses e outros problemas de igual relevância.

Conhecer as bases da Criminologia como ciência permite reunir conhecimentos sobre o crime, o criminoso, a vítima e o controle social, apurando a visão crítica daquele que se propõe a analisar o fenômeno da criminalidade e possibilitando sua melhor compreensão. Por isso, não é exagero dizer que estudar Criminologia, além de importante, é extremamente necessário.

Em que pese seu surgimento relativamente recente, hoje em dia ninguém duvida que a Criminologia consiste em ciência autônoma que possui luz própria. A Criminologia traduz ciência prática que tem a missão de resolver problemas concretos. Ademais, permite compreender melhor o sistema de justiça criminal formado não só pela polícia, mas também pelo Poder Judiciário, Ministério Público e Administração Penitenciária.

Além de sua inegável importância prática e teórica, a Criminologia é disciplina exigida constantemente nos concursos públicos, especialmente de ingresso para as carreiras policiais. Contudo, ainda são escassas as obras que se destinam a analisar essa área do saber sistematicamente.

Esse cenário nos motivou a aliar nossa experiência acadêmica e jurídico-policial para produzir esta obra, a fim de abordar os temas mais recorrentes e palpitantes que envolvem a Criminologia, com a objetividade e didática que marcam a coleção *Carreiras Policiais*.

Visando à otimização e ao aperfeiçoamento dos estudos, foram dados destaques às palavras-chave, elaboradas tabelas comparativas, apresentados resumos em relação aos pontos de maior complexidade e ao final de cada capítulo há questões das principais bancas examinadoras de concursos públicos.

Pela importância da temática, a obra é indicada aos concurseiros e também aos alunos de graduação e pós-graduação, policiais e demais operadores do Direito, servindo como fonte de consulta rápida e segura para temas controvertidos do universo da Criminologia.

Eduardo Fontes e Henrique Hoffmann
Autores da obra e coordenadores da coleção *Carreiras Policiais*

Sumário

PARTE 1

NOÇÕES GERAIS DE CRIMINOLOGIA

PARTE 2

TEORIAS CRIMINOLÓGICAS ETIOLÓGICAS

PARTE 3

TEORIAS CRIMINOLÓGICAS SOCIOLÓGICAS

PARTE 4

VITIMOLOGIA

PARTE 5

PREVENÇÃO CRIMINAL E REAÇÃO SOCIAL

PARTE 6

CRIMINOLOGIA CONTEMPORÂNEA

PARTE 7

MOVIMENTOS IDEOLÓGICOS E TEMAS ESPECIAIS

PARTE 1

NOÇÕES GERAIS DE CRIMINOLOGIA

Capítulo 1

Importância

Muitos se perguntam por que estudar criminologia. Para muitos, a criminologia não parece, à primeira vista, tão relevante quanto o estudo do Direito Penal ou do Direito Processual Penal, ou mesmo da política criminal. Às vezes, tem-se a impressão de que, dentro das denominadas ciências criminais, a criminologia foi deixada de lado, enquanto se deu muita importância às outras ciências, que se desenvolveram e ganharam mais status na ciência jurídica.

Contudo, é comum encontrar pessoas discutindo, por exemplo, o problema da violência urbana, a escalada da corrupção ou o aparelhamento do crime organizado. Diz-se que, atualmente, todos comentam sobre futebol e violência, existindo milhares de *técnicos* desse esporte, e, na mesma proporção, *criminólogos*.[1]

Os meios de comunicação evoluíram nas últimas décadas, e com o uso frequente das redes sociais, que dão às pessoas a possibilidade de tecer opinião sobre qualquer assunto, a discussão a respeito da criminalidade é constante, principalmente em casos de maior repercussão divulgados pela mídia.

Conhecer as premissas e métodos da criminologia como ciência **apura a visão crítica e científica daquele que se propõe a analisar o problema da delinquência**. De maneira geral, as pessoas que desconhecem a criminologia são facilmente influenciadas por informações equivocadas, divulgadas torrencialmente todos os dias na mídia e nas redes sociais. Assim, essa parcela leiga da população aceita e reproduz comentários

---

1. ZAFFARONI, Eugenio Raúl. **A Questão Criminal**; Rio de Janeiro: Revan, 2013.

fundados em teorias e conceitos não científicos, que anuviam sua percepção a respeito das causas reais do fenômeno delitivo, e que permitem a manipulação da opinião popular para aprovação de medidas meramente paliativas, que nada fazem para atingir o cerne do problema. Portanto, **estudar criminologia, além de importante, é extremamente necessário.**

O incremento da complexidade dos fenômenos criminais, como o aumento da violência urbana e o crescimento gradativo da população carcerária e do caos dos estabelecimentos penais, são motivos significativos para a ascensão da criminologia, **ciência que pode fornecer respostas mais pormenorizadas a esses problemas.**

Importância da criminologia	
apura a visão crítica e científica daquele que se propõe a analisar o problema da delinquência	fornece respostas mais pormenorizadas aos problemas criminais que assolam todas as sociedades

O estudo da criminologia ganha relevo porque é ela quem deve **analisar quais são os fatores que culminaram no cenário atual.** É a ciência que possui as ferramentas e saberes para examinar o fenômeno criminológico que ocorre na sociedade. Não incumbe à criminologia punir o transgressor (tarefa do Direito Penal), muito menos definir qual é o procedimento de persecução penal durante a investigação ou o processo (missão do Direito Processual Penal).

Sua finalidade, de índole diagnóstica e profilática, é buscar **entender o contexto da prática delituosa**, analisando o modelo social de justiça criminal, a pessoa do delinquente, a vítima, o controle social e até mesmo o reflexo da lei penal na sociedade.

Não obstante os posicionamentos doutrinários distintos, que muitas vezes são conflitantes entre si, e das diversas correntes e teorias existentes sobre os objetos da análise criminológica, prevalece um consenso: a criminologia é de suma importância, pois seu estudo científico revela pontos cruciais para a compreensão do multifacetado fenômeno criminal que sempre assombrou as relações sociais dos indivíduos.

Portanto, a visão crítica e analítica fundada no estudo da criminologia é imprescindível para quem deseja efetivamente contribuir para a discussão sobre a redução da criminalidade e a promoção da paz social.

Capítulo 2

Conceito

A palavra **criminologia** tem origem etimológica híbrida, pois une um elemento oriundo da língua latina, *crimino*, que significa crime, e outro da língua grega, *logos*, que quer dizer estudo. Portanto, através de uma análise etimológica da expressão, temos **o estudo do crime**.

A palavra *criminologia* foi **criada** em 1883 por **Paul Topinard**, mas **difundida** internacionalmente por **Raffaele Garofalo** em seu livro *Criminologia*, no ano de 1885.[1]

Pode-se conceituar criminologia a **ciência empírica** (baseada na realidade) e **interdisciplinar** (que congrega ensinamentos de sociologia, psicologia, filosofia, medicina e direito) **que possui como objeto de estudo o crime, o criminoso, a vítima e o comportamento social**.

Destarte, a criminologia é uma **ciência autônoma** porque possui funções, métodos e objetos próprios (que serão analisados nos tópicos seguintes).

O gênero ciências criminais (ciências penais) possui como espécies o Direito penal, a criminologia e a política criminal. São ciências autônomas e coexistentes, cada qual com sua vertente. A criminologia, a política criminal e o Direito penal são os 3 pilares do sistema das ciências criminais, inseparáveis e interdependentes.

Como instância superior, não cabe à criminologia se identificar com nenhum dos saberes parciais criminológicos, pois todos têm a mesma importância científica. Adota-se um **modelo não piramidal**.[2] Logo, cri-

1. PENTEADO FILHO, Nestor Sampaio. **Manual esquemático de criminologia.** São Paulo: Saraiva, 2012. p. 17.
2. CALHAU, Lélio Braga. **Resumo de criminologia.** Niterói: Impetus, 2009, p. 13.

minologia entende o fenômeno criminal como **problema não meramente individual, mas também social.** Estuda a questão criminal sob o ponto de vista biopsicossocial (métodos biológicos e sociológicos), investigando as causas do crime, a personalidade do delinquente, a vitimização e as formas de prevenção e ressocialização no contexto do controle social.

A criminologia é considerada uma **ciência interdisciplinar, pois soma o conhecimento de várias ciências.** É importante destacar que a interdisciplinaridade não se confunde com multidisciplinaridade. A visão interdisciplinar é mais profunda que a multidisciplinar. Na interdisciplinaridade, os saberes parciais se integram e cooperam entre si. De outro lado, na multidisciplinaridade as distintas visões sobre um determinado problema são tratadas de maneira compartimentada, ou seja, cada uma delas oferece a sua própria visão sem que necessariamente levar em consideração a posição das demais. Em outras palavras, a visão interdisciplinar é mais profunda que a multidisciplinar. Assim, é possível notar que a interdisciplinaridade é mais ampla e abrangente[3]

Conceito de criminologia
Ciência empírica (baseada na realidade) e interdisciplinar (que congrega ensinamentos de sociologia, psicologia, filosofia, medicina e direito) que possui como objeto de estudo o crime, o criminoso, a vítima e o comportamento social.
A expressão criminologia significa estudo do crime, e foi criada por Paul Topinard, mas difundida internacionalmente por Raffaele Garofalo.

A criminologia, ciência lógica e normativa, busca determinar o homem delinquente utilizando para isso métodos físicos, psicológicos e sociológicos. A criminologia é a ciência que, entre outros aspectos, estuda as causas e as concausas da criminalidade e da periculosidade preparatória da criminalidade.

Por fim, não se pode confundir criminologia com criminalística. Enquanto a criminologia qualifica-se como ciência autônoma que estuda o fenômeno criminal de maneira empírica e interdisciplinar, a criminalística consiste em disciplina meramente auxiliar das ciências criminais, que objetiva ajudar a persecução criminal (investigação e processo) por meio do fornecimento de provas técnicas (perícias). A criminalística, portanto, é o estudo dos vestígios materiais deixados pelo crime.

3. CALHAU, Lélio Braga. **Resumo de criminologia.** Niterói: Impetus, 2009. p. 11.

Capítulo 3

Funções (Finalidades)

A criminologia busca reunir conhecimentos sobre o crime, o criminoso, a vítima e o controle social para **compreender cientificamente o fenômeno criminal**, para assim possibilitar que o **crime possa ser prevenido e reprimido com eficiência (intervenção no delinquente)** e que os **diferentes modelos de resposta ao fenômeno criminal possam ser valorados.**

Essa ciência se presta a fornecer um diagnóstico sobre o delito e permitir a atuação sobre o homem criminoso. Não se trata de um estudo causalista com leis universais exatas, ou tampouco mera fonte de dados ou estatística. Cuida-se de ciência prática que tem a missão de resolver problemas concretos. Daí o papel da criminologia de controle e prevenção do fenômeno criminal.

Destarte, a criminologia deve orientar a política criminal possibilitando a prevenção de crimes, e influenciar o Direito Penal na repressão das condutas indesejadas que não foram evitadas.

Essa ciência busca adotar programas de prevenção eficaz do comportamento delitivo, técnicas de intervenção positiva no homem delinquente e nos diversos sistemas de resposta ao delito.[1]

As várias teorias desenvolvidas buscam entender as razões que levam as pessoas a cometerem crimes, e por que motivo esses delitos ocorrem na sociedade. Enfim, a criminologia como ciência cumpre papel de ex-

---

1. GOMES, Luiz Flávio; MOLINA, Antonio Garcia-Pablos de. **Criminologia**. São Paulo: Revista dos Tribunais, 2008, p. 43.

trema relevância social, já que através do método cientifico busca obter respostas para os problemas que surgem no seio da sociedade.

> Em qualquer lugar da superfície deste planeta fala-se da questão criminal. É quase a única coisa de que se fala – em concorrência com o futebol, que é arte complexa –, embora poucos pareçam se dar conta de que machucamos muito o planeta e podemos lhe provocar um espirro que nos projete violentamente a quem sabe onde (para não usar alguma expressão pouco acadêmica). Fala-se, diz-se, com esse "se" impessoal do palavrório. E o mais curioso é que quase todos acreditam ter a solução ou, pelo menos, emitem opiniões.[2]

Ante os índices crescentes e alarmantes da criminalidade, e os sucessivos fracassos de programas de pacificação e repressão ao crime, é preciso concentrar esforços para obter verdadeira compreensão dos fatores criminógenos, a fim de direcionar as políticas públicas de maneira eficaz ao efetivo combate e redução do fenômeno delitivo que assola a sociedade.

Funções da criminologia		
compreender cientificamente o fenômeno criminal	intervir no delinquente (prevenir e reprimir o crime com eficiência)	valorar os diferentes modelos de resposta ao fenômeno criminal

2. ZAFFARONI, Eugenio Raúl. **A Questão Criminal**. Rio de Janeiro: Revan, 2013. p. 5.

Capítulo 4

Métodos

No período pré-científico da criminologia, como o próprio nome indica, não se falava em métodos científicos para comprovação de suas teorias.

Foi na Escola Positiva que a criminologia começou a ser tratada como ciência, e isto se deu especialmente em razão do **método científico** utilizado nas experiências do médico italiano Cesare Lombroso, que escreveu a obra O Homem Delinquente (considerada o marco científico da criminologia).

A criminologia qualifica-se por ser ciência empírica de observação da realidade, que opera no mundo do ser, e emprega o método indutivo e experimental. Diferentemente do Direito Penal, ciência cultural que atua no plano do dever ser, por meio do método dedutivo.

Logo, a criminologia investiga as causas do fenômeno da criminalidade segundo o **método experimental**, isto é, analisando o mundo do ser. Aborda de maneira científica os fatores que podem levar o homem a delinquir. Empirismo nada mais é do que o conhecimento obtido por meio da experiência. Empirismo (que não é mero achismo), é calcado no tripé análise-observação-indução. O método experimental traduz um processo científico que consiste em construir uma hipótese com apoio na observação de fatos, pondo-os à prova por meio de um artefato experimental construído para esse fim. Portanto, o método experimental é um método empírico, de observação, mas nem todo método empírico é experimental.[1]

1. CALHAU, Lélio Braga. **Resumo de criminologia.** Niterói: Impetus, 2009, p. 31.

Além disso, vale-se do **método indutivo**, isto é, trabalha com casos concretos, específicos, para extrair uma ideia geral. Parte de uma característica específica para fixar uma premissa maior. A criminologia pretende primeiro conhecer a realidade para depois explica-la.

Métodos da criminologia	
Método experimental: analisa o mundo do ser, utilizando o empirismo (baseia-se na experiência).	**Método indutivo:** parte de uma característica específica para fixar uma premissa maior. Trabalha com casos concretos, específicos, para extrair uma ideia geral.

A criminologia também utiliza métodos biológicos e sociológicos em suas pesquisas, posto que o crime, seu objeto de estudo, é um fenômeno que pode ter múltiplas origens: sociais, ambientais e biológicas. Assim, caso se restringisse somente ao método sociológico ou ao método biológico não seria capaz de compreender os fatores criminógenos e suas nuances de maneira integral.

Capítulo 5

Objetos

5.1. Introdução

Como já visto, segundo a atual concepção, a criminologia possui como objetos de estudo: a) delito; b) delinquente; c) vítima; d) controle social.

Cada um desses elementos será estudado a seguir.

Objetos da criminologia			
Delito (Crime)	Delinquente	Vítima	Controle social

5.2. Crime

Na visão da criminologia, o crime é um **fenômeno social**, o qual exige uma percepção apurada para que seja compreendido em seus diversos sentidos. A relatividade do conceito de delito é patente na criminologia, que o observa como um problema social.

Diferentemente do Direito Penal, ciência segundo a qual para a conduta ser considerada crime basta que viole uma lei penal (preenchendo os requisitos tipicidade, ilicitude e culpabilidade), a criminologia trabalha com requisitos diversos para conceituar crime.

Para a criminologia, somente se pode falar em delito se a conduta preencher os seguintes elementos constitutivos:

a) **incidência massiva** na população: reiteração na sociedade.

Exemplo: incomodar cetáceo não é um comportamento que se repete diuturnamente na sociedade brasileira. Portanto, embora a conduta seja crime para o Direito Penal (art. 1º da Lei 7.643/87), para a criminologia lhe falta esse requisito.

b) **incidência aflitiva**: produção de dor à vítima e à sociedade.

Exemplo: utilizar inadequadamente a expressão *couro sintético* não traz aflição para a comunidade. Logo, em que pese de delito para o Direito Penal (art. 1º da Lei 4.888/65 e art. 195 da Lei 9.279/96), para a criminologia é um irrelevante.

c) **persistência espaço-temporal**: prática ao longo do território por um período de tempo relevante.

Exemplo: a conduta de desatarraxar o esguicho do para-brisa do Fusca, conduta que virou febre na década de 60, não deve receber tratamento criminal especial.

d) **consenso sobre sua etiologia e técnicas de intervenção**: concordância sobre suas causas e métodos de enfrentamento.

Exemplo: o consumo imoderado de bebida alcoólica não tem contra si uma rejeição ampla e pacífica, daí porque não deve ser considerado crime.

Crime sob a perspectiva da criminologia			
incidência massiva na população	incidência aflitiva	persistência espaço-temporal	consenso sobre sua etiologia e técnicas de intervenção

A criminologia moderna não pode ficar limitada ao conceito jurídico-penal do crime, sob pena de suprimir sua independência e autonomia, transformando-a num instrumento de mero auxílio para o Direito Penal.

Assim, para a criminologia, o crime é um fenômeno social e comunitário, que se mostra como um *problema* maior, a exigir empatia do pesquisador para se aproximar dele e entendê-lo em suas múltiplas facetas.

O crime é um fenômeno humano e cultural, só existe em nosso meio; na natureza não há a figura do delito. É dizer, para a criminologia o crime é um fenômeno social, a exigir ampla observação para ser compreendido em seus diversos prismas.

5.3. Delinquente

5.3.1. Conceito conforme as Escolas da Criminologia

O estudo do delinquente se mostrou importante desde antes da concepção científica da criminologia. Já na época da **Escola Clássica,** o delinquente era visto como um ser livre e capaz, que podia optar pelo bem ou pelo mal, pelo justo ou pelo injusto, pela virtude ou pelo pecado, e através de um cálculo que sopesava as possibilidades de obter **prazer** e as chances de sofrer **dor**, decidia pelo cometimento da infração penal.

> Tanto a criminologia clássica como a neoclássica veem no delinquente um ser racional, um ser livre para tomar decisões baseadas em custos e benefícios que uma conduta vá, presumivelmente, lhe proporcionar. Um indivíduo tenderá a tomar a decisão de infringir a lei quando o balanço exceda os benefícios que espera receber de sua ação ante os custos, tudo isso conforme ele perceba subjetivamente ditos benefícios e custos. Entre os custos se incluem, claro, as possíveis sanções formais, mas não só, por esse motivo, e como assinala Akers, as teorias de eleição racional representam uma ampliação do enfoque da prevenção das penas. Desse modo, também se incluem outros custos potenciais, assim como a utilidade que poderia extrair dedicando seus esforços a atividades lícitas.[1]

Por outro lado, foi com o positivismo (**Escola Científica ou Positiva**) que o infrator atingiu o ápice dentro da investigação criminológica, atuando como centro das atenções na pesquisa científica, em razão do princípio da diversidade, que considera o criminoso um indivíduo patologicamente diferente do homem normal. A teoria do **delinquente nato** foi a que mais se destacou, através da Antropologia criminal, Sociologia criminal e Biologia criminal, que viam no delinquente um ser atávico e primitivo, não descartando, contudo, a influência de fatores sociais.

Merece menção também a visão da **Escola Correcionalista**, que concebia o criminoso como um ser inferior e incapaz de se governar em razão de suas atitudes. Por esse motivo, a punição imposta pelo Estado deveria ter uma função pedagógica e piedosa.

Na concepção do **Marxismo,** por sua vez, o delinquente figura como uma vítima da estrutura econômica, e, portanto, é inocente.

Merece destaque a abordagem das **Ciências Econômicas** na criminologia, em especial quanto à figura do delinquente. As ciências econômicas influenciaram as ciências humanas e, consequentemente, a criminologia. As teorias desenvolvidas que levaram em consideração tal perspectiva aventavam que o fator econômico também seria um dos relevantes motivos que ensejaria a prática delitiva.

---

1. SERRANO, Alfonso Maíllo. **Introdução à criminologia.** São Paulo: Editora Revista dos Tribunais, 2007. p. 183.

Por conseguinte, o estudo do homem delinquente na **Criminologia Moderna** ficou em **segundo plano**, uma vez que os olhares dos estudiosos se voltaram para questões gerais, comuns à sociedade como um todo, para a análise de temas que versam sobre as chamadas políticas criminais, deixando assim o caráter individual das pesquisas e estudos para trás. "Na criminologia moderna, o criminoso passa de figura central para um segundo plano. Quando analisado, o criminoso tende a ser examinado como unidade biopsicossocial e não mais como unidade biopsicopatológica"[2].

De qualquer modo, isso não significa que a individualidade do delinquente passou a ser ignorada, apenas deixou de ser o foco principal. No interrogatório policial ou judicial, por exemplo, as perguntas formuladas na primeira parte do ato sempre se relacionam a questões pessoais do indiciado ou réu, como por exemplo: estado civil, se possui filhos, família, trabalho, renda mensal, casa própria ou alugada, vícios, religião, conta bancária, se já foi preso ou processado anteriormente, dentre outras. Essa primeira etapa de perguntas parece mais voltada a questões criminológicas do que procedimentais.

O fato é que as infrações penais continuam sendo cometidas a todo momento, e importa para a criminologia entender o criminoso e traçar o seu perfil, compreendendo os motivos que o levaram à prática de uma conduta ilícita, como no caso dos crimes contra o patrimônio, muito comuns na sociedade capitalista.

Portanto, **entender as causas do delinquente para criminologia ainda tem seu grau de importância, mas deixou de ser o foco principal**.

Em síntese:[3]

Conceito de delinquente segundo as Escolas da Criminologia	
Escola Clássica	criminoso era ser pecador que escolheu o mal apesar de poder optar pelo bem
Escola Positivista	criminoso era reflexo de sua deficiência patológica (caráter biológico – hereditário ou não) ou formação social (caráter social);

2. SUMARIVA, Paulo. **Criminologia: teoria e prática**. Niterói – RJ: Impetus, 2015. p. 7.
3. SUMARIVA, Paulo. **Criminologia: teoria e prática**. Niterói: Impetus, 2017, p. 8.

Conceito de delinquente segundo as Escolas da Criminologia	
Escola Correcionalista	criminoso era ser inferior e incapaz de se autodeterminar, a merecer do Estado resposta pedagógica e piedosa
Escola Marxista	criminoso era vítima da sociedade e das estruturas econômicas (determinismo social e econômico); essa visão se desenvolveu por estudiosos de Marx, e seus conceitos convergiram na chamada criminologia crítica
Escola Moderna	criminoso é homem real e normal que viola a lei penal por razões diversas que merecem ser investigadas e nem sempre são compreendidas

5.3.2. *Classificação dos Criminosos*

A classificação dos criminosos se dá por diferentes critérios, a depender do estudioso que se tenha em perspectiva.

A principal divisão foi proposta por Lombroso, expoente da Escola Positiva, ao desenvolver a teoria do criminoso nato, formulada após a realização de dezenas de autópsias em delinquentes mortos e presos. Foi seguida em grande parte por Ferri.

Existem infindáveis classificações do criminoso. Segundo os estudos mais difundidos, o delinquente pode ser assim definido:

Classificação dos criminosos	
criminoso nato	possui influência biológica, estigma e extinto criminoso. É um selvagem na sociedade. Tem características físicas peculiares: cabeça pequena, deformada, sobrancelhas salientes, maçãs afastadas, orelhas malformadas, braços compridos, face enorme
criminoso louco	alienado mental, perverso, devendo ser internado em manicômio
criminoso de ocasião	tem predisposição hereditária, adotando comportamentos criminosos por influência das circunstâncias
criminoso por paixão	irrefletido, exaltado e nervoso, emprega violência para cometer o crime passional.

5.4. Controle Social

Controle social é o **conjunto de instituições e sanções da sociedade para submeter os indivíduos às normas de convivência em comunidade**. O estudo do controle social parte das relações do indivíduo com a sociedade para explicar o fenômeno da violência.

Nesse aspecto, a criminologia não estuda o crime apenas sob o aspecto interno do criminoso. Também não estuda o crime sob a ótica da vítima. Mas **considerando as relações e interações sociais.**

Classifica-se em formal ou informal.

O **controle social formal** é formado pelos órgãos estatais (Polícia, Judiciário, Ministério Público, Administração Penitenciária, etc). Os agentes do Estado atuam de forma subsidiária (*ultima ratio),* quando o controle informal não foi capaz de evitar o crime.

O **controle social informal** é aquele exercido de forma difusa pela sociedade, através da família, escola, associações, igreja, opinião pública, etc.

Controle social		
Formal		Informal
1ª seleção	Polícia Judiciária (investigação)	família, escola, associações, igreja, opinião pública
2ª seleção	Ministério Público (acusação)	
3ª seleção	Judiciário (julgamento)	

O **controle formal** organiza-se em **3 seleções**, conforme a função que desempenham:

Seleções do Controle Social Formal	
1ª seleção	Polícia Judiciária (investigação)
2ª seleção	Ministério Público (acusação)
3ª seleção	Judiciário (julgamento)

Tanto o controle formal quanto o informal impõem prêmios e sanções para combater o fenômeno criminal. São sanções formais as penalidades impostas pelo Estado, e sanções informais aquelas aplicadas sem coercibilidade pela sociedade ou pelo próprio indivíduo (autocoerção).

Em regra, o processo de socialização do indivíduo se dá nos meios informais: família, escola, igreja, e outras instituições serão responsáveis por transmitir os preceitos básicos que regem a vida em comunidade. Desse modo, o controle formal é subsidiário, pois só entra em ação quando o controle informal falhou e não foi suficiente para coibir a prática delitiva, na medida em que atuará de maneira coercitiva, estabelecendo sanções diversas das que são impostas no âmbito informal.

A efetividade do controle formal é bem menor em relação ao controle informal, e, para corroborar essa constatação, aponta os maiores índices de criminalidade nas grandes cidades, onde o controle exercido pela sociedade civil tem menor influência, quando comparados aos índices das cidades menores, onde as instituições civis são mais presentes e gozam de maior prestígio.[4]

De mais a mais, o controle formal é marcado pela relatividade: a construção de mais prisões significa mais presos, não necessariamente menos delitos. Isso se deve à necessidade de estreita integração entre a esfera formal e a esfera informal.

Nesse contexto, é importante estudar com profundidade o poder punitivo do estado e as formas de punição, o que será feito em tópico específico durante a análise da penalogia, inserida no contexto da prevenção criminal e reação social.

Noutro giro, além do controle formal e informal, no âmbito da criminologia crítica fala-se também no **controle social alternativo**. Para entender no que consiste essa terceira forma de controle, devemos primeiramente abordar sucintamente qual é o escopo da criminologia.

A **criminologia crítica** é uma vertente de base marxista. Em linhas gerais, pode-se dizer que **propõe a negação do capitalismo e apresenta o delinquente como vítima da sociedade**. Sua principal teoria criminológica, denominada teoria crítica, sustenta que os fatos criminosos não são definidos de acordo com o sentimento moral do povo, mas apenas para favorecer os interesses das classes dominantes. Desse modo, o sistema penal se destina a atender unicamente aos ditames do capitalismo, e no lugar de combater a criminalidade, serve de mola propulsora para ela.

Nesse contexto, o controle social alternativo é uma forma de reação popular ao sistema penal vigente, de modo a combater suas injustiças e disparidades. Segundo Baratta[5], o **controle social alternativo** é o processo através do qual a maioria dos membros de uma sociedade organiza defesas públicas eficazes frente à negatividade social e à violência exercida pelas minorias que detêm o poder. Deve ter características opostas em

4. SHECAIRA, Sérgio Salomão. **Criminologia**. São Paulo: Editora Revista dos Tribunais, 2014. p. 56.
5. ELBERT, Carlos Alberto, dir; BELLOQUI, Laura, coord; **Criminología y sistema penal**: compilación *in memoriam*. Buenos Aires: Euros Editores S. R. L., 2004, p. 350.

relação às que são próprias do sistema da justiça criminal, a fim de evitar a injustiça e a ineficácia típicas das intervenções desse sistema.

O exercício do controle social alternativo deve:

a) basear-se em uma estratégia global, que leva em consideração o fenômeno da violência como um todo, e não apenas a parte mais notória dele.

b) fundamentar-se no princípio da igualdade e da legalidade, evitando a criminalização da parcela mais fraca e a impunidade dos mais fortes.

c) estabelecer regras gerais que servirão de garantia ao agente que eventualmente passar pelo crivo desse controle, a fim de evitar arbitrariedades.

d) ser um controle concreto, e não simbólico, o que significa: dirigir-se às causas da violência, e não somente às suas manifestações; atuar sobre situações concretas, e não comportamentos humanos; ser ativo e imediato à agressão, atuando como princípio geral de prevenção.

5.5. Vítima

A vítima também consiste em um dos objetos da criminologia.

Historicamente foi colocada em segundo plano, tendo em vista que o objetivo principal da persecução penal era a punição do criminoso. Com o avanço dos estudos criminológicos, o ofendido é revalorizado e passa a ter papel de destaque, especialmente a partir da Escola Clássica da criminologia.

Os estudos sobre o ofendido ganham destaque após a 2ª Guerra Mundial, em decorrência das atrocidades praticadas naquele evento.

A vítima desempenha papel importante pois influencia no fato delituoso, toma atitudes que a colocam como potencial sujeito passivo e possui características pessoais (cor, sexo, condição social) relevantes.

Tendo em vista seus múltiplos desdobramentos e classificações, o estudo da vítima será aprofundado na parte dedicada à vitimologia.

Capítulo 6

Criminologia e Ciências Criminais

6.1. Criminologia, Direito Penal e Política Criminal

Criminologia, Direito Penal e Política Criminal são **ciências** que estão **intimamente ligadas**, apesar de possuírem diferentes escopos de atuação. Em virtude dessa estreita relação, é muito comum que as pessoas confundam seus conceitos, ou ainda, que pensem tratar-se de uma única ciência.

A **criminologia** investiga as **causas do fenômeno da criminalidade** segundo o método experimental, isto é, analisando o mundo do ser. Aborda de maneira científica os fatores que podem levar o homem a delinquir.

O **Direito Penal** analisa os fatos humanos indesejados e **tipifica criminalmente as condutas indevidas** por meio de normas penais, no plano do dever ser. Essa dogmática penal abrange a sistematização, interpretação e aplicação das leis penais. Tem as normas positivadas como ponto de partida para a solução dos problemas.

A **política criminal** tem por objetivo criar estratégias concretas de **controle da criminalidade**, a fim de manter seus índices em níveis toleráveis.[1] Toma como base o fundamento científico fornecido pela criminologia, e por meio de juízo de valor busca criticar e apresentar propostas para a reforma do Direito penal. Nesse sentido, representa uma **ponte entre a criminologia e o Direito Penal**.[2].

1. GOMES, Luiz Flávio; MOLINA, Antonio Garcia-Pablos de. **Criminologia**. São Paulo: Revista dos Tribunais, 2008, p. 163.
2. GARCIA, Basileu. **Instituições de direito penal**. v. 1. t. I. São Paulo: Max Limonad, 1975. p. 37.

É importante que façamos uma comparação destacando as diferenças elementares entre tais ciências.

Ciências penais (Ciências criminais)[3]			
	Criminologia	**Direito Penal**	**Política criminal**
Finalidade	Estuda o crime, o criminoso, a vítima e o comportamento social. É uma ciência empírica.	Analisa fatos humanos indesejados, tipificando infrações penais e cominando sanções penais. É uma ciência formal.	Traça diretrizes pra controlar a criminalidade (ponte entre a criminologia e o Direito Penal) É uma ciência político-estratégica.
Objeto	Crime enquanto fato (o que é)	Crime enquanto norma (o que deve ser)	Crime enquanto valor (como deve ser)
Método	Indutivo (parte da questão concreta até chegar à conclusão generalizada)	Dedutivo (parte da situação geral para a particular)	
Exemplo	Analisa o fenômeno do homicídio, o homicida, o ofendido e o comportamento da sociedade	Define o crime de homicídio	Estuda formas de diminuir o homicídio

Em outras palavras, confira as incumbências de cada ciência:

a) **criminologia**: fornecer o substrato empírico do sistema (fundamento científico);

b) **política criminal**: transformar a experiência criminológica em opções e estratégias concretas de controle da criminalidade.

c) **Direito Penal**: converter em proposições jurídicas, gerais e obrigatórias, o saber criminológico fornecido pela política criminal.

A criminologia não se limita a investigar as causas da criminalidade, possuindo papel bem mais importante de analisar as condições da cri-

3. CUNHA, Rogério Sanches. Manual de direito penal: parte geral. Salvador: Juspodivm, 2015, p. 34.

minalização que abrangem não só a infração penal, mas o delinquente, o ofendido e o controle social.

6.2. Direito Penal

Sabemos que a criminologia deve ser entendida como ciência autônoma, independente e interdisciplinar, que se relaciona com outras ciências a fim de estudar e compreender o fenômeno criminológico que ocorre na sociedade.

O Direito Penal, por sua vez, embora também esteja intimamente ligado ao crime, possui características diferentes, tendo em vista que se trata de uma **ciência formal e normativa**, cuja finalidade principal é a proteção de bens jurídicos fundamentais para o convívio social, por meio da criação de figuras típicas penais, impondo a respectiva sanção. Segundo o conceito analítico de crime, numa visão tripartite e finalista, o delito é composto de fato típico, antijurídico, sendo praticado por agente culpável.

A diferença entre as duas ciências torna-se ainda mais evidente quando analisamos o conceito de crime para cada uma delas. A criminologia vê o crime como um problema social, verdadeiro fenômeno comunitário, abrangendo quatro elementos constitutivos, a saber: incidência massiva na população (não se pode tipificar como crime um fato isolado); incidência aflitiva (a conduta deve causar dor à vítima e à comunidade); persistência espaço-temporal (é preciso que o fato ocorra reiteradamente por um período significativo de tempo no mesmo território) e consenso inequívoco acerca de sua etiologia e técnicas de intervenção eficazes (conhecimento das causas da conduta e métodos de enfrentamento).

Importa destacar que **o objeto do Direito Penal está vinculado ao princípio da legalidade**, primeiramente expresso no art. 1º do Código Penal, e, posteriormente, também insculpido no art. 5º, inciso XXXIX da Constituição Federal: "não há crime sem lei anterior que o defina, nem pena sem prévia cominação legal". Elevado à estatura constitucional, esse princípio traduz verdadeira garantia à sociedade.

Historicamente este princípio tinha a finalidade de evitar e cessar os abusos estatais, sendo importante instrumento para conter as tiranias e o despotismo:

> No início do século XIX, Feuerbach ressaltou que o fundamento da aplicação da pena só pode ser a lei. A partir de suas lições, consagrou-se

> a expressão *nullum crimen, nulla poena sine praevia lege.* O princípio da reserva legal ou da legalidade significa a garantia individual de que é função exclusiva da lei a elaboração da norma incriminadora, ou seja, nenhum fato poderá ser considerado crime e nenhuma pena poderá ser aplicada sem que haja anterior previsão em lei.[4]
>
> O princípio que constitui a pedra angular de todo o Direito Penal de origem latina é o princípio da legalidade. A organização fundamental do modelo de Estado composto a partir do modelo constitucional se dá através de um postulado básico: a submissão à regra da lei. Esse princípio condiciona a atuação do Estado durante todo o processo criminal impondo-lhe, antes de tudo, um limite formal que é a necessidade de pautar sua intervenção pelo mecanismo legislativo. Assim, tanto os delitos quanto as penas, os procedimentos de atribuição de responsabilidade e da forma de cumprimento dos castigos, devem resultar todos submetidos à lei. As exigências que derivam da *lex previa, lex scripta, lex stricta* e da *lex certa*, constituem um conjunto prévio de limites contrapostos à vocação arbitrária do Estado.[5]

Portanto, o princípio da legalidade traz garantias em seu aspecto formal, bem como em sua dimensão material, impondo limites ao legislador, pois garante a todos a segurança jurídica necessária ao Estado Democrático de Direito.

Embora o sejam fundamentais a garantia e a segurança jurídica oferecidas pelo princípio da legalidade, vê-se que não é suficiente para coibir abusos que eventualmente são praticados pelos legisladores sob o manto da legalidade. O problema surge quando se utiliza demasiada e simbolicamente o Direito Penal para tentar resolver as mazelas e conflitos decorrentes da própria convivência social.

Com efeito, o alemão Claus Roxin concebeu a teoria da **proteção dos bens jurídicos**, segundo o qual o Direito Penal deveria ter por escopo a proteção apenas dos bens jurídicos mais relevantes. Em consequência, não se pode colocar qualquer bem sob a tutela do Direito Penal, a exemplo do já abolido crime de adultério (previsto no art. 240 do Código Penal, que foi revogado em 2005), uma vez que se tratava de questão moral, para a qual os outros ramos do direito já ofereciam tutela. Por conseguinte, o **princípio da intervenção mínima**, traduz esse

4. GALVÃO, Fernando. **Direito Penal Parte Geral**. São Paulo: Saraiva, 2013. p. 132.
5. BUSATO, Paulo César. **Direito Penal Parte Geral.** São Paulo: Atlas, 2013. p. 28.

entendimento, pois, o Direito Penal deve ser utilizado como a *ultima ratio* (última alternativa) e não *prima ratio* (primeira alternativa) para resolução de conflitos sociais.

Nesse sentido:

> O princípio da intervenção mínima ou da subsidiariedade decorrente das ideias de necessidade e de utilidade da intervenção penal, presentes no pensamento *ilustrado*, estabelece que o Direito Penal só deve atuar na defesa dos bens jurídicos imprescindíveis à coexistência pacífica dos homens e que não podem ser eficazmente protegidos de forma menos gravosa. Isso porque a sanção penal reveste-se de especial gravidade, acabando por impor as mais sérias restrições aos direitos fundamentais. Nesses termos, a intervenção da lei penal só poderá ocorrer quando for absolutamente necessária para a sobrevivência da comunidade – como *ultima ratio legis* –, ficando reduzida a um *mínimo* imprescindível. E, de preferência, só deverá fazê-lo na medida em que for capaz de ter eficácia.[6]:

Por conseguinte, quando o princípio da intervenção mínima não orienta a escolha e definição das condutas criminosas, há consequências nefastas, pois, certamente, cria-se um Estado excessivamente punitivo.

Na verdade, pode-se então afirmar que **a intervenção do Direito Penal só é legítima quando se destina a proteger bens jurídicos de extrema relevância**, como a vida por exemplo. Portanto, é preciso mais do que o atendimento ao princípio da legalidade para tipificar uma conduta como criminosa: é necessário que a intervenção seja imprescindível. Dessa maneira, sempre que possível, os conflitos devem se resolver através de outros ramos do direito, ou até mesmo por meio de outras formas de enfrentamento e controle social.

Por outro lado, o objeto da criminologia traz enfoques diversos, diferentes daqueles abordados pelo Direito Penal. O objeto da criminologia, atualmente, está dividido em quatro vertentes: **delito, delinquente, vítima e controle social.**

A criminologia moderna não pode se limitar à adoção do conceito jurídico-penal de delito, pois isso fulminaria sua independência e autonomia, transformando-a em mero instrumento de auxílio do sistema penal.

---

6. PRADO, Luiz Regis; CARVALHO, Érika Mendes de; CARVALHO, Gisele Mendes de. **Curso de Direito Penal Brasileiro.** São Paulo: Editora Revista dos Tribunais, 2015. p. 117.

De igual sorte, não aceita o conceito sociológico de crime como uma conduta desviada, que foge ao comportamento padrão de uma comunidade. Assim, **para a criminologia, o crime é um fenômeno social, comunitário e que se mostra como um *problema* maior, a exigir do pesquisador uma empatia para se aproximar dele e o entender em suas múltiplas facetas.**

Logo, não há como confundir Direito Penal e criminologia, uma vez que ambas são ciências autônomas com objetos de estudo específicos e delimitados, de modo que se **diferenciam pela relevância que a criminologia dá ao contexto social, sempre que direcionada às origens e consequências sociais do crime, o que não ocorre com o Direito Penal.**

6.3. Política Criminal

Seja na criminologia ou no Direito Penal, os juristas e estudiosos não chegaram a um consenso quanto ao conceito de política criminal, que é matéria de discussão acadêmica e doutrinária, razão pela qual trazemos os principais e mais aceitos conceitos e definições do que possa ser entendido como política criminal.

> Se por política se entende a ciência ou arte de governo, por política criminal pode-se entender a política relativa ao fenômeno criminal, que não seria mais que um capítulo da política geral. *Política criminal seria a **arte ou a ciência de governo, com respeito ao fenômeno criminal.*** **A política criminal guia as decisões tomadas pelo poder público ou proporciona os argumentos para criticar estas decisões.** Cumpre, portanto, uma função de guia e de crítica. Podemos afirmar que a *política criminal* é a ciência ou arte de selecionar os bens (ou direitos), que devem ser tutelados jurídica e penalmente, e escolher os caminhos para efetivar tal tutela, o que iniludivelmente implica a crítica dos valores e caminhos já eleitos.[7]

Política criminal é o **conjunto de princípios e recomendações para reforma e transformação da legislação criminal e dos órgãos encarregados de sua aplicação**, os quais provêm do incessante processo de mudança social, do desempenho obtido pelas instituições que integram o sistema penal, e dos avanços e descobertas da criminologia.[8]

7. ZAFFARONI, Eugenio Raúl; PIERANGELI, José Henrique. **Manual de Direito Penal Brasileiro.** v. I, parte geral. São Paulo: Editora Revista dos Tribunais, 2013. p. 125.
8. BATISTA, Nilo. **Introdução crítica ao Direito Penal brasileiro**. Rio de Janeiro: Revan, 2007.p. 34.

A política criminal traduz uma disciplina que estuda estratégias do Estado para atuação preventiva sobre a criminalidade. Tem como finalidade o estabelecimento de uma **ponte entre a criminologia e o Direito Penal,** enquanto, ciência empírica e ciência axiológica, respectivamente.

De acordo com o sistema penal, a política criminal também pode abarcar questões envolvendo segurança pública, política judiciária e política penitenciária, o que permite inferir que a política criminal é o conjunto de uma série de estruturas.

Portanto, falar em política criminal significa entender os aspectos da criminalidade e, consequentemente, da violência na sociedade: a prática da infração penal, o julgamento do processo, a aplicação da sanção, a restrição da liberdade de locomoção do delinquente, o tempo de prisão, formas de cumprimento da pena, e ainda o processo de elaboração da lei penal e sua aplicabilidade prática, e os reflexos sociais das medidas.

No âmbito da política criminal, podem ser utilizados 3 modelos de reação ao delito (assuntos explorados na seção sobre prevenção criminal e reação social), a saber:

a) **modelo dissuasório (clássico ou retributivo)** que se relaciona com a Justiça Retributiva;

b) **ressocializador** que se vincula com a Justiça Retributiva e a Justiça Consensual;

c) **modelo integrador (consensual)** que se liga à Justiça Consensual e pode ser restaurador (busca a reparação do dano) ou negociado (busca a confissão).

Capítulo 7

Criminologia e Sistema de Justiça Criminal

7.1. Sistema de Justiça Criminal e Controle Social

O sistema de justiça criminal se posiciona dentro do sistema formal de controle social. É formado pelo **Poder Judiciário, Ministério Público, Polícia e Administração Penitenciária.**

Os órgãos públicos exercem um papel expressivo na condução do controle do fenômeno criminal. O funcionamento dessas quatro instâncias (separadas e organizadas) é de fundamental importância para a criminologia, pois são aplicadores natos do **controle social formal**.

A atuação integrada entre as Instituições, respeitando obviamente a divisão constitucional de atribuições (o papel e os limites de cada órgão), é crucial para o controle da delinquência, tanto em sua faceta de prevenção quanto de repressão.

7.2. Modelos de Justiça: Justiça Retributiva e Justiça Restaurativa

Vale a pena destacar, por oportuno, que diferentes modelos de justiça emergiram ao longo da história para lidar com o fenômeno criminal, sendo os principais o modelo clássico (justiça retributiva) e o moderno (justiça restaurativa), cujas características e distinções foram sintetizadas no seguinte quadro esquemático:

	Justiça Retributiva	Justiça Restaurativa
Valores	O conceito de crime é estritamente **jurídico**, e considera-se que a infração é ato contra a sociedade. O Estado detém o monopólio da justiça criminal, primando pelo interesse público. Impera a aplicação do direito positivo.	O crime é conceituado em **sentido amplo**, e considera-se o crime como ato que afeta autor, vítima e a sociedade. A justiça é participativa, e valoriza também os interesses das pessoas envolvidas no fato. A aplicação do direito positivo é alternativa.
Procedimentos	Sua linguagem e rituais são impregnados pelo **formalismo** e pela solenidade. As autoridades incumbidas da persecução penal são os agentes que protagonizam todos os procedimentos.	Seus rituais são **informais**, e o procedimento é regido pelo princípio da oportunidade. As pessoas envolvidas, como vítimas, infratores e a própria comunidade se envolvem no processo decisório.
Resultados	Penas aplicadas ao infrator com o objetivo de intimidar e punir (prevenção geral e especial); Gera estigmatização e discriminação de infrator e vítima. As penas privativas de liberdade aplicadas são desproporcionais, e as penas alternativas são ineficazes. A ressocialização é relegada a plano secundário. Embora o objetivo seja a pacificação social, a tensão permanece.	Busca restaurar a relação entre as partes. Emprega a retratação, reparação, prestação de serviços comunitários como formas de atenuar traumas e prejuízos; Evita a estigmatização, e prima pela efetiva a reintegração do infrator e da vítima à sociedade. Procura concretizar a paz social com dignidade.
Efeitos para a vítima	Deixada em segundo plano, geralmente não recebe qualquer apoio do Estado. Permanece frustrada e ressentida após o processo.	Tem participação ativa no processo, e suas opiniões são levadas em consideração para a resolução do conflito. Recebe assistência e é reparada por suas perdas materiais.

	Justiça Retributiva	Justiça Restaurativa
Efeitos para o infrator	Tem pouca participação no processo, e raramente compreende suas etapas e procedimentos. Manifesta-se apenas por meio de um advogado. Ao fim do processo, não é efetivamente responsabilizado pela prática delitiva, mas apenas punido.	Compreende as etapas e procedimentos do processo, recebendo todas as informações necessárias. Participa de maneira ativa no processo, e sua capacidade de responsabilizar-se pelo fato é levada em consideração. É incentivado a dialogar com a vítima e com a comunidade, a fim de melhor compreender os impactos de sua conduta. Tem a oportunidade de desculpar-se e reparar o dano causado.

7.3. Criminologia e a Polícia Judiciária

A segurança pública é dever do Estado, e consiste em direito e responsabilidade de todos, sendo exercida para a preservação da ordem pública (art. 144 da CF). Os órgãos policiais são os incumbidos de garantir a paz social, dividindo-se basicamente em Polícia Administrativa e Polícia Judiciária.

Nesse panorama, a Polícia Ostensiva (Polícia Militar, Polícia Rodoviária Federal, Guarda Municipal etc.) desenvolve atividade de cunho preventivo, visando preservar a ordem pública, impedindo a prática de infrações penais.

Já a Polícia Investigativa (Polícia Civil e Polícia Federal) realiza função de caráter repressivo, apurando crimes e auxiliando o Poder Judiciário. Sua atuação ocorre depois da prática de uma infração penal, e tem como objetivo precípuo colher evidências da materialidade e autoria do delito (art. 2º da Lei 12.830/13).

Nesse sentido, a Polícia Judiciária faz parte da primeira seleção do chamado controle social formal, responsável pela investigação do crime que não foi evitado pelo controle social informal. Dessa maneira, possibilita a acusação e o julgamento pelo Ministério Público e Judiciário, respectivamente, somando esforços para submeter os indivíduos às normas de convivência em sociedade.

Capítulo 8

História da Criminologia

8.1. Períodos (Fases)

Em relação à origem histórica da criminologia, o único consenso na doutrina é justamente o fato de não se ter certeza de quando exatamente ela surgiu. Porém, vimos que mesmo em épocas mais remotas foi necessário tratar das questões relacionadas às transgressões das regras de convivência social ou práticas de condutas não permitidas.

Repise-se que **a história dos crimes e das penas é tão antiga quanto a história da humanidade**. Portanto, ao longo do tempo, a busca pela pacificação social motivou muitos filósofos e pensadores a discutir e refletir a respeito do fenômeno criminológico. Assim, tentaram compreender a origem das infrações, e também propuseram modelos para a resolução do problema. Nesse panorama, é possível detectar o nascimento da criminologia, ainda em fase rudimentar ou pré-científica. "Muitos são os autores que, de alguma forma, tangenciaram a questão sem se dar conta de que faziam de seu objeto de estudo aquilo que, hoje, convencionamos chamar criminologia"[1].

Tendo isso em vista, **a história da criminologia costuma ser estruturada por meio de períodos ou fases distintas**.

8.1.1. Antiguidade

Esse período é marcado pela atividade de grandes pensadores, que opinavam e forneciam diversos conceitos sobre assuntos relacionados

1. SHECAIRA, Sérgio Salomão. **Criminologia**. São Paulo: Editora Revista dos Tribunais, 2014. p. 73.

ao estudo criminológico, como os delitos e as respectivas sanções. No entanto, a criminologia **ainda não era reconhecida como uma verdadeira ciência**. Por essa razão, tal período está inserido na denominada **fase pré-científica**, tendo em vista o estágio embrionário dos estudos que recaíam sobre o crime e a sanção penal.

Protágoras (485 a 415 a.C) repudiava a aplicação da pena como mero castigo. Defendia que era possível a reeducação social do indivíduo mediante a aplicação da sanção. Assim, a justa aplicação da pena impediria a reincidência por parte do agente, e também serviria de exemplo a todos os membros do corpo social. Segundo Protágoras, aquele que castiga não o faz pelas faltas passadas, porque já não é possível mudar o que ocorreu, mas sim pelas faltas que poderão ocorrer, a fim de que o culpado não reincida e o seu castigo sirva de exemplo aos demais. Analisando em linhas gerais, é evidente que se trata de um estudo criminológico. Protágoras propôs os fundamentos da pena como fenômeno cuja finalidade era a prevenção geral e especial negativa.

Sócrates (470 a 339 A.C) tratou acerca do domínio do homem sobre seus instintos e paixões. Na visão socrática, o homem só é livre quando triunfa sobre seus instintos e paixões, pois, ao agir sob a orientação deles, degrada a si mesmo e a seus semelhantes.[2] Desse modo, aquele que se prende aos instintos o faz por ignorância, pois somente um louco prefere o mal quando conhece o bem. O conhecimento do bem pode ser atingido pela razão, pela intuição ou por outros meios, mas que sempre haverá uma relação entre o conhecimento e as ações. Em suma, a partir de suas considerações sobre o conhecimento do bem, confere à pena um viés de ressocialização, pois pregava a necessidade de ensinar os delinquentes a não reiterar a conduta delitiva. Com isso, é possível afirmar que Sócrates enxergava na pena uma prevenção especial negativa e positiva.

Platão (427a 437 A.C) preocupava-se com a etiologia da criminalidade, ou seja, sua causa. Na obra *A República*, Platão associou a origem dos males humanos ao ouro, relacionando, assim, a prática delitiva à ganância, cobiça e cupidez, ou seja, a fatores de ordem econômica.

Aristóteles (388 a 322 A.C) seguia a mesma linha de pensamento de Platão, de modo que também atribuía a origem da criminalidade a fatores

2. ZAFFARONI, Eugenio Raúl. **Tratado de Derecho Penal** – Parte General II. Buenos Aires: Ediar, 1987. p. 33-34.

econômicos, mas abordava-os sob a perspectiva da incitação dos desejos e instintos humanos, que suplantavam a razão. Na visão aristotélica, os crimes mais graves não eram cometidos para obter o necessário, mas sim para alcançar o supérfluo, e satisfazer os desejos fúteis do homem. Assim, embora os fatores econômicos tivessem forte influência no fomento da criminalidade, as paixões humanas tinham papel preponderante na gênese da delinquência.

Nessa fase, outros estudiosos de destaque contribuíram para o lançamento das bases do pensamento criminológico. Exemplificativamente, citamos: **Isócrates**, que forneceu bases para o conceito de coautoria; **Hipócrates**, que vinculou os crimes à anomalia psíquica, e com isso fincou as premissas da inimputabilidade penal; e **Sêneca**, que indicou a ira como motivo do cometimento de diversos crimes.

Vale ressaltar a importância deste período, uma vez que os estudos desses grandes filósofos deram início à discussão sobre as causas da delinquência e sobre as finalidades da pena, numa fase em que a criminologia, ainda incipiente, sequer havia alcançado o status de ciência. Dessa maneira, lançaram as bases ou premissas éticas que orientam e influenciam a compreensão do crime e das penas até os dias atuais.

O período da antiguidade é responsável por lançar as bases ou **premissas éticas do delito e sua punição**, com destaque para as **causas do crime e finalidades da pena**.

Em adição, são destaques dessa época:

a) ausência de estudo sistematizado sobre o delinquente e o crime;
b) adoção de explicações sobrenaturais sobre o delito, tratando o crime como tabu ou pecado;
c) demonismo (criminoso com personalidade diabólica).

8.1.2. *Idade Média*

Para os historiadores, compreende o período de 476 d.C. a 1453 d.C., época em que vigorou na Europa o sistema feudal e o Cristianismo, ideologia religiosa dominante. Ao analisarmos as contribuições da Idade Média, precisamos ter em mente de que foi um período marcado **pela luta entre duas visões: fé e razão**. Diversos pensadores foram inegavelmente influenciados pela tradição filosófica grega, e muitos deles debateram-se ao buscar a harmonia entre tais extremos[3]. Esse período ainda se localiza na fase pré-científica da criminologia.

Nesta fase, destaca-se **São Tomás de Aquino** (1226-1274), precursor da Justiça Distributiva, que nada mais é do que dar a cada um o que é seu, segundo certa igualdade. Sustentava que a pobreza era fator que fomentava a prática de roubos, e a ele também é atribuída a origem da excludente da ilicitude do estado de necessidade, pois defendia o furto famélico, definido como "a subtração de alimento para prover a subsistência imediata, isto é, aquela que caso não seja satisfeita, poderá levar o sujeito à morte em razão da inanição"[4].

Outra personalidade marcante desse período é **Santo Agostinho** (354 a 430 d.C.). Embora tenha vivido anos antes do marco inicial da Idade Média, é considerado um influente pensador medieval e primeiro grande filósofo cristão. Compreendia as penas do talião como uma injustiça. Para ele, a pena deveria assumir um papel de defesa social e promover a ressocialização do delinquente, sem perder de vista seu cunho intimidativo.

O período da Inquisição possuiu grande relevância, quando o poder punitivo, controlado pela Igreja, esteve aliado a uma concepção religiosa totalitária, disfarçada sob o véu de um discurso criminológico *moderno*. Foi referência a obra escrita em 1487 por Jacob Sprenger e Heinrich Kramer, *Malleus Maleficarum* (Martelo das Feiticeiras). Esse livro, muito difundido na época, funcionava como uma espécie de guia para que os inquisidores identificassem, interrogassem mediante tortura e punissem as pessoas envolvidas com bruxaria. Segundo parte da doutrina, essa **obra** pode ser concebida como o **primeiro discurso criminológico,** dentro do que denominou de **demonologia**.

> A demonologia como primeira teoria criminológica – Se bem, por certo, não é um ponto de partida prestigioso assumir como origem a legitimação da combustão de mulheres por toda a Europa, o certo é que nenhum de nós elegeu seus antepassados. Para verticalizar a Igreja e hierarquizá-la, colocando-se no ápice, o Papa valeu-se do estabelecimento de um poder punitivo próprio, criando a inquisição, ou seja, uma instituição policial dedicada a eliminar fisicamente os hereges, isto é, aqueles que negavam

---

3. ZAFFARONI, Eugenio Raúl. **Tratado de Derecho Penal** – Parte General II. Buenos Aires: Ediar, 1987. p. 46.
4. FONTES, Eduardo; MORAES, Geovane. **Temas Controversos de Direito Penal.** Recife: Armador, 2016. p. 140.

seu poder centralizado. Aos poucos, eliminou os cátaros, os albigenses e outros e, em seguida, a dirigiu contra as mulheres.[5]

Importa destacar que alguns homens foram condenados por bruxaria, mas as maiores vítimas foram as mulheres, uma vez que o *Martelo das Feiticeiras* as tratava com inferioridade, e afirmava que tinham possibilidade maior, quase exclusiva, de realizar um pacto com satã, adversário e inimigo da Igreja. Alguns autores chegam a afirmar a existência de documentos os quais atestam que as acusações de bruxaria se dirigiam às mulheres num percentual de 82%, contra 18% de acusações dirigidas aos homens.

8.1.3. *Idade Moderna e Contemporânea*

Ocorre o surgimento da **Escola Clássica**, ainda na **fase pré-científica** da criminologia. Destacaram-se os pensadores **Francesco Carrara e Cesare Beccaria**. O primeiro publicou em 1859 a obra *Programa de Direito Criminal*; o segundo, publicou a célebre obra denominada *Dos Delitos e das Penas*, em 1764.

Não obstante o destaque dado à época a esses autores e suas respectivas obras, a doutrina considera que não houve cientificidade em tais produções, uma vez que não estavam presentes os métodos de pesquisa científicos, o que só ocorreria mais tarde.

Após, surge a fase científica, momento em que a criminologia começou a efetivamente utilizar o método científico e ampliar seu objeto de estudo (por essa razão o livro *Dos Delitos e das Penas* não é considerado a referência científica da criminologia).

O **marco científico** da criminologia surge com a **Escola Positiva** inaugurada pelo autor italiano **Cesare Lombroso**, (considerado o pai da criminologia contemporânea) por meio da obra intitulada *O Homem Delinquente*, de 1876. Atinge-se finalmente a **fase científica** da criminologia, em virtude dos métodos de pesquisa adotados pela **Escola Positiva**.

A criminologia moderna se desenvolve a partir de então, com o surgimento de diversas escolas e teorias (que serão analisadas ao longo do livro).

---

5. ZAFFARONI, Eugenio Raúl. **A palavra dos mortos**: conferências de criminologia cautelar; coordenadores Luiz Flávio Gomes, Alice Bianchini. – São Paulo: Saraiva, 2012. p. 44.

História da criminologia	
Antiguidade	Pensadores: Protágoras, Sócrates, Platão, Aristóteles, Isócrates, Hipócrates, Sêneca. A criminologia ainda não era reconhecida como uma verdadeira ciência. Por essa razão, tal período é denominado fase pré-científica. Houve o lançamento das bases ou premissas éticas do delito e sua punição, com destaque para as causas do crime e finalidades da pena. Ainda não havia estudo sistematizado sobre o delinquente e o crime. Adotavam-se explicações sobrenaturais sobre o delito, tratando o crime como tabu ou pecado. Utilizava-se o demonismo (criminoso com personalidade diabólica).
Idade Média	Pensadores: São Tomás de Aquino, Santo Agostinho. Luta entre duas visões: fé e razão. O período da Inquisição possuiu grande relevância, quando o poder punitivo, controlado pela Igreja, esteve aliado a uma concepção religiosa totalitária. Foi referência a obra *Malleus Maleficarum* (Martelo das Feiticeiras) de Jacob Sprenger e Heinrich Kramer, o primeiro discurso criminológico, dentro do que denominou de demonologia.
Idade Moderna e Contemporânea	Pensadores: Paul Topinard, Raffaele Garofalo, Francesco Carrara, Cesare Beccaria, Cesare Lombroso, dentre tantos outros. Escola Clássica ainda estava na fase pré-científica da criminologia. O livro *Dos Delitos e das Penas* de Beccaria não é considerado a referência científica da criminologia por essa razão. O marco científico da criminologia surge com a Escola Positiva inaugurada por Lombroso com o livro *O Homem Delinquente*. Criminologia Moderna é seguida pelo surgimento de diversas escolas e teorias.

8.2. Origem da Criminologia no Brasil

A criminologia começou a ganhar força no Brasil nas últimas décadas do século XIX, e **João Vieira de Araújo** (1844–1922) é considerado o maior recepcionador no país das ideias expostas pelo médico italiano Cesare Lombroso.

Entretanto, **Raimundo Nina Rodrigues** (1862-1906) é visto como o fundador da Antropologia Criminal brasileira. Nascido no Maranhão, cursou Medicina na Bahia e no Rio de Janeiro, e sofreu grande influência dos positivistas criminológicos italianos Cesare Lombroso, Raffaele Garofalo e Enrico Ferri, sendo pioneiro nos estudos sobre a cultura negra no País.

> Raimundo Nina Rodrigues, fundador da criminologia brasileira, era tributário da escola francesa e, na linha de Morel, combatia a mestiçagem ("a miscigenação") com base na tese da degeneração, considerava os mulatos semi-imputáveis e dedicava seu livro ao mencionado Dr. Corre e Lacassagne. Nina Rodrigues foi caricaturizado por Jorge Amado, com a licença literária que o fez viver algumas décadas a mais, no personagem de Nilo Argolo de Araújo de sua famosa novela *Tenda dos Milagres*, também levada ao cinema.[6]

Nina Rodrigues afirmava que existiam diferenças quanto à capacidade intelectual entre as raças, de modo que tentava comprovar essa teoria através de suas obras. Para ele, os negros, índios e os mestiços brasileiros eram inferiores tanto fisicamente como mentalmente.

Sustentando essa ideia, em 1899 publicou a obra denominada *Mestiçagem, Degenerescência e Crime*, em que atribuiu aos negros e mestiços a maior possibilidade de cometimento de crimes, em razão de sua incapacidade orgânica e cerebral, pois, segundo ele, estavam em estágio de desenvolvimento inferior ao das raças superiores. Ainda partindo da mesma premissa, chegou a defender na obra denominada *As Raças Humanas e a Responsabilidade Penal no Brasil* (1894), a vigência de códigos penais diferenciados segundo critério racial, tomando por base a forte influência lombrosiana.

Embora esse posicionamento seja flagrantemente preconceituoso nos dias atuais e configure verdadeira afronta ao princípio da dignidade da pessoa humana, naquela época tal pensamento era amplamente aceito. Ressalte-se que a produção científica da virada do século XIX para o século XX foi impregnada pelo determinismo e pelo darwinismo social.

---

6. ZAFFARONI, Eugenio Raúl. **A Questão Criminal**; Rio de Janeiro: Revan, 2013. p. 85.

Soma-se a isso o fato de que também foi o período de transição da escravatura para a abolição, e, na visão de grande parte da classe dominante, os negros ainda eram mercadorias, e não sujeitos de direito. Desse modo, nota-se que essa teoria, apesar de inaceitável hodiernamente, não parecia absurda para a ordem social que vigorava naquele tempo.

Nina Rodrigues também é lembrado pelas contribuições acadêmicas na formação de médicos e na expansão da Medicina Legal. Destacou-se por ser pioneiro no movimento de nacionalização da Medicina Legal no país (1891), ter participado na fundação da Sociedade de Medicina Legal (1894), e ter defendido a assistência aos alienados, mediante a utilização de perícias em julgamentos.

De qualquer modo, foi um proeminente pesquisador na história da criminologia brasileira, o que lhe garantiu status e respeito internacional para a época. Notoriamente influenciado por Lombroso, desempenhou um papel fundamental no registro de correntes e teorias que vigoravam no período em que viveu, e, por meio de suas obras, podemos melhor compreender a evolução do pensamento criminológico brasileiro.

Capítulo 9

Modelos Teóricos

9.1. Introdução

A criminologia moderna não encara o crime como uma patologia (perspectiva biopsicopatológica do criminoso), mas sim como um **problema (aspecto biopsicossocial** do delinquente).

Todavia, até que a criminologia chegasse a essas conclusões modernamente, essa ciência passou por um extenso período evolutivo, sendo debatida por várias escolas, que serão abordadas a seguir.

A criminologia se divide na **fase pré-científica**, que abrange as pseudociências e a criminologia clássica, e a **fase científica**, englobando a criminologia positiva e a criminologia moderna.

O quadro esquemático adiante demonstra didaticamente o panorama dos modelos teóricos da criminologia conforme a fase histórica, indicando também as teorias criminológicas correspondentes:

<table>
<tr><th>Modelo Teórico</th><th>Teorias Criminológicas</th><th>Fase Histórica</th></tr>
<tr><td>Pseudociências</td><td>Demonologia, Fisionomia e Frenologia</td><td rowspan="2">Fase pré-científica</td></tr>
<tr><td>Criminologia Clássica</td><td>Escola Clássica</td></tr>
<tr><td>Criminologia Positiva</td><td>Escola Positiva</td><td rowspan="2">Fase científica</td></tr>
<tr><td>Criminologia Moderna</td><td>Teorias do Consenso (Escola de Chicago e demais teorias decorrentes)
Teorias do Conflito (Teoria do Etiquetamento e Criminologia Crítica e demais teorias decorrentes)</td></tr>
</table>

9.2. Pseudociências

Pode-se afirmar que as chamadas pseudociências foram teorias sobre determinados objetos, **criadas e desenvolvidas sem qualquer cunho científico,** que também procuravam explicar o fenômeno criminológico recorrente nas sociedades. Entre elas, merecem destaque a **demonologia, a fisionomia e a frenologia**.

Vale lembrar que o marco científico da criminologia ocorreu com a publicação da obra *O Homem Delinquente*, de Lombroso, no final do século XIX; até então, diversas investigações sobre o crime e o criminoso foram conduzidas por pseudociências ou ciências ocultas, na denominada **fase pré-científica**.

A **demonologia** procurou explicar o mal, assim entendido como a conduta criminosa, por meio do estudo dos demônios, e tal foi o desenvolvimento dessa ciência que chegaram a ser identificados cerca de 7 milhões de diabos.

A demonologia trabalhava com duas ideias: **possessão**, quando a conduta criminosa era praticada por alguém que estava possuído; **e tentação**, ocasião em que, embora não possuído, o criminoso era tentado pelo espírito do mal.

Como se observa, a demonologia, pseudociência que prevaleceu principalmente na Idade Média, procurou estudar os crimes através da ação de entidades demoníacas. Nessa época, via-se a possessão como uma enfermidade, que era chave para explicar todo e qualquer comportamento desviante do padrão, tais como debilidades mentais ou transtornos psiquiátricos. Embora a condição fosse considerada uma doença, isso não significava que os indivíduos supostamente possuídos eram tratados com benevolência: milhares foram queimados vivos, pois a cura para a *enfermidade* era o fogo.

A **fisionomia,** por sua vez, é a pseudociência que mais se aproxima do positivismo criminológico de Lombroso. Como o próprio nome indica, esta ciência oculta concentra suas pesquisas na **aparência do indivíduo como ponto de conexão entre o externo e o interno, entre o físico e o psíquico**. A partir da técnica de observação da expressão corporal, sustenta a relação entre o corpo e a alma, sinalizando para algumas características de índole criminosa que podem manifestar-se na cabeça, orelha, nariz e dentes. Embora guarde grande semelhança com os estudos realizados por Lombroso, essa pseudociência se desenvolveu e chegou a essas conclusões sem rigor científico.

A fim de demonstrar a importância da aparência para a Justiça Criminal, vale ressaltar o conhecido Édito de Valério: "Quando se tem dúvida entre dois presumidos culpados, condena-se o mais feio". Não há dúvida de que essa pseudociência influenciou grandemente as teorias que posteriormente seriam expostas por Lombroso, que aprimorou e conferiu cientificidade a tais ideias.

Por último, tem-se a **frenologia**, pseudociência desenvolvida pelo suíço Joseph Lavater e difundida pelo anatomista suíço **Johan Gall**. A expressão tem origem grega: *fren* significa mente, enquanto *logos* refere-se ao estudo. Portanto, frenologia nada mais é do que o **estudo da mente.**

Gall desenvolveu a teoria das localizações cerebrais, cujo objetivo era identificar a localização física de cada função anímica do cérebro, acreditando que a explicação do comportamento criminoso estava no crânio, pois nele se manifestariam as funções do cérebro através de deformidades ou saliências.

Desse modo, o sujeito delinquente era estudado com base na angulação e na formatação do seu crânio, cujas marcas externas indicariam a sua condição de criminoso.

Essas pseudociências foram importantes para o nascimento do movimento científico da criminologia nos fins do século XIX. A relevância das pseudociências fica evidente nas obras de Lombroso, nome mais destacado da Escola Positiva.

Em sua construção teórica, Lombroso promove um resumo de todo o pensamento à sua volta, especialmente os difundidos pelos fisionomistas e os frenólogos. Deu um caráter de cientificidade à sua teoria ao incorporar o método experimental em seus trabalhos.

Pseudociências		
Demonologia	**Fisionomia**	**Frenologia**
Explica o crime por meio do estudo dos demônios, atribuindo a cada criminoso uma espécie de diabo.	Analisa o criminoso (suas qualidades e defeitos) por meio de suas características físicas, de modo que a feiura seria proporcional à maldade.	Cada faculdade mental se relaciona a uma parte do cérebro, cujo tamanho é proporcional ao desenvolvimento dessa habilidade.

9.3. Criminologia Clássica e Neoclássica

A criminologia clássica não se preocupa com a ressocialização ou reintegração do delinquente. Ocupa-se da **dissuasão penal**, residindo nesse efeito inibitório da pena a essência da prevenção.

O que distingue o modelo clássico do neoclássico é o fato de o primeiro concentrar a prevenção em torno da pena e seu rigor, enquanto no último o poder dissuasório está conectado mais ao funcionamento do sistema normativo (e sua percepção pelo criminoso em potencial).[1]

No pensamento criminológico das escolas clássicas, verifica-se uma grande preocupação com os conceitos de crime e pena como entidades jurídicas e abstratas, de maneira a estabelecer a razão e limitar o poder punitivo do Estado.

Posicionam-se no **período pré-científico**, pois até então o método científico não era utilizado. A metodologia empírica e indutiva passa a ser empregada apenas a partir da criminologia positiva, a seguir examinada.

9.4. Criminologia Positiva (Positivista)

Funda-se a criminologia positiva nos fatos decorrentes do **empirismo**, ou seja, observação e experimentação (e não mera especulação, que não tem valor científico).

O objeto da criminologia é o **delinquente**, e não o delito (considerado mera abstração advinda da lei). O crime é apenas o sintoma do criminoso, este sim devendo ser examinado.

A criminologia deve explicar as diferenças (físicas, psicológicas e sociais) entre delinquentes e não delinquentes, sujeitando então os comportamentos criminais ao determinismo (nega-se o livre-arbítrio).[2]

9.5. Criminologia Moderna

Com a criminologia moderna, o núcleo investigativo (objeto) da criminologia deixa de ser apenas o **delinquente**, passando a abranger também **o crime, a vítima e o controle social**. Consiste em ciência explicativa do crime como fenômeno individual e social, examinando

1. LIMA JÚNIOR, José César Naves de. **Criminologia**. Salvador: Juspodivm, 2017, p. 78.
2. LIMA JÚNIOR, José César Naves de. **Criminologia**. Salvador: Juspodivm, 2017, p. 79.

o criminoso por sua **unidade biopsicossocial**. Superou-se o enfoque individualista para examinar o criminoso em suas interdependências sociais.

Ficou superada a criminologia tradicional, que adotava a perspectiva biopsicopatológica e o olhar exclusivo para o criminoso. A criminologia moderna passa a adotar a abordagem biopsicossocial que dá importância também para o delito, a vítima e o controle social. Daí se falar em um verdadeiro **giro sociol**ógico (ou **virada sociológica**).

São as principais características da criminologia moderna:[3]

a) caracterização do crime como problema;

b) ampliação do objeto do estudo da criminologia (examinando não só o crime e o criminoso, mas também a vítima e o controle social);

c) o saber criminológico tem seu enfoque na prevenção e não exclusivamente na obsessão de repressão;

d) preocupação com tratamento é substituída pela intervenção, por consistir em noção mais dinâmica e complexa do fenômeno delitivo;

e) não renuncia a uma análise etiológica do delito (de investigação da criminogênese, ou seja, das causas do delito).

A sociedade evolui e juntamente com ela, a ciência, de modo que, com o tempo, muitos de seus conceitos podem se modificar, conforme são realizadas novas pesquisas e experiências. Com a criminologia não foi diferente.

Além disso, a criminologia moderna também se ocupa atualmente com as causas do fenômeno delitivo, suas formas de prevenção e controle, sendo considerada uma ciência causal-explicativa, a qual enxerga o delito como um fenômeno social e também individual. Portanto, essa é a concepção atual da denominada criminologia moderna.

A criminologia moderna realiza, através da pesquisa científica, seus estudos acerca do fenômeno criminal. Com isso, analisa suas causas, características, prevenção, controle e ocorrência. É reconhecida como ciência causal-explicativa do delito, na medida em que o reconhece como fenômeno social e individual.

---

3. GOMES, Luiz Flávio; MOLINA, Antonio Garcia-Pablos de. **Criminologia**. São Paulo: Revista dos Tribunais, 2008, p. 40.

Modelos teórico da criminologia	
Pseudociências	Teorias sobre determinados objetos, sem qualquer cunho científico. Merecem destaque a demonologia, a fisionomia e a frenologia. Posiciona-se no período pré-científico.
Criminologia Clássica e Neoclássica	Não se preocupa com a ressocialização ou reintegração do delinquente. Ocupa-se da dissuasão penal, residindo nesse efeito inibitório da pena a essência da prevenção. O que distingue o modelo clássico do neoclássico é o fato de o primeiro concentrar a prevenção em torno da pena e seu rigor, enquanto no último o poder dissuasório está conectado mais ao funcionamento do sistema normativo (e sua percepção pelo criminoso em potencial). Posiciona-se no período pré-científico.
Criminologia Positiva	Funda-se nos fatos decorrentes do empirismo, ou seja, observação e experimentação (e não mera especulação, que não tem valor científico). O objeto da criminologia é o delinquente, e não o delito (considerado mera abstração advinda da lei). O crime é apenas o sintoma do criminoso, este sim devendo ser examinado. A criminologia deve explicar as diferenças (físicas, psicológicas e sociais) entre delinquentes e não delinquentes, sujeitando então os comportamentos criminais ao determinismo (nega-se o livre-arbítrio). Posiciona-se no período científico.
Criminologia Moderna	Objeto da criminologia deixa de ser apenas o delinquente, passando a abranger também o crime, a vítima e o controle social. Consiste em ciência explicativa do crime como fenômeno individual e social, examinando o criminoso por sua unidade biopsicossocial. Posiciona-se no período científico. As escolas e teorias dividem-se em Teorias do Consenso Teorias do Conflito.

Capítulo 10

Classificação da Criminologia

De acordo com a doutrina, a criminologia pode ser dividida em:

a) **criminologia geral:** caracterizada pela coleta, classificação e análise de informações a respeito do crime, criminoso, vítima, e outros fatores conexos. É chamada de criminologia sociológica por alguns, pelo fato de analisar o fenômeno criminológico não sob a perspectiva de um único indivíduo, mas sim de toda a sociedade;

b) **criminologia clínica:** aquela que aplica os conhecimentos teóricos diretamente no tratamento dos delinquentes. Também é chamada de **microcriminologia**, por estudar a pessoa do criminoso, em busca de sua ressocialização (opondo-se à **macrossociologia**, que analisa o fenômeno criminal como um todo na sociedade);

c) **criminologia científica:** trata dos conceitos e métodos para estudo da criminalidade, o crime e o criminoso, além da vítima e da justiça penal;

d) **criminologia aplicada**: abrange a porção científica e a prática dos operadores do direito;

e) **criminologia acadêmica**: visa à sistematização de princípios para fins pedagógicos;

f) **criminologia analítica:** focada verificação do cumprimento do papel das ciências criminais e da política criminal;

g) **criminologia de reação social**: estuda os processos de criação de normas penais e sociais que estão relacionados com o comportamento desviante;

h) **criminologia organizacional:** analisa o processo cíclico que compreende a criação de leis, a infração a essas normas, e os fenômenos de reação às violações das leis;

i) **criminologia verde ou *green criminology***: consiste na responsabilidade penal de empresas e indústrias por delitos ecológicos, protegendo o meio ambiente dos ataques prejudiciais à biodiversidade;

j) **criminologia do desenvolvimento:** estudos são voltados à idade e às fases de desenvolvimento do indivíduo, classificando as variáveis do comportamento delituoso ao longo de sua vida;

k) **criminologia crítica ou radical**, de base marxista, propõe a negação do capitalismo e apresenta o delinquente como vítima da sociedade. A Criminologia Crítica é uma vertente de base marxista. Em linhas gerais, pode-se dizer que propõe a negação do capitalismo e apresenta o delinquente como vítima da sociedade. Sua principal teoria criminológica, denominada teoria crítica, sustenta que os fatos criminosos não são definidos de acordo com o sentimento moral do povo, mas apenas para favorecer os interesses das classes dominantes. Desse modo, o sistema penal se destina a atender unicamente aos ditames do capitalismo, e no lugar de combater a criminalidade, serve de mola propulsora para ela;

l) **criminologia ambiental**: é uma família de teorias que compartilham um interesse comum nos eventos delitivos e nas circunstâncias imediatas em que eles ocorrem. Enquanto a criminologia tradicional aborda as ocorrências criminosas como um fenômeno aleatório, como expressão da conduta desviante do indivíduo, a criminologia ambiental compreende o crime como um fenômeno seletivo, que envolve as leis, o criminoso e a vítima, em determinado tempo e lugar, sob condições específicas. É necessária a conjugação da análise criminológica tradicional, que coleta os dados sobre o fenômeno delitivo, com a criminologia ambiental, que constrói teorias com base nos dados coletados, permitindo a compreensão do fenômeno;

m) **criminologia cultural**: parte da premissa que a noção de cultura é fluída, e que a todo momento passa por transformações. Propõe que o crime e sua repressão são processos culturais, com significados e consequências inevitavelmente construídos a partir de um simbolismo compartilhado e de uma interpretação coletiva. Não há mais como divisar uma linha que diferencie o crime real e a imagem do crime, pois a partir do momento em que as percepções do fenômeno são difundidas e amplificadas através da mídia e outras redes sociais, a cultura do crime passa a ser o próprio crime;

n) **criminologia feminista**: forma de reação às correntes criminológicas que tradicionalmente adotam uma posição androcêntrica, ou seja, que, em regra, colocam a figura masculina, ainda que indiretamente, como centro dos estudos criminológicos. Denuncia as violências produzidas pela *forma mentis* masculina de interpretação e aplicação do Direito Penal;

o) **criminologia *queer*:** trabalha com o mapeamento das diversas formas de controle através das quais somos moldados como sujeitos, principalmente no que diz respeito ao gênero e à sexualidade. O termo *queer* significa estranho, e é geralmente utilizado para fazer referência a lésbicas, gays, bissexuais e transexuais, ou ainda a qualquer pessoa que não segue ou contesta o padrão normativo vigente. A criminologia *queer* é uma abordagem teórica e prática que visa a ressaltar e pôr em discussão a estigmatização, a criminalização e as diversas formas de rejeição enfrentadas pela população *queer* no sistema penal, tanto no papel de vítimas como no papel de agressoras;

p) **etiologia criminal**: ciência que estuda a criminogênese, ou seja, as causas do delito, isto é, os fatores que desencadearam no fenômeno criminal.

Portanto, lembre-se:

Criminologia Geral	Coleta, classificação e análise de informações a respeito do crime, criminoso, vítima, e outros fatores conexos. Também chamada de criminologia sociológica.
Criminologia Clínica	Aplica os conhecimentos teóricos diretamente no tratamento dos delinquentes.
Criminologia Científica	Conceitos e métodos para estudo da criminalidade, crime, criminoso, além da vítima e da justiça penal.
Criminologia Aplicada	Abrange a porção científica e a prática dos operadores do direito.
Criminologia Acadêmica	Sistematização de princípios para fins pedagógicos.
Criminologia Analítica	Verificação do cumprimento do papel das ciências criminais e da política criminal.
Criminologia de Reação Social	Estuda os processos de criação de normas penais e sociais que estão relacionados com o comportamento desviante.
Criminologia Organizacional	Analisa o processo cíclico que compreende a criação de leis, a infração a essas normas, e os fenômenos de reação às violações das leis.
Criminologia Verde	Consiste na responsabilidade penal de empresas e indústrias por delito ecológico, protegendo o meio ambiente dos ataques prejudiciais à biodiversidade.
Criminologia do Desenvolvimento	Os estudos são voltados à idade e às fases de desenvolvimento do indivíduo, classificando as variáveis do comportamento delituoso ao longo de sua vida.
Criminologia Crítica (Radical)	De base marxista, propõe a negação do capitalismo e apresenta o delinquente como vítima da sociedade.

Criminologia Ambiental	Compreende o crime como um fenômeno seletivo, que envolve as leis, o criminoso e a vítima, em determinado tempo e lugar, sob condições específicas.
Criminologia Cultural	Crime e sua repressão são processos culturais, com significados e consequências inevitavelmente construídos a partir de um simbolismo compartilhado e de uma interpretação coletiva.
Criminologia Feminista	Rebate a posição androcêntrica, que, em regra, coloca a figura masculina, ainda que indiretamente, como centro dos estudos criminológicos. Denuncia as violências produzidas pela *forma mentis* masculina de interpretação e aplicação do Direito Penal.
Criminologia *Queer*	Aborda a estigmatização, a criminalização e as diversas formas de rejeição enfrentadas pela população *queer* (que não segue ou contesta o padrão normativo vigente) no sistema penal, tanto no papel de vítimas como no papel de agressoras, especialmente lésbicas, gays, bissexuais e transexuais.
Etiologia Criminal	Ciência que estuda a criminogênese, ou seja, as causas do delito, isto é, os fatores que desencadearam no fenômeno criminal.

EXERCÍCIOS

Questões

1. **(PCMS – Delegado – FAPEMS – 2017)**

A atividade policial dentre suas finalidades deve prevenir e reprimir o crime. Em particular, à polícia judiciária cabe investigar, com o fim de esclarecer fatos delitivos que causaram danos a bens jurídicos relevantes tutelados pelo direito penal. A criminologia dada a sua interdisciplinaridade constitui ciência de suma importância na atividade policial por socorrer-se de outras ciências para compreender a prática delitiva, o infrator e a vítima, possuindo métodos de investigação que visam a atender sua finalidade. Diante do exposto, assinale a alternativa correta sobre a criminologia como ciência e seus métodos.

a) Como ciência dedutiva; a criminologia se vale de métodos científicos, humanos e sociais, abstratos, próprios do Direito Penal.

b) A criminologia, ciência lógica e normativa, busca determinar o homem delinquente utilizando para isso métodos físicos, psicológicos e sociológicos.

c) A criminologia é baseada principalmente em métodos físicos, individuais e coletivos, advindos das demais ciências jurídico-penais, caracterizando-a como dogmática.

d) Os métodos experimental e lógico auxiliam a investigação da criminologia, integrando várias áreas, dada sua natureza de ciência disciplinar.

e) Os métodos biológico e sociológico são utilizados pela criminologia, que, por meio do empirismo e da experimentação, estuda a motivação criminosa do sujeito.

2. **(PCGO – Delegado – CESPE – 2017)**

A respeito do conceito e das funções da criminologia, assinale a opção correta.

a) A criminologia tem como objetivo estudar os deliquentes, a fim de estabelecer os melhores passos para sua ressocialização. A política criminal, ao contrário, tem funções mais relacionadas à prevenção do crime.

b) A finalidade da criminologia em face do direito penal é de promover a eliminação do crime.

c) A determinação da etimologia do crime é uma das finalidades da criminologia.

d) A criminologia é a ciência que, entre outros aspectos, estuda as causas e as concausas da criminalidade e da periculosidade preparatória da criminalidade.

e) A criminologia é orientada pela política criminal na prevenção especial e direta dos crimes socialmente relevantes, mediante intervenção nas manifestações e nos efeitos graves desses crimes para determinados indivíduos e famílias.

3. (PCPE – Delegado – CESPE – 2016)

A criminologia moderna

a) é uma ciência normativa, essencialmente profilática, que visa oferecer estratégias para minimizar os fatores estimulantes da criminalidade e que se preocupa com a repressão social contra o delito por meio de regras coibitivas, cuja transgressão implica sanções.

b) ocupa-se com a pesquisa científica do fenômeno criminal — suas causas, características, sua prevenção e o controle de sua incidência —, sendo uma ciência causal-explicativa do delito como fenômeno social e individual.

c) ocupa-se, como ciência causal-explicativa-normativa, em estudar o homem delinquente em seu aspecto antropológico, estabelece comandos legais de repressão à criminalidade e despreza, na análise empírica, o meio social como fatores criminógenos.

d) é uma ciência empírica e normativa que fundamenta a investigação de um delito, de um delinquente, de uma vítima e do controle social a partir de fatos abstratos apreendidos mediante o método indutivo de observação.

e) possui como objeto de estudo a diversidade patológica e a disfuncionalidade do comportamento criminal do indivíduo delinquente e produz fundamentos epistemológicos e ideológicos como forma segura de definição jurídico-formal do crime e da pena.

4. (PCCE – Delegado – VUNESP – 2015)

Os objetos de estudo da moderna criminologia estão divididos em

a) três vertentes: justiça criminal, delinquente e vítima.

b) três vertentes: política criminal, delito e delinquente.

c) três vertentes: política criminal, delinquente e pena.

d) quatro vertentes: delito, delinquente, justiça criminal e pena.

e) quatro vertentes: delito, delinquente, vítima e controle social.

5. (PCSP – Delegado – VUNESP – 2014)

Assinale a alternativa que completa, correta e respectivamente, a frase: A Criminologia__________ ; o Direito Penal __________.

a) não é considerada uma ciência, por tratar do "dever ser" ... é uma ciência empírica e interdisciplinar, fática do "ser"

b) é uma ciência normativa e multidisciplinar, do "dever ser" ... é uma ciência empírica e fática, do "ser"

c) não é considerada uma ciência, por tratar do "ser" ... é uma ciência jurídica, pois encara o delito como um fenômeno real, do "dever ser"

d) é uma ciência empírica e interdisciplinar, fática do "ser" ... é uma ciência jurídica, cultural e normativa, do "dever ser"

e) é considerada uma ciência jurídica, por tratar o delito como um conceito formal, normativo, do "dever ser" ... não é considerado uma ciência, pois encara o delito como um fenômeno social, do "ser"

6. (PCSP – Investigador – VUNESP – 2014)

A ciência que estuda a criminogênese é chamada de:

a) ciência política.

b) ciência pública.

c) sociologia individual

d) etiologia criminal.

e) ciência jurídica

7. (PCSP – Investigador – VUNESP – 2014)

Segundo a doutrina dominante, a criminologia é uma ciên- cia aplicada que se subdivide em dois ramos: a criminologia ______ que consiste na sistematização, compa- ração e classificação dos resultados obtidos no âmbito das ciências criminais acerca do seu objeto; e a criminologia ________que consiste na aplicação dos conheci- mentos teóricos daquela para o tratamento dos criminosos.

a) prática ... social

b) comparativa ... observativa

c) geral ... clínica

d) individual ... científica

e) metódica ... particular

8. (PCSP – Investigador – VUNESP – 2014)

A criminologia pode ser conceituada como uma ciência ______, baseada na observação e na experiência, e ________ que tem por objeto de análise o crime, o criminoso, a vítima e o controle social.

a) exata ... multidisciplinar

b) objetiva ... monodisciplinar

c) humana ... unidisciplinar

d) biológica ... transdisciplinar

e) empírica ... interdisciplinar

9. (PCSP – Investigador – VUNESP – 2014)

Entende-se como controle social o conjunto de mecanismos e sanções sociais que visam submeter o homem aos modelos e normas do convívio comunitário. Desta forma, são exemplos de influências no controle social informal:

a) Administração Penitenciária, PROCON e Judiciário.

b) Polícia Militar, Ministério Público e Guarda Municipal.

c) Tribunal de Contas, Forças Armadas e Ordem dos Advogados do Brasil.

d) Família, Escola e Igrejas.

e) Partidos Políticos, Conselho Tutelar e Polícia Civil.

10. (PCSP – Investigador – VUNESP – 2014)

É órgão da segunda seleção da instância formal de controle social:

a) Ministério Público

b) Polícia Judiciária.

c) Poder Judiciário.

d) Administração Penitenciária

e) Polícia Administrativa.

11. (PCSP - Escrivão - VUNESP - 2014)

São objetos de estudo da Criminologia moderna __________, o criminoso,__________e o controle social.

Assinale a alternativa que completa, correta e respectiva- mente, as lacunas do texto.

a) a desigualdade social ... o Estado

b) a conduta ... o castigo

c) o direito ... a ressocialização

d) a sociedade ... o bem jurídico

e) o crime ... a vítima

12. (PCSP - Escrivão - VUNESP - 2014)

Conceitua-se a criminologia, por ser baseada na experiência e por ter mais de um objeto de estudo, como uma ciência.

a) abstrata e imensurável.

b) biológica e indefinida.

c) empírica e interdisciplinar.

d) exata e mensurável

e) humana e indefinida.

13. (PCSP - Escrivão - VUNESP - 2014)

A microcriminologia, também conhecida por criminologia

a) do desenvolvimento, dedica-se ao estudo, centrado no comportamento criminoso do indivíduo, ao longo de sua vida.

b) geral, dedica-se ao estudo sociológico do crime.

c) aplicada, dedica-se às pesquisas de cunho acadêmico.

d) clínica, estuda a pessoa do criminoso, em busca de sua ressocialização.

e) analítica, estuda as relações entre as ciências sociais e as políticas de segurança pública.

14. (PCSP - Escrivão - Acadepol - 2010)

Para Garcia Pablo de Molina é entendido como o conjunto de instituições, estratégias e sanções sociais que pretendem promover e garantir a submissão dos indivíduos aos modelos e normas comunitárias.

O texto se refere

a) à Criminogênese.

b) aos fatos condicionantes biológicos.

c) ao controle social.

d) aos fatos condicionantes sociológicos.

e) aos fatos condicionantes criminais.

15. (PCSP - Escrivão - Acadepol - 2010)

Atua como agente informal de controle social

a) a Polícia Civil.

b) a opinião pública.

c) o Ministério Público.

d) o Juiz de Direito.

e) o Sistema Prisional.

16. (PCBA - Delegado - VUNESP - 2018)

Em relação ao conceito de crime, de criminoso e de pena nas diversas correntes do pensamento criminológico e ao desenvolvimento científico de seus modelos teóricos, é correto afirmar:

a) A criminologia científica nasceu no ambiente do século XVIII, recebendo contribuições da Escola Positivista, mas ganhando contornos mais precisos com a Escola Clássica.

b) A criminologia crítica compreende que a finalidade da sociedade é atingida quando há um perfeito funcionamento das suas instituições, de forma que os indivíduos compartilhem as regras sociais dominantes.

c) As teorias desenvolvidas nas escolas positivistas a partir do método dedutivo buscaram maximizar as garantias individuais na persecução penal e fora dela.

d) No pensamento criminológico das escolas clássicas, identifica-se uma grande preocupação com os conceitos de crime e pena como entidades jurídicas e abstratas de modo a estabelecer a razão e limitar o poder de punir do Estado.

e) Os modelos teóricos de integração que compõem a criminologia tradicional partem da premissa de que toda a sociedade está, a cada momento, sujeita a processos de mudança, exibindo dissensão e conflito, haja vista que todo elemento em uma sociedade contribui, de certa forma, para sua desintegração e mudança. Sendo assim, a sociedade é baseada na coerção de alguns de seus membros por outros.

17. (PCBA - Delegado - VUNESP - 2018)

Assinale a alternativa que indica a correta relação da Criminologia com a Política Criminal, Direito Penal ou com o Sistema de Justiça Criminal.

a) O Direito Penal é condicionante e moldura da criminologia, visto que esta tem por objeto o estudo do crime e, assim, parte em suas diversas correntes e teorias, das definições criminais dogmáticas e legais postas pelo Direito Penal, e a elas se circunscreve.

b) A Criminologia, especialmente em sua vertente crítica, tem como incumbência a explicação e justificação do Sistema de Justiça Criminal que tem por finalidade a implementação do Direito Penal e consequente prevenção criminal.

c) A Política Criminal é uma disciplina que estuda estratégias estatais para atuação preventiva sobre a criminalidade, e que tem como uma das principais finalidades o estabelecimento de uma ponte eficaz entre a criminologia, enquanto ciência empírica, e o direito penal, enquanto ciência axiológica.

d) A Política Criminal é condicionante e moldura da criminologia, visto que esta tem por objeto o estudo do crime e, assim, parte em suas diversas correntes e teorias, das definições criminais dogmáticas e legais postas pela Política Criminal, e a elas se circunscreve.

e) As teorias criminológicas da integração ou do consenso apontam o sistema de justiça criminal como fator que pode aprofundar a criminalidade, deslocando o problema criminológico do plano da ação para o da reação.

Gabarito e Explicação

Questão	Gabarito	Abordagem do assunto no livro
1	B	Capítulo 2
2	D	Capítulo 2
3	B	Capítulo 9
4	E	Capítulo 5
5	D	Capítulo 6
6	D	Capítulo 10

Questão	Gabarito	Abordagem do assunto no livro
7	C	Capítulo 10
8	E	Capítulo 2
9	D	Capítulo 5
10	A	Capítulo 5
11	E	Capítulo 9
12	C	Capítulo 2
13	D	Capítulo 10
14	C	Capítulo 5
15	B	Capítulo 5
16	D	Capítulo 9
17	C	Capítulo 6

PARTE 2

TEORIAS CRIMINOLÓGICAS ETIOLÓGICAS

Capítulo 1

Introdução

As Escolas Penais resumem as correntes de pensamento acerca dos problemas que envolvem o fenômeno da criminalidade. Correspondem à evolução da criminologia enquanto ciência. As discussões entre os estudiosos polarizaram-se entre 2 Escolas: a Clássica e a Positiva. Enquanto os clássicos utilizam o método dedutivo (abstrato), o positivismo passa a adotar o método indutivo (empírico). A criminologia enquanto ciência é inaugurada a partir da Escola Clássica.

A divergência entre as correntes de pensamento e métodos é conhecida como **luta de escolas**. Em síntese, as perguntas que procuram ser respondidas são as seguintes:[1]

a) qual o fundamento da responsabilidade penal do criminoso?

b) qual o conceito de crime?

c) criminoso é um homem normal ou anormal?

d) qual o conceito da pena e seus efeitos?

O quadro esquemático a seguir mostra didaticamente o panorama das teorias criminológicas conforme o modelo teórico e a fase histórica respectiva:

<table>
<tr><th>Teorias Criminológicas</th><th>Modelo Teórico</th><th>Fase Histórica</th></tr>
<tr><td>Demonologia, Fisionomia e Frenologia</td><td>Pseudociências</td><td rowspan="2">Fase pré-científica</td></tr>
<tr><td>Escola Clássica</td><td>Criminologia Clássica</td></tr>
</table>

1. ARAGÃO, Antônio M. Sodré de. **As três escolas penais**. Rio de Janeiro: Freitas Vastos, 1963, p. 67.

<table>
<tr><th>Teorias Criminológicas</th><th>Modelo Teórico</th><th>Fase Histórica</th></tr>
<tr><td>Escola Positiva</td><td>Criminologia Positiva</td><td rowspan="2">Fase científica</td></tr>
<tr><td>Teorias do Consenso (Escola de Chicago e demais teorias decorrentes)
Teorias do Conflito (Teoria do Etiquetamento e Criminologia Crítica e demais teorias decorrentes)</td><td>Criminologia Moderna</td></tr>
</table>

Além disso, para facilitar a compreensão, é interessante distinguir as teorias criminológicas em 2 categorias.

As **teorias criminológicas etiológicas**, pertencentes a uma criminologia tradicional, têm em perspectiva o criminoso, levando em conta apenas as causas do crime, referindo-se à pessoa do delinquente. Pretende diferenciar os criminosos dos indivíduos normais através de um método causal, no sentido de se determinar as causas (como e o porquê) do comportamento criminoso, caracterizado como existência de defeitos individuais dos sujeitos. Essa explicação da criminalidade permitiria o seu combate com ferramentas modificativas do delinquente.

Já as **teorias criminológicas sociológicas** (também chamadas de macrossociológicas), que fazem parte da criminologia moderna, levam em conta todo o contexto social que envolve o criminoso, reconhecendo que o delito decorre de uma multiplicidade de fatores. Há uma ruptura do mito da causalidade, aceitando que a explicação criminológica não se subordina ao modelo de determinismo e previsibilidade, mas apenas ao da probabilidade. Ocorre uma virada sociológica (ou giro sociológico), pois a ciência criminológica passa a levar em conta todas as estruturas que não têm como paradigma fatores patológicos individuais.

<table>
<tr><th>Teorias Criminológicas</th><th>Classificação</th><th>Criminologia</th></tr>
<tr><td>Escola Clássica</td><td rowspan="2">Etiológicas</td><td rowspan="2">Criminologia Tradicional</td></tr>
<tr><td>Escola Positiva</td></tr>
<tr><td>Teorias do Consenso (Escola de Chicago e demais teorias decorrentes)
Teorias do Conflito (Teoria do Etiquetamento e Criminologia Crítica)</td><td>Sociológicas (Macrossociológicas)</td><td>Criminologia Moderna</td></tr>
</table>

Teorias Criminológicas Etiológicas	Teorias Criminológicas Sociológicas
criminologia tradicional	criminologia moderna
perspectiva individual (pessoa do delinquente)	perspectiva social
método causal	ruptura do mito da causalidade virada sociológica (giro sociológico)
modelo de determinismo e previsibilidade	modelo de probabilidade

Capítulo 2

Escola Clássica

2.1. Caracteres Gerais

Pode-se afirmar que a primeira escola que trouxe suas teorias sobre as questões criminais foi a denominada Escola Clássica, cujas principais referências foram: **Cesare Beccaria**, que entendia a necessidade de o homem viver em sociedade, e **Francesco Carrara**, jurista italiano, influenciado pelo próprio Beccaria. Existem ainda outros nomes que podem ser citados: **Jeremy Bentham e Anselmo Feuberbach**.

A Escola Clássica baseia-se nas ideias iluministas do século XVIII. Partiram de 2 teorias distintas: **jusnaturalismo** (direito natural, de Grócio, segundo o qual o homem tem direitos que lhes são inerentes independente do Estado) e **contratualismo** (contrato social, de Rousseau, de acordo com o qual o Estado surge com um pacto entre os homens, no qual abrem mão de parcela de sua liberdade em prol de direitos).

Emprega o **método abstrato e dedutivo**, tomando como ponto de partida um princípio geral e retirando dele as consequências lógicas.

Para essa corrente de pensamento, o crime é um ente jurídico que decorre da violação de um direito, e o criminoso **é um ser livre que pratica o delito por escolha moral, alheia a fatores externos. Considera o livre arbítrio** e o **indeterminismo.**

A pena tem função de **retribuição** e não deve ser cruel ou desumana.

Vale lembrar que essa corrente de pensamento que reagiu contra as arbitrariedades do antigo regime, a fim de garantir direitos dos indivíduos.

Importa destacar que, mesmo não tendo constituído uma escola propriamente dita, os pensadores clássicos europeus tiveram relevância incomensurável, pois lançaram as bases do pensamento criminológico moderno ao questionarem o poder punitivo absoluto, bem como a própria punição, além de contribuírem com suas teorias buscando o fim da injustiça criminal.

2.2. Contribuição de Cesare Beccaria

Cesare Bonesana, Marquês de Beccaria, nasceu em 1734, na Itália. Em 1764, publicou a sua renomada e significativa obra: *Dos Delitos e das Penas.*

Beccaria pertenceu ao círculo de amizade de Pietro Verri, aristocrata milanês que havia percorrido toda a Europa, e em razão disso teve contato com as tendências iluministas aventadas por Montesquieu, Hobbes, Diderot, Helvétius, e outros filósofos influentes daquele tempo. Verri teve papel decisivo na difusão do pensamento desses autores na Itália, exercendo também grande influência sobre Beccaria.

A obra *Dos Delitos e das Penas,* foi tão impactante na época de sua publicação que permanece no rol das leituras obrigatórias até os dias atuais. Beccaria abriu caminhos ao levantar a voz de maneira incisiva contra os abusos praticados a título de sanção penal, inaugurando em seu tempo uma nova maneira de se pensar o *jus puniendi* exercido pelo Estado. Conforme afirmou na introdução de sua célebre obra:

> Não houve um que se erguesse, senão fracamente, contra a barbárie das penas que estão em uso em nossos tribunais. Não houve quem se ocupasse em reformar a irregularidade dos processos criminais, essa parte da legislação tão importante quão pouco cuidada em toda a Europa. Pouquíssimas vezes se procurou desarraigar, em seus fundamentos, as séries de erros acumulados há muitos séculos; e raras pessoas procuraram reprimir, pela força das verdades estáveis, os abusos de um poder ilimitado, e extirpar os exemplos bem comuns dessa fria atrocidade que os homens poderosos julgam um de seus direitos.[2]

Seu discurso contra a injustiça e os exageros aplicados naquela época aos infratores, tônica de seu livro, bem como o debate a respeito da des-

2. BECCARIA, Cesare. **Dos Delitos e das Penas**. Curitiba: Ed. Hemus, 2000. p. 12.

proporção entre a conduta e a pena aplicada, que infligia um tratamento cruel aos prisioneiros, fez de Beccaria um dos primeiros pensadores a demonstrar real preocupação com a aplicação e efetivação dos **direitos humanos**.

Dada a relevância do pensamento de Cesare Beccaria, faz-se necessário destacar alguns pontos que foram defendidos com veemência pelo filósofo italiano. Primeiramente, deve-se pontuar a premissa sobre a qual se fundam as ideias apresentadas no livro, que versa sobre a própria **origem do direito de punir**: a liberdade.

O autor trabalha também com o **princípio da estrita legalidade na cominação das penas e vedação da livre interpretação judicial da lei.** Para ele, as condutas elencadas como crime e respectivas sanções devem ser definidas segundo um critério abstrato e geral. Incentiva a tipificação da conduta, e não da intenção, criando terreno para o Direito Penal do fato. Ressalta que somente a lei pode fixar as penas aplicáveis ao infrator, e a competência para fazê-lo incumbe unicamente ao legislador, posto que é o representante legítimo do povo unido por meio de um pacto social. Assim, no momento de aplicar a lei, o magistrado não pode impor um castigo diverso daquele previsto, pois se agir dessa maneira estará sendo injusto, violando a manifestação do conjunto de vontades da sociedade consubstanciado no texto legal.

Defendeu ainda a **difusão das leis e amplo acesso ao seu conhecimento**.

Outra ideia que teve guarida em sua obra foi a **proporcionalidade das penas** e presteza em sua aplicação. As penas devem ser proporcionais e moderadas, pois a certeza de um castigo, ainda que menos intenso é mais eficaz para afastar o indivíduo do intento criminoso do que a crueldade e a rudeza excessiva de uma sanção eventual e incerta. Conclui que a pena moderada aplicada com rigor e presteza será mais eficiente de modo a causar uma profunda impressão nos demais. Uma pena que vem a ser aplicada intempestivamente não consolida no espírito popular a associação entre crime e castigo, necessária para a dissuasão dos que se inclinam à prática delituosa.

Como se não bastasse, trabalhou o conceito de **publicidade do processo e valor das provas**. Defende que o processo e as provas produzidas sejam abertas ao escrutínio popular, reconhecendo que a opinião pública também é um importante instrumento de controle social. Além disso, esse procedimento levará o povo a perceber o aparato legal e o processo como verdadeiras garantias contra os excessos do Estado.

O livro se tornou a mola propulsora para uma **nova forma de pensar o sistema punitivo.**

Suas ideias podem ser assim resumidas:

a) princípios da legalidade e anterioridade penal;
b) julgamento dos delinquentes apenas por magistrados;
c) proporcionalidade entre crime e sanção;
d) finalidade preventiva da pena;
e) proibição de acusações secretas e de tortura;
f) prisão preventiva como medida cautelar;
g) isonomia e humanização das penas.

Para Beccaria, a prevenção de delitos só pode ser conseguida mediante as seguintes providências:

a) leis claras e simples que devem ser defendidas pela nação;
b) temor das leis pelos homens;
c) justiça livre de corrupção;
d) recompensar a virtude;
e) aperfeiçoar a educação.

Beccaria, que possuía formação na área da economia, foi um humanista preocupado com os problemas relacionados aos crimes e sua incidência. A ausência de um tratamento isonômico e humano ao delinquente, bem como a consequência desses atos à sociedade, afligiam-no de tal forma que a sua obra tinha como finalidade a proposta de uma **ampla reforma do sistema penal,** incluindo o Direito Penal, os procedimentos e a justiça criminal.

2.3. Contribuição de Francesco Carrara

Francesco Carrara, jurista italiano, foi influenciado por Beccaria e também é considerado um importante nome para a Escola Clássica.

Defendeu a concepção do delito como ente jurídico, constituído por 2 forças: a física (movimento corpóreo e dano causado pelo crime) e a moral (vontade livre e consciente do delinquente).[3]

É importante ressaltar que Carrara, ao se referir ao crime como um ente jurídico, não se reporta às leis positivas, mas a uma lei universal absoluta, levando-se em conta a vontade do *Criador*.[4]

Carrara não concebia a pena como uma retribuição pelo mal praticado, mas sim como instrumento necessário para a eliminação de uma ameaça social. Com isso, as consequências decorrentes dos efeitos da pena para o transgressor eram irrelevantes quando comparadas com a atribuição principal da sanção: eliminar uma ameaça.

2.4. Escola Clássica, Utilitarismo e Contratualismo

A Escola Clássica, assim denominada por Enrico Ferri, não era uma escola propriamente dita, mas teve o condão de reunir as ideias iluministas de vários autores europeus que criticavam o poder punitivo absoluto do soberano. Pode-se afirmar que dentro desse contexto duas correntes se destacaram: a contratualista, que tinha por premissa o contrato social, e a utilitarista, que reconhecia livre arbítrio do homem, cuja inclinação natural era buscar o prazer e mitigar as dores.

O livro de Beccaria, *Dos Delitos e das Penas*, traz as linhas fundamentais da concepção de criminologia da Escola Clássica, que posteriormente serviria de base para Bentham (alinhado à corrente utilitarista) e Carrara (filiado à corrente contratualista), já no século XIX.

A **principal característica da Escola Clássica** reside no **reconhecimento do homem como um ser livre, que procura sua própria satisfação e evita a dor**, e dela derivam, em primeiro plano, sua teoria criminológica do delito e propostas de prevenção da violência, e, secundariamente, sua metodologia lógico-dedutiva.

Dessarte, pode-se afirmar que a Escola Clássica parte da **concepção do homem como um ser livre e racional, com a possibilidade de pensar, raciocinar logicamente, tomar decisões e enfrentar as consequências.**

---

3. SUMARIVA, Paulo. **Criminologia: teoria e prática**. Niterói – RJ: Impetus, 2015. p. 36.
4. BARATTA, Alessandro. **Criminologia crítica e Crítica do Direito Penal: introdução a sociologia do Direito Penal**. Rio de Janeiro, 2014. p. 36.

Faz um cálculo mental racional, sopesando prazer e dor, vantagens e desvantagens de se cometer o crime.

Assim, por exemplo, quando o delinquente, livre e conscientemente pretende cometer um crime, faz um cálculo matemático em sua mente, analisando a satisfação e os deleites advindos da prática delituosa e a dor da consequência do ilícito, ou seja, o prejuízo. Caso chegue à conclusão de que os prazeres oriundos da infração sobrepujam as chances de sofrer prejuízo e dor, realizará a conduta.

Importante frisar que essa ideia advém do chamado **utilitarismo**, corrente filosófica segundo a qual as ações são praticadas de acordo com a possibilidade ou impossibilidade de que sujeito obtenha satisfação mediante sua conduta. Para a Escola Clássica "o criminoso era um ser que pecou, que optou pelo mal, embora pudesse e devesse escolher o bem"[5].

O principal representante da corrente utilitarista foi o inglês **Jeremy Bentham**, o qual acreditava, sobretudo, na disciplina como forma de impor a melhor gestão social.

> Bentham concebia a sociedade como uma grande escola, na qual devia impor-se a ordem, ou seja, a chave era a disciplina e, para tal, o governo devia repartir prêmios e castigos: como é óbvio, os prêmios proporcionavam felicidade e os castigos dor, e, como também parece óbvio, o ser humano saudável e equilibrado devia preferir os primeiros, com sua felicidade, e não os castigos, com sua dor. Por isso, ele deveria abster-se de cometer os delitos.[6]

Bentham ainda se destacou por um invento denominado **panóptico**, que representaria a melhor forma para disciplinar o delinquente. O panóptico foi um projeto arquitetônico, consistente numa construção de formato circular. Dentro desse círculo, havia várias celas dispostas de maneira que suas grades fossem voltadas para o centro, permitindo que o encarcerado enxergasse a todo o tempo a torre de observação, localizada no centro desse prédio. Assim, mesmo que não houvesse ninguém na torre, os presos não poderiam saber se estavam sob o olhar escrutinador dos vigias ou não, e, por isso, manteriam a autodisciplina.

5. PENTEADO FILHO, Nestor Sampaio. **Manual esquemático de criminologia.** São Paulo: Saraiva, 2012. p. 20.
6. ZAFFARONI, Eugenio Raúl. **A Questão Criminal**; Rio de Janeiro: Revan, 2013. p. 52.

O disciplinamento da corrente utilitarista partia da medida de talião (olho por olho, dente por dente), de modo que a dor da sanção deveria ser equivalente à provocada pelo agente com o crime. Em razão disso, Jeremy Bentham inventou uma máquina de açoite, para que a dor fosse uniforme, de acordo com a prática delituosa.

Por meio dos conceitos mencionados, nota-se que, segundo a Escola Clássica na sua vertente utilitarista, o delinquente possui plena capacidade de tomar decisões, de conhecer o que é certo e errado, e de saber as consequências que seus atos podem gerar. Sendo assim, a abstenção ou a prática do delito derivam de um cálculo mental feito pelo agente, que pauta sua conduta de acordo com os resultados que acredita ser capaz de obter. O homem é um ser livre e capaz e, através da sua liberdade, decide entre o bem e mal, entre o certo e o errado, entre o justo e o injusto.

O *fundamental* para compreender o fenômeno delitivo é esse balanço dos benefícios e dos prejuízos que a prática do fato ilícito provavelmente irá gerar, e que esse procedimento da eleição racional é aproximadamente o mesmo para todas as pessoas, com algumas exceções, como é o caso dos menores de idade ou dos loucos – que não têm grande relevância quantitativa.

Interessante notar que a Escola Clássica **exclui os menores e os loucos, justamente porque não possuem a livre consciência, a liberdade para discernir entre o certo e errado.** Não têm essa noção, de modo que é evidente a necessidade de estar no gozo de suas capacidades mentais normais, e de possuir idade que permita a distinção entre o justo e o injusto, a fim de que o cálculo mental não reste prejudicado pela ausência de discernimento do agente.

Como se observa, a Escola Clássica trabalhava com a ideia de vantagens (prazer) e desvantagens (dor) para a prática do crime. Somente as pessoas dotadas de capacidade para distinguir o certo do errado estariam aptas a realizar o cálculo mental e decidir se a prática do crime compensaria. **Nesse contexto, para a Escola Clássica a importância da punição residia em seu caráter preventivo, evitando a prática de novos crimes.**

Vale lembrar que a prevenção pode ser geral ou especial. A **prevenção geral** visa desestimular a prática de novas infrações penais pelos demais membros da sociedade. Quando os indivíduos de um corpo social tomam conhecimento da punição imposta a um de seus pares, percebem que, caso cometam um ilícito penal, também poderão submeter-se a uma pena (por isso, denomina-se prevenção geral, pois é para todos). Já a **prevenção especial** atua diretamente na pessoa do delinquente, pois este sentirá e passará pelos percalços da punição, conhecendo, assim, as desvantagens de ser punido. Logo, por ter sofrido uma vez esse processo punitivo, não deverá cometer mais nenhum crime. A prevenção especial, em última análise, almeja evitar a reincidência.

Para a Escola Clássica, portanto, o objetivo da pena era a prevenção, seja buscando evitar a reiteração criminosa por parte daquele que já foi punido, seja desencorajando os demais membros da sociedade quanto à prática de qualquer infração penal. Vê-se que existe para o delinquente uma **responsabilidade moral reforçada pela sua vontade livre e consciente.**

Por outro lado, a **corrente contratualista** parte da concepção do contrato social, em que todos precisam respeitar as regras contratuais estabelecidas para melhor convivência em sociedade. No entanto, da mesma forma como há restrições para os particulares, o poder punitivo estatal também encontra limites (limite do poder punitivo), não podendo exceder o que é determinado no próprio contrato.

Para os contratualistas, por exemplo, a pena deveria servir para reparar o dano causado pela violação do contrato social:

> Quem viola um contrato (não cumpre o que está acordado nele) deve indenizar. Se me comprometo a vender algo e não entrego a coisa em seu momento, devo indenizar o comprador pelo dano que lhe ocasionei. Se não pago voluntariamente reparando esse dano, me embargam e sequestram bens e os executam, fazendo-se, desse modo, a cobrança. Pois bem, se não cumpro com o contrato social e cometo um delito, devo indenizar. Como? Com o que? Ora, com o que posso oferecer no mercado, ou seja, minha capacidade de trabalho. Daí que a pena me prive de oferecer meu trabalho no mercado durante mais ou menos tempo, segundo a magnitude de minha infração ao contrato (delito) e o consequente dano.[7]

Como se nota, as duas correntes da Escola Clássica abordavam a questão da pena de maneira distinta:

> Para o pensamento utilitarista, a pena era uma forma de curar uma enfermidade moral, disciplinando o instituto dos pobres com prêmios e castigos, em uma espécie de talião disciplinador. Para a Escola Cri-

7. ZAFFARONI, Eugenio Raúl. **A Questão Criminal**; Rio de Janeiro: Revan, 2013. p. 61.

minológica Clássica, fundada no contratualismo de uma burguesia em ascensão, a pena era a reparação do dano causado pela violação de um contrato (o contrato social de Rousseau). No direito civil, quando uma parte viola o contrato, surge a reparação como resultado inevitável daquele descumprimento. No Direito Penal de uma sociedade baseada metaforicamente nesse mesmo contrato, não há como evitar a necessária reparação do dano por meio da pena. Daí é que surgem penas certas e determinadas, como decorrência dessa matemática reparadora fixa. Essas medidas é que levarão os códigos iluministas, como o Napoleônico e o Código do Império Brasileiro de 1830, a impor as penas fixas.[8]

Em consonância com as ideias de Cesare Beccaria e Fancesco Carrara, a Escola Clássica ainda destacou a importância das **penas proporcionais aos crimes praticados**, de modo que, embora concordasse com a severidade em sua aplicação, rechaçava a prática da tortura, a pena de morte, e qualquer pena desumana. Entendia ser indispensável a publicidade das leis, e apoiava o **caráter retributivo da sanção** na medida da culpa do delinquente, impondo ao Estado o dever de agir com rapidez, certeza e severidade.

Em relação ao método adotado pela Escola Clássica, pode-se afirmar que utilizou o **método dedutivo**:

> O estudo e elaboração de qualquer disciplina científica precisa de um método. Os clássicos utilizaram-se do método dedutivo ou lógico-abstrato. Nesse, o estudioso, alheando ao mundo fático, toma como ponto de partida um princípio geral e dele retira as consequências lógicas. Por isso, o método dedutivo deve admitir necessariamente um "a priori", um pressuposto do qual se derivam proposições sucessivas.[9]

Por fim, é possível destacar que a **principal característica** da Escola Clássica foi o **pensamento racionalista humanitário**, com o propósito de questionar o poder punitivo absoluto e determinar uma solução mais humana para o problema das práticas delitivas. Em síntese, os clássicos buscaram entender os motivos que conduziam o ser humano à prática, como deveriam ser punidos os indivíduos em caso de transgressão à lei e, por fim, qual deveria ser a real finalidade da pena.

---

8. SHECAIRA, Sérgio Salomão. **Criminologia**. São Paulo: Editora Revista dos Tribunais, 2014. p. 88.
9. VIANA, Eduardo. **Criminologia**. Salvador: Juspodivm, 2016. p. 42.

A Escola Clássica pode ser assim resumida:

Escola Clássica
a) baseia-se nas ideias iluministas do século XVIII
b) principais autores são Beccaria, Carrara, Bentham, Feurbach
c) emprega o método abstrato e dedutivo
d) crime é um ente jurídico que decorre da violação de um direito.
e) criminoso é um ser livre que pratica o delito por escolha moral, alheia a fatores externos. Considera o livre arbítrio e o indeterminismo.
f) pena tem função de retribuição e não deve ser cruel ou desumana.

Capítulo 3

Escola Positiva

3.1. Caracteres Gerais

A Escola Positiva (também denominada Escola Positivista ou simplesmente positivismo criminológico) baseia-se nas ideias científicas dos **séculos XIX e XX**. Surge como resposta às limitações da Escola **Clássica,** no contexto de um acelerado desenvolvimento das ciências sociais (Antropologia, Psiquiatria, Psicologia, Sociologia, Estatística etc.).

Os principais autores são **Cesare Lombroso, Enrico Ferri e Rafaelle Garofalo.**

Emprega o método empírico e indutivo, que parte da situação específica para chegar a conclusões gerais.

Para essa corrente de pensamento, crime é um fato natural que decorre da vida em sociedade, e criminoso é um ser anormal sob as óticas biológica e psíquica (sem livre arbítrio). Leva em conta o determinismo.

A pena tem função de prevenção, é um instrumento de defesa social.

A **criminologia passa a ser considerada uma verdadeira ciência**. É nesse marco histórico que se inaugura a fase científica da criminologia, rompendo com a visão pré-científica.

Importante destacar que a Escola Positiva teve 3 orientações distintas, que correspondem aos seus principais expoentes:

Fases da Escola Positiva		
Antropobiológica	**Sociológica**	**Jurídica**
Lombroso	Ferri	Garofalo

Fases da Escola Positiva		
Antropobiológica	**Sociológica**	**Jurídica**
Estudo do crime a partir de particularidades do criminoso. Leva em conta características físicas e reconhece o criminoso nato.	Apoia-se em dados de outras ciências, chegando a 4 formas de repressão do crime: meios preventivos, reparatórios, repressivos e excludentes.	Normatizou as ideias da Escola Positiva, transformando as ideias em fórmulas jurídicas.

3.2. Contribuição de Cesare Lombroso

A contribuição do italiano Cesare Lombroso à criminologia é tamanha que lhe rendeu o título de **pai da criminologia**. Foi a obra denominada *O Homem Delinquente*, publicada em 1876, que inaugurou, de fato, a ciência através da observação, coleta de dados, análise e conclusão.

Lombroso foi fortemente influenciado pelo positivista francês Augusto Comte, o qual defendia que o comportamento humano seguia leis científicas naturais, e que, mediante a compreensão das regras que governavam a conduta do homem, seria possível resolver a maior parte dos problemas morais e sociais do mundo.[1]

Lombroso não concordava com a teoria da Escola Clássica e nem com a metodologia lógico-dedutiva adotada por ela.

> Diante disso, propugna-se a aplicação do método científico, no qual a observação e a experiência, assumem o papel decisivo. Ademais, os positivistas, acusam a Escola Clássica de estar "esgotada" no sentido de que somente era capaz de repetir-se e copiar-se a si mesma, sem introduzir ideias nem soluções novas: não progredia.[2]

Percebe-se nitidamente a diferença no método empregado pelas Escolas Clássica e Positiva na conclusão dos seus estudos. Enquanto aquela utilizava o método lógico-dedutivo, em que a conclusão é extraída de um raciocínio geral, esta empregava o método **científico indutivo-experimental**, que parte da análise e do raciocínio com base em casos particulares para chegar a uma posição geral. Por essa razão, a Escola Positiva tecia críticas à Escola Clássica.

---

1. BRADLEY, Kate. Cesare Lombroso. In: HAYWARD, Keith J.; MARUNA, Shadd; MOONEY, Jayne, eds. **Fifty Key Thinkers in Criminology**. 1 ed. New York: Routledge, 2010.
2. SERRANO, Alfonso Maíllo. **Introdução à criminologia.** São Paulo: Editora Revista dos Tribunais, 2007. p. 72.

O estudioso não chegou a criar uma teoria moderna, mas estruturou vários conhecimentos que estavam dispersos. Para chegar a essas conclusões, Lombroso realizou inúmeras pesquisas **(método empírico)** em diversos manicômios e cadeias.

> Assim, acabou por examinar com intensa profundidade as características fisionômicas e as comparou com os dados estatísticos de criminalidade. Nesse sentido, dados como estrutura torácica, estatura, peso, tipo de cabelo, comprimento de mãos e pernas foram analisados com detalhes.[3]

Dessa maneira, traçou um viés científico para a **teoria do criminoso nato,** pois incorporou o método experimental em todos seus trabalhos. A sua teoria foi resultado de mais de 400 autópsias de delinquentes e 6.000 análises de criminosos vivos, demonstrando que contou com um estudo minucioso de milhares de reclusos. É importante ressalvar que, não obstante a relevante contribuição de Lombroso, a **expressão *criminoso nato* foi cunhada por Enrico Ferri**.

Na época, a teoria do **criminoso nato** desenvolvida por Lombroso causou verdadeira revolução, tendo em vista que seu livro *(O Homem Delinquente)* poderia ser utilizado como uma espécie de manual para identificação das pessoas propensas a cometer delitos. Curioso que, segundo a tese criada, essa constatação seria possível por meio da mera análise da aparência física das pessoas.

Vale lembrar que Lombroso entendia que outras variáveis poderiam influenciar na prática delitiva, a exemplo do álcool. Portanto, não se tratava somente de fatores hereditários ou biológicos. Em verdade, nas primeiras edições da obra *O Homem Delinquente*, a ênfase maior era dada aos fatores biológicos e hereditários. Assim, para a definição do criminoso nato levava-se em consideração as características físicas da pessoa, o estudo do crânio, o nariz, a boca, as sobrancelhas, os órgãos genitais, as tatuagens. Contudo, a partir de outras edições, fatores sociais também foram mencionados.

Para Lombroso, há vários tipos de criminosos, dos quais se destacam 3 tipos: o criminoso nato, o falso delinquente (ou pseudodelinquente) e o criminaloide. O **criminoso nato** seria o verdadeiro criminoso, por

---

3. PENTEADO FILHO, Nestor Sampaio. **Manual esquemático de criminologia.** São Paulo: Saraiva, 2012. p. 49

tratar-se de indivíduo propenso a praticar crimes em razão de atavismo, por retroceder às inclinações de seus ancestrais remotos e menos civilizados. A categoria dos **pseudodelinquentes** compreendia os criminosos passionais e ocasionais. Por fim, os **criminaloides**, nas palavras do autor, o *meio delinquente*, ou ainda, *meio louco*, hoje enquadrado como fronteiriço.

Portanto, repise-se: é incorreto dizer que todo criminoso é nato para Lombroso, pois ele reconheceu outros tipos de delinquentes em sua pesquisa. Apenas ocorre que, dentro da classificação estabelecida, o tipo que obteve maior destaque foi o então denominado delinquente nato, o qual não se assemelhava a uma pessoa comum, e fisicamente lembrava um ser primitivo (pré-histórico), com grande tendência ao cometimento de delitos.

Lombroso, diferentemente dos seus antecessores, não se limitou a especulações metafísicas e abstratas, empreendendo um largo processo de análise científica, de investigação e constatação, método que culminou com o surgimento da criminologia como ciência.

Os positivistas rechaçaram totalmente a noção clássica de um homem racional capaz de exercer seu livre arbítrio. O positivista sustentava que **o** delinquente se revelava automaticamente em suas ações, e que estava impulsionado por forças que ele mesmo não tinha consciência.

Suas conclusões repercutem especialmente no modelo de política-criminal a ser adotado para o combate à criminalidade: contra o criminoso nato, incorrigível, não caberiam aplicações de sanções morais, mas sim preventivas, devendo a sociedade se proteger com aplicação da pena de prisão perpétua ou de morte.

A **principal contribuição de Lombroso** para a criminologia não reside tanto em sua famosa tipologia (onde destaca a categoria do delinquente nato) ou em sua teoria criminológica, mas sim no **método empírico-dedutivo** que utilizou em suas investigações. Esse método se aderiu permanentemente à criminologia.

3.3. Contribuição de Enrico Ferri

Enrico Ferri, também italiano, foi político, escritor e criminólogo, tendo trabalhado juntamente com Lombroso. Sua principal contribuição à criminologia foi o desenvolvimento da chamada *Sociologia Criminal*, por meio da sua obra de mesmo nome publicada em 1914.

Na sua ótica, a **criminalidade** não decorria apenas de fatores físicos, mas também de **determinações antropológicas e sociais**. Para Ferri, o homem não age como pensa, mas sim como sente. Destes fatores, os sociais são os que têm maior relevância na prática do delito.

Entendia que o criminoso não é moralmente responsável pela sua conduta, negando o livre-arbítrio. Para ele, a responsabilidade moral deveria ser substituída pela responsabilidade social.

Classificou os criminosos em natos, loucos, habituais, de ocasião e por paixão.[4]

Segundo o estudioso, o determinismo ao crime deveria se chamar periculosidade, exigindo sua neutralização pelo poder punitivo.

A sociedade, para se proteger da criminalidade, deveria agir preventivamente em vez de agir tardia e violentamente.[5]

Enrico Ferri afirmou:

> Se o delinquente obedecesse a uma *necessidade* moral e se o Estado fosse moralmente *livre*, é certo que toda pena infligida por este a um ato que não pudesse deixar de ocorrer seria absurda; mas se o Estado também, ou quem o represente, se encontra na necessidade de castigar, isto é, de se defender, então tudo chega a ser lógico e natural, se conforma perfeitamente com o determinismo universal.[6]

Portanto, na concepção de Ferri, o crime **é fruto de** causas naturais, e a pena deve ser imposta ao criminoso levando em consideração sua periculosidade, e com a finalidade de afastá-lo do convívio social, como meio de defesa da sociedade.

Ferri também foi idealizador da lei da saturação criminal que realizava a seguinte associação: da mesma forma que um líquido em determinada temperatura diluía em parte, assim também ocorria com o fenômeno criminal, **pois em determinadas condições sociais seriam produzidos determinados delitos.**

---

4. PENTEADO FILHO, Nestor Sampaio. **Manual esquemático de criminologia.** São Paulo: Saraiva, 2012. p. 35.
5. SUMARIVA, Paulo. **Criminologia: teoria e prática**. Niterói – RJ: Impetus, 2015. p. 41.
6. FERRI, Enrico. **Sociología criminal.** Madrid: Centro Editorial de Góngora. t. II, p. 84.

Vale destacar mais uma vez: não obstante o papel de Lombroso no desenvolvimento do conceito, Ferri foi quem criou a expressão criminoso nato.

São **causas do crime** para Enrico Ferri:

a) **fatores antropológicos** (constituição orgânica do indivíduo, constituição psíquica, características pessoais como raça, idade, sexo, estado civil etc.).

b) **fatores sociais**: densidade demográfica, opinião pública, família, religião etc.

c) **fatores físicos**: climas, estações, temperaturas etc.

3.4. Contribuição de Raffaele Garofalo

Raffaele Garofalo, mais um italiano, publicou a obra denominada *Criminologia* em 1885, prestando relevante contribuição. Em que pese o termo ***criminologia*** ter sido usado pela primeira vez por Paul Topinard, esse termo ganha notoriedade com Garofalo, que por isso é considerado por muitos o **criador de fato da expressão**, compreendendo-a como a **ciência da criminalidade, do delito e da pena.**

Desse autor emana a afirmação do positivista de que o crime está sempre na pessoa, e que se manifesta quando a natureza degenerada do homem é revelada ou descoberta, independentemente das causas dessa revelação.

Considerado conservador, defendia a pena de morte, e afirmou que o delito se encontra no próprio homem, e é revelado na medida em que o homem se degenera.

Desenvolveu a noção de delito natural (violação dos sentimentos altruísticos de piedade e probidade). Classificou os criminosos em natos (instintivos), fortuitos (de ocasião) ou pelo defeito moral especial (assassinos, violentos, ímprobos e cínicos).[7]

É importante mencionar que há uma evolução nas ideias da Escola Positiva, tendo em vista que a fase antropológica foi iniciada por Cesare Lombroso, a sociológica por Enrico Ferri, e a jurídica por Raffale Garofalo. Este, por ser formado em Direito, tinha uma visão mais técnica e estabeleceu a sistematização jurídica dessa Escola.

---

7. PENTEADO FILHO, Nestor Sampaio. **Manual esquemático de criminologia.** São Paulo: Saraiva, 2012. p. 35.

Entendeu que a periculosidade do delinquente era a base da responsabilidade, e que a prevenção especial devia ser o objetivo principal da pena.[8]

Garofalo sustentava que se havia o criminoso nato, também deveria existir o delito dessa mesma natureza. Portanto, Garofalo acreditava na existência de 2 espécies de delitos:

a) **delitos legais**: sofriam variações conforme o local, pois não ofendiam o senso de moralidade comum. Ex. delitos tributários.

b) **delitos naturais**: lesavam sentimentos de altruísmo ou de piedade, inerentes à condição humana, independentemente do local em que fosse praticado. Ex. delito contra a vida.

A Escola Positiva pode ser sintetizada da seguinte forma:

Escola Positiva
a) baseia-se nas ideias científicas dos séculos XIX e XX
b) principais autores são Lombroso, Ferri e Garofalo
c) emprega o método empírico e indutivo
d) crime é um fato natural que decorre da vida em sociedade.
e) criminoso é um ser anormal sob as óticas biológica e psíquica (sem livre arbítrio). Leva em conta o determinismo.
f) pena tem função de prevenção.

8. PRADO, Luiz Regis; CARVALHO, Érika Mendes de; CARVALHO, Gisele Mendes de. **Curso de Direito Penal Brasileiro.** São Paulo: Editora Revista dos Tribunais, 2015. p. 92.

Capítulo 4

Escola Técnico-Jurídica

Teve como origem uma reação à Escola Positivista no início do século XX.

Seu principal expoente é **Arturo Rocco**, que proferiu o discurso de Sassari em 1910, podendo ser mencionados também **Manzini e Conti**.

Indica que a criminologia não deve se misturar com outras ciências como filosofia, sociologia, antropologia e psicologia. Sustenta que a criminologia seria a única ciência capaz de explicar a criminalidade. Teria a exclusividade e autoridade para indicar soluções para o problema criminológico.

A Escola Técnico-Jurídica considera que o objeto de conhecimento do Direito Penal é o direito positivo, e que os procedimentos para desenvolver cientificamente o Direito são os da dogmática jurídica.

A elaboração dogmática deveria ser direcionada por uma concepção realista.

O **delito** era enxergado como **relação jurídica**, de conteúdo individual e social.

A **pena** tratada como uma reação e consequência do crime, com finalidade de **prevenção** (geral e especial).

Havia previsão de medida de segurança para sancionar inimputáveis.

Pensava-se a existência de uma responsabilidade moral (livre-arbítrio).

A crítica dirigida ao tecnicismo é justamente aquilo que procurou combater, a saber, o excesso de formalismo.

Capítulo 5

Quadro Esquemático

	Escola Clássica	Escola Positiva	Escola Técnico-Jurídica
Origem	Iluminismo no século XVIII	Criminologia científica dos séculos XIX e XX	Reação à Escola Positivista no início do século XX
Crime	É um ente jurídico. Decorre da violação de um direito.	É um fato natural. Decorre da vida em sociedade.	É uma relação jurídica, de conteúdo individual e social.
Criminoso	Ser livre que pratica o delito por escolha moral alheia a fatores externos. Considera o livre arbítrio e o indeterminismo.	Ser anormal sob as óticas biológica e psíquica (sem livre arbítrio). Leva em conta o determinismo.	
Pena	Tem função de retribuição e não deve ser cruel ou desumana	Pena tem função de prevenção.	Pena tem função de prevenção (geral e especial).
Método	Abstrato e dedutivo	Empírico e indutivo	
Autores	Beccaria, Carrara, Bentham, Feurbach	Lombroso, Ferri e Garofalo	Rocco, Manzini e Conti

EXERCÍCIOS

Questões

1. (PCSP – Delegado – VUNESP – 2014)

Dentre as escolas penais a seguir, aquela na qual se pretendeu inicialmente aplicar ao direito penal os mesmos métodos de observação e investigação que se utilizavam em outras ciências naturais é a

a) Clássica.

b) Técnico-Jurídica.

c) Correcionalista.

d) Positivista.

e) Moderna.

2. (PCSP – Delegado – VUNESP – 2014)

A obra O homem delinquente, publicada em 1876, foi escrita por

a) Cesare Lombroso.

b) Enrico Ferri.

c) Rafael Garófalo.

d) Cesare Bonesana.

e) Adolphe Quetelet.

3. (PCSP – Investigador – VUNESP – 2014)

Assinale a alternativa correta em relação a Enrico Ferri.

a) Foi filósofo, sustentou que a criminologia é fruto da disparidade social; portanto, riqueza e pobreza estão ligadas ao crime.

b) Foi escritor, criou a teoria da escola clássica da criminologia; utilizou o método lógico dedutível.

c) Publicou o livro O Homem Delinquente em 1876, des crevendo o determinismo biológico como fonte da personalidade criminosa.

d) Foi jurista, afirmou que o crime estava no homem e que se revelava como degeneração deste.

e) Foi autor da obra Sociologia Criminal; para ele a criminalidade deriva de fenômenos antropológicos, físicos e sociais.

4. (PCSP - Investigador - VUNESP - 2014)

A escola criminológica que surgiu no século XIX, tendo, entre seus principais autores, Rafaelle Garofalo, e que pode ser dividida em três fases (antropológica, sociológica e jurídica) é a:

a) Escola Positiva.

b) Terza Scuola Italiana.

c) Escola de Política Criminal ou Moderna Alemã.

d) Escola Clássica.

e) Escola de Lyon.

5. (PCSP - Investigador - VUNESP - 2014)

A obra Dos Delitos e Das Penas de 1764 foi escrita por:

a) Adolphe Quetelet.

b) Francesco Carrara

c) Giovanni Carmignani.

d) Cesare Bonesana

e) Cesare Lombroso

6. (PCSP - Investigador - VUNESP - 2014)

Cesare Bonesana, Francesco Carrara e Giovanni Carmignani foram autores da corrente doutrinária da história da Crimino- logia denominada.

a) Escola Clássica.

b) Terza Scuola Italiana.

c) Escola Moderna Alemã.

d) Escola Positiva.

e) Escola de Chicago.

7. **(PCSP - Agente - VUNESP - 2013)**

Cesare Lombroso (1835~1909), médico e cientista italiano, foi considerado um dos expoentes da corrente de pensamento denominada

a) Escola Positiva.

b) Escola Clássica.

c) Escola Jusnaturalista.

d) Terza Scuola.

e) Escola de Política Criminal ou Moderna Alemã.

8. **(PCSP - Delegado - Acadepol - 2012)**

Assinale a afirmativa correta.

a) A Escola de Chicago faz parte da Teoria Crítica.

b) 0 delito não é considerado objeto da Criminologia.

c) A Criminologia não é uma ciência empírica.

d) A Teoria do Criminoso Nato é de Merton.

e) Cesare Lombroso e Raffaelle Garofalo pertencem à Escola Positiva.

9. **(PCSP - Escrivão - Acadepol - 2010)**

A Escola Clássica

a) Tem em Garófalo um dos seus precursores.

b) baseia-se no método empírico-indutivo.

c) crê no livre arbítrio.

d) surge na etapa científica da Criminologia.

e) criou a figura do criminoso nato.

10. **(PCSP - Escrivão - Acadepol - 2010)**

A Escola Positiva:

a) crê no determinismo e defende o tratamento do criminoso.

b) tem em Bentham um de seus precursores.

c) foi consolidada por Carrara.

d) baseia-se no método dogmático e dedutivo.

e) surgiu na etapa pré-científica da Criminologia.

11. **(PF – Delegado – CESPE – 2013)**

O positivismo criminológico caracteriza - se, entre outros aspectos, pela negação do livre arbítrio, pela crença no determinismo e pela adoção do método empírico - indutivo, ou indutivo - experimental, também apresentado como indutivo - quantitativo, embasado na observação dos fatos e dos dados, independentemente do conteúdo antropológico, psicológico ou sociológico, como também a neutralidade axiológica da ciência.

Gabarito e Explicação

Questão	Gabarito	Abordagem do assunto no livro
1	D	Capítulo 2
2	A	Capítulo 2
3	E	Capítulo 1
4	A	Capítulo 2
5	D	Capítulo 1
6	A	Capítulo 1
7	A	Capítulo 2
8	E	Capítulo 2
9	C	Capítulo 1
10	A	Capítulo 2
11	C	Capítulo 2

PARTE 3

TEORIAS CRIMINOLÓGICAS SOCIOLÓGICAS

Capítulo 1

Introdução

Para fins didáticos, vale a pena relembrar a distinção das teorias criminológicas em 2 categorias.

As **teorias criminológicas etiológicas**, pertencentes a uma criminologia tradicional, têm em perspectiva o criminoso, levando em conta apenas as causas do crime, referindo-se à pessoa do delinquente. Pretende diferenciar os criminosos dos indivíduos normais através de um método causal, no sentido de se determinar as causas (como e o porquê) do comportamento criminoso, caracterizado como existência de defeitos individuais dos sujeitos. Essa explicação da criminalidade permitiria o seu combate com ferramentas modificativas do delinquente.

Já as **teorias criminológicas sociológicas** (também chamadas de macrossociológicas), que fazem parte da criminologia moderna, levam em conta todo o contexto social que envolve o criminoso, reconhecendo que o delito decorre de uma multiplicidade de fatores. Há uma ruptura do mito da causalidade, aceitando que a explicação criminológica não se subordina ao modelo de determinismo e previsibilidade, mas apenas ao da probabilidade. Ocorre uma virada sociológica (ou giro sociológico), pois a ciência criminológica passa a levar em conta todas as estruturas que não têm como paradigma fatores patológicos individuais.

Teorias Criminológicas	Classificação	Criminologia
Escola Clássica	Etiológicas	Criminologia Tradicional
Escola Positiva		

Teorias Criminológicas	Classificação	Criminologia
Teorias do Consenso (Escola de Chicago e demais teorias decorrentes) Teorias do Conflito (Teoria do Etiquetamento, Criminologia Crítica e demais teorias decorrentes)	Sociológicas (Macrossociológicas)	Criminologia Moderna

Teorias Criminológicas Etiológicas	Teorias Criminológicas Sociológicas (Macrossociológicas)
criminologia tradicional	criminologia moderna
perspectiva individual (pessoa do delinquente)	perspectiva social
método causal	ruptura do mito da causalidade virada sociológica (giro sociológico)
modelo de determinismo e previsibilidade	modelo de probabilidade

Capítulo 2

Teorias do Consenso e do Conflito

Não é possível trabalhar as teorias criminológicas sem fazer um profundo recorte metodológico. Neste sentido, pode-se falar em teorias do consenso e teorias do conflito.

Pode-se afirmar que nas **teorias do consenso** existe um senso comum entre as pessoas no sentido de aceitar as regras e normas de convivência social, a fim de que convivam de maneira harmoniosa. Possui cunho funcionalista. Abrange a Escola de Chicago e as teorias decorrentes.

Já para as **teorias do conflito**, os objetivos da sociedade só serão atingidos se impostos através da força e da coação, com a sobreposição de uns sobre os outros. Tem caráter argumentativo. Engloba a teoria do etiquetamento, criminologia crítica e teorias derivadas.

Em outras palavras, a moderna sociologia criminal possui **visão bipartida do pensamento criminológico**, sendo uma de cunho funcionalista e outra de cunho argumentativo.

	Teorias do consenso	**Teorias do conflito**
Conceito	Coesão social se baseia em um conjunto de valores e ideais comuns a todos os membros da sociedade. Possui cunho funcionalista	Coesão social se funda na coação que alguns membros da sociedade exercem sobre os outros. Tem caráter argumentativo

	Teorias do consenso	Teorias do conflito
Teorias Criminológicas	- Escola de Chicago - Teoria da Desorganização Social (Ecológica) - Teoria do Espaço (Espacial) - Teoria das Janelas Quebradas (Broken Windows) - Teoria da Tolerância Zero (Lei e Ordem) - Teoria do Delito como Eleição - Teorias do Controle Social Informal - Teoria dos Vínculos Sociais - Teoria da Anomia - Teoria da Subcultura Delinquente - Teoria das Predisposições Agressivas - Teoria da Associação Diferencial - Teoria Behaviorista	- Teoria do Etiquetamento (Labeling Approach) - Teoria Crítica (Criminologia Crítica) - Abolicionismo - Realismo de Esquerda - Criminologia Minimalista

Capítulo 3

Biologia Criminal e Sociologia Criminal

Antes de ingressarmos no estudo de cada teoria criminológica sociológica, cumpre dar destaque a uma importante divisão da criminologia feita por **Edmund Mezger**. Segundo o autor, a criminologia é dividida em dois grandes ramos: o da Biologia Criminal e o da Sociologia Criminal.

Na **Biologia Criminal** tem-se:

a) Antropologia criminal;

b) Psicologia criminal;

c) Endocrinologia criminal.

A Biologia criminal estuda o **crime como fenômeno individual** e se ocupa das condições naturais do homem criminoso em seu aspecto físico, fisiológico e psicológico. Aqui, temos a Antropologia criminal, a Psicologia criminal e a Endocrinologia criminal.

Antropologia criminal: preocupa-se com diferentes aspectos do homem no que concerne à sua constituição física, aos fatores endógenos (raça, genética, hereditariedade etc.) e à atuação do delinquente no ambiente físico e social.

Psicologia criminal trata do diagnóstico e do prognóstico criminais. Ocupa-se com o estudo das condições psicológicas do homem na formação do ato criminoso, do dolo e da culpa, da periculosidade, do problema da aplicação da pena e da medida de segurança.

Endocrinologia criminal é a ciência que estuda as glândulas endócrinas e sua influência na conduta do homem, sustentando alguns cientistas ser seu mau funcionamento o responsável pela má conduta do delinquente.

Já a **Sociologia criminal** toma o **crime com um fato da vida em sociedade**. Estuda-o como uma expressão de certas condições do grupo social, um fenômeno inerente à sociedade.

Capítulo 4

Escola de Chicago

A Escola de Chicago inaugurou uma nova fase no estudo da criminologia, na medida em que esta ciência passou a dar atenção à **macrocriminalidade**, desenvolvendo assim as **teorias macrossociais do crime**. Até então, a criminologia tinha um viés individualista, e seus estudos eram direcionados especialmente ao sujeito delinquente, pois acreditava-se que para alcançar a compreensão do fenômeno da violência, era preciso entender a pessoa do criminoso.

O cenário mudou com o advento dos estudos macrossociais, pois estes examinavam não o indivíduo, mas a sociedade como um todo, na busca de conhecer os motivos que geravam a criminalidade. Essa fase é marcada por ter um caráter eminentemente prático e voltado à resolução dos problemas, deixando de lado o cunho puramente filosófico que permeou a criminologia em outros períodos.

A Escola de Chicago surge com a criação da Universidade de Chicago em 1892. Desde o início da Universidade, vários cientistas norte-americanos contribuíram com o seu desenvolvimento e, no mesmo ano de sua fundação, foi criado o primeiro Departamento de Sociologia dos Estados Unidos. Dentre os principais nomes desta escola pode-se citar **Robert Park, Ernest Burgess, Clifford Shaw e Henry McKay.**

Para melhor compreender as teorias desenvolvidas pela Escola de Chicago, é importante entender o contexto de sua criação, que teve influência decisiva na maneira como o problema da violência foi abordado e estudado. Naquela época, a cidade de Chicago atraía um grande número de imigrantes, e sua população cresceu demasiadamente. Com a multiplicação demográfica surgiram vários problemas sociais, entre eles a violência urbana e o aumento no índice de criminalidade:

> A explosão de crescimento da cidade, que se expande em círculos do centro para a periferia, cria vários problemas sociais, trabalhistas, familiares, morais e culturais que se traduzem em fermento conflituoso, potencializador da criminalidade. A inexistência de mecanismos de controle social e cultural permite o surgimento de um meio social desorganizado e criminógeno que se distribui diferenciadamente pela cidade [1]

Assim sendo, a incidência de crimes era tão alarmante que reclamou estruturação de um departamento especializado para a pesquisa do fenômeno, ensejando a criação do Departamento de Sociologia da Universidade de Chicago.

A Escola de Chicago possuía nítida **preocupação com a melhoria das questões sociais**, por meio da investigação científica e implantação de medidas e programas sociais.

> A **orientação** da escola foi decididamente **sociológica**. Ainda que não se excluísse de maneira absoluta eventuais influências biológicas no comportamento humano e às vezes até insistisse em que se tratava de perspectivas distintas, a verdade é que **não considerava que a Biologia fosse muito promissora para a sua explicação**. [2]

Com isso, diferentemente dos Europeus das escolas Clássica e Positiva, a Escola de Chicago analisava o crime levando em consideração as questões sociais urbanas, principalmente as decorrentes da expansão demográfica. Essa análise foi denominada como **teoria da ecologia criminal ou desorganização social**, pois o estudo era consubstanciado no exame dessas condições sociais através do **método empírico.**

> Dentro da perspectiva da Escola de Chicago, a compreensão do crime sistematiza-se a partir da observação de que a gênese delitiva relacionava-se diretamente com o conglomerado urbano, o qual, muitas vezes, estruturava-se de modo desordenado e radial, o que favorecia a decom-

1. SHECAIRA, Sérgio Salomão. **Criminologia**. São Paulo: Editora Revista dos Tribunais, 2014. p. 135.
2. SERRANO, Alfonso Maíllo. **Introdução à criminologia: tradução de Luis Regis Prado**. São Paulo: Editora Revista dos Tribunais, 2007. p. 80.

posição da solidariedade das estruturas sociais. Não por outra razão, seus teóricos desenvolviam uma "sociologia da grande cidade".[3]

Por tal razão, o Departamento de Sociologia da Universidade de Chicago foi tão importante à criminologia, pois seus vários e significativos estudos criminológicos foram realizados levando em consideração, pela primeira vez, essas questões sociais.

Não por outro motivo, esta escola atingiu um status que lhe conferiu grande relevância nacional, e foi responsável pela formação de importantes criminólogos, como Edwin Sutherland, criador da **teoria criminal da associação diferencial** e da expressão ***crime do colarinho branco.***

A Escola de Chicago utilizava o **método científico** em seus estudos, com ênfase na teoria, observação e objetividade no estudo do comportamento humano e social, sempre preocupada com a melhoria social.

Assim, através do **método da observação participante** utilizado pela Escola de Chicago, o pesquisador convive com o próprio grupo investigado, de modo que as narrativas feitas pelos infratores de suas histórias de vida, bem como suas experiências, possam ser coletadas pelo estudioso, e até mesmo publicadas.

Convém notar que a orientação da Escola de Chicago foi puramente sociológica, levando-se em consideração sua origem e preocupação com o bem-estar social. Não obstante, não olvidou de analisar as questões biológicas em relação ao comportamento delinquente, considerando-as fatores isolados, ou seja, excepcionais.

Assim, é possível destacar alguns **pontos relevantes da Escola de Chicago**:

a) pela primeira vez as questões sociais são analisadas com mais profundidade;

b) são criados métodos e programas de ações nas áreas urbanas mais necessitadas;

c) o método qualitativo é empregado na investigação por meio do empirismo, com a análise de dados estatísticos e documentos;

d) surge a chamada Teoria da ecologia criminal ou desorganização social;

e) destaca-se a preocupação em implantar programas de melhoria social.

3. VIANA, Eduardo. **Criminologia.** Salvador: Juspodivm, 2016. p. 170.

Capítulo 5

Teoria da Desorganização Social (Ecológica)

Decorrente da Escola de Chicago, o estudo elaborado por **Clifford Shaw e Henry McKay** foi um dos mais impressionantes na linha da teoria ecológica da Escola de Chicago.

Reconhecendo investigações muito anteriores a eles, esses autores estabeleceram que os delinquentes procediam principalmente das zonas adjacentes ao distrito central, e que a **concentração de criminosos ia diminuindo conforme as áreas residenciais se distanciavam do centro**. Para estabelecer esse padrão de distribuição, recorreram a dados oficiais, levantando informações sobre o número jovens que haviam sido enviados pelo Tribunal a instituições correcionais e de supostos delinquentes presos.

Essa teoria buscava entender a relação entre as zonas de povoamento nas proximidades de terrenos industriais e ferrovias, com a análise das comunidades de imigrantes que ali viviam, e a prática de delitos.

> A teoria ecológica explica esse efeito criminógeno da grande cidade, **valendo-se dos conceitos de desorganização e contágio inerentes aos modernos núcleos urbanos** e, sobretudo, invocando o **debilitamento do controle social desses núcleos**. A deterioração dos grupos primários (família etc.), a modificação qualitativa das relações interpessoais que se tornam superficiais, a alta mobilidade e a consequente perda de raízes no lugar de residência, a crise dos valores tradicionais e familiares, a superpopulação, a tentadora proximidade às áreas comerciais e industriais

> onde se acumula riqueza e o citado enfraquecimento do controle social criam um meio desorganizado e criminógeno.[1]

Contudo, mais do que entender a etiologia criminal, Shaw se preocupava com a prevenção do crime, de modo que criou o programa *Chicago Area Project* (CAP) em 1932, que obteve muito destaque dento do movimento social. Foi um trabalho regionalizado envolvendo os jovens e engajando toda a comunidade, que era despertada para a prevenção dos delitos. Implementava programas desportivos e recreativos como forma de fomentar a conscientização social a respeito problema da delinquência.

O programa é uma clara expressão da base em que se fundava a Escola de Chicago, que era a questão social, e também da linha de pesquisa de Shaw, cujo objetivo era entender as causas da delinquência para melhor combatê-la. Com efeito, a ideia de implantar um projeto social, mas de cunho científico, seria a melhor maneira de colocar em teste a teoria da desorganização social, e analisar as mudanças que o programa poderia causar no comportamento social humano. Embora tenha sido um projeto significativo, não teve seus resultados contabilizados.

Atualmente, projetos semelhantes ao de Shaw são aplicados nas comunidades de várias cidades brasileiras. Com o apoio de entidades e das pessoas da própria comunidade, buscam difundir a inclusão digital e cultural, as práticas esportivas e de lazer. Desse modo, têm por objetivo controlar, e, se possível, diminuir a violência urbana.

1. MOLINA, Antonio García-Pablos; GOMES, Luiz Flávio. **Criminologia – Introdução a seus fundamentos teóricos**. São Paulo: RT, 2002. p. 67.

Capítulo 6

Teoria do Espaço (Espacial)

Quem desenvolveu e defendeu essa teoria foi o arquiteto e criador de cidades **Oscar Newman,** que escreveu a obra intitulada *Defensible Space Crime Prevention through Urban Design*, em 1972.

Para Oscar Newman, a **estrutura física e arquitetônica das cidades** é um fator relevante na incidência das práticas delitivas, pois o isolamento das pessoas em relação aos vizinhos e a inexistência de vigilância facilitam a ocorrência dos crimes.

Com isso, ele argumenta que uma área se tornará mais segura a partir do momento em que os próprios residentes daquela comunidade assumirem o senso de responsabilidade e dever de cuidado. Se o criminoso percebe que determinado local está sob intensa vigilância, certamente se sentirá menos seguro para cometer uma infração penal. Em suma, essa teoria trabalha com a hipótese de diminuição do delito através do *design* ambiental.

Capítulo 7

Teoria das Janelas Quebradas (*Broken Windows*)

Esta teoria, apresentada pelos criminólogos **James Wilson** e **George Kelling**, em 1982, na revista *Atlantic Monthly*, possui raízes nos estudos desenvolvidos pela Escola de Chicago, e estabeleceu, pela primeira vez, uma **relação de causalidade entre a desordem e a criminalidade**.

Partindo da premissa de que a incidência de crimes é maior nas zonas que refletem o descuido e negligência estatal, a teoria das janelas quebradas conclui que a **repressão dos crimes, mesmo as infrações mais simples, deve ser imediata**, sob pena de criar uma cultura de impunidade, ensejando a prática de outros tantos delitos.

Para essa corrente de pensamento, a ausência do Estado proporciona campo fértil para a criminalidade, sendo necessário um sistema de repressão máxima e urgente, a fim de restabelecer com presteza a ordem social, de modo a evitar o agravamento do cenário de desordem.

Baseia-se em um experimento sociológico realizado pela Universidade de Stanford, que consistiu em deixar dois carros idênticos abandonados em bairros com características distintas de duas cidades diferentes dos Estados Unidos. O primeiro carro foi deixado no Bronx, em Nova Iorque, bairro conhecido pela violência e por diversos problemas sociais, e o segundo carro foi deixado em Palo Alto, na Califórnia, cuja realidade era diametralmente oposta, uma vez que era um bairro rico, seguro e bem estruturado.

O carro abandonado no Bronx foi completamente vandalizado em pouco tempo. Ao final das primeiras 72 horas, além de ser severamente depredado, o veículo teve todos as suas partes furtadas: peças, rodas, bancos, espelhos etc. Por outro lado, o carro que permaneceu em Palo Alto estava intacto.

Em uma análise inicial, concluiu-se que a pobreza é um fator decisivo na gênese da criminalidade. Apesar dessa ilação, os estudiosos prosseguiram com o experimento: resolveram quebrar uma das janelas do veículo que havia permanecido intacto em Palo Alto. A partir de então, as mesmas cenas de depredação puderam ser observadas no bairro californiano, até que o carro ficou completamente vandalizado.

Os pesquisadores chegaram a outra conclusão, tendo em vista os novos fatos.

> Perceberam que o fator determinante para a prática de crimes não está ligado à classe social da qual faz parte o criminoso, mas sim à presença ou não do Estado naquele local, pois a depredação do veículo ocorreu tanto no bairro pobre do Bronx como no local rico e tranquilo da Califórnia. [1]:

O fato de haver janelas quebradas em um veículo, sinais de depredação em um prédio, ou pichações em um monumento público sem que nenhuma providência seja tomada para sanar o problema, passa às pessoas uma ideia de abandono. Ou seja: conclui-se que não há um responsável pelo bem ou pelo local, e que ninguém se importa com o ocorrido. Igualmente, os sinais de abandono e degeneração em uma comunidade, desacompanhados de qualquer ação para reverter o cenário, demonstram o desinteresse estatal, e fomentam, assim, a prática de novas condutas antissociais, pois o aparente descaso do Estado reforça o sentimento de impunidade.

1. FONTES, Eduardo; MORAES, Geovane. **Temas Controversos de Direito Penal**. Recife: Armador, 2016. p. 46.

Capítulo 8

Teoria da Tolerância Zero (Lei e Ordem)

Trata-se de teoria estritamente ligada à teoria das janelas quebradas. De surgimento também nos Estados Unidos, alguns a denominam realismo de direita ou neorretribucionismo.

Como visto, para a teoria das janelas quebradas a desordem social é um fator criminógeno decisivo, pois demonstra a ausência do Estado e fortalece a cultura da impunidade. Em razão disso, defende a **repressão máxima e imediata de todo e qualquer delito**, a fim de evitar a incidência de novas infrações.

Além disso, podem ser elencadas como características dessa teoria:

a) a pena tem função de retribuição;

b) crimes graves devem ser castigados com penas severas e duradouras (pena privativa de liberdade deve ser mais rigorosa);

c) execução da pena deve ser exercida por autoridades penitenciárias, diminuindo-se a atuação dos juízes.

Baseando-se nesta teoria, o então prefeito de Nova York, **Rudolph Giuliani,** instituiu um programa repressivo de crimes denominado tolerância zero.

> De acordo com essa metodologia, começou-se a combater de maneira rápida e rigorosa todo tipo de infração penal, desde as mais simples, como evasão do pagamento de passagem praticada pelos puladores de catraca do metrô, as pichações, os pequenos roubos e atos de vandalismo, como os delitos mais graves e violentos. Com isso, os índices de criminalidade

> foram drasticamente reduzidos e a cidade de Nova Iorque tornou-se uma das metrópoles mais seguras do mundo.[2]

A implementação do programa ficou a cargo do chefe de polícia de Nova York, **Willian Bratton,** que direcionou os esforços iniciais ao combate dos atos de vandalismos praticados no metrô. Com a obtenção de resultados positivos, o programa de Tolerância Zero foi levado para as ruas.

Certamente, é uma teoria que merece ser objeto de análise atenta, pois sua aplicação inevitavelmente cria um estado de encarceramento excessivo, o que se tornaria um problema de proporções consideráveis em um país como o Brasil, cujo sistema carcerário é precário e ineficiente. Ademais, tanto a teoria das janelas quebradas como o programa de Tolerância Zero não encontram respaldo no ordenamento jurídico pátrio, pois "os Tribunais Superiores rechaçam essa ideia e adotam um princípio que corresponde à sua antítese, qual seja, o da insignificância penal ou da criminalidade de bagatela".[3]

2. FONTES, Eduardo; MORAES, Geovane. **Temas Controversos de Direito Penal**. Recife: Armador, 2016. p. 47.
3. FONTES, Eduardo; MORAES, Geovane. **Temas Controversos de Direito Penal**. Recife: Armador, 2016. p. 47.

Capítulo 9

Teoria do Delito como Eleição

Essa teoria se originou na Escola Clássica, que tinha como premissa o reconhecimento do livre arbítrio do homem. Na visão dos defensores dessa concepção, o agente elege se vai praticar o crime ou não. Ou seja, antes de levar a cabo seus intentos criminosos, o indivíduo, que possui pleno domínio de suas faculdades mentais, realiza um cálculo mental, sopesando as chances de obter prazer com a prática delituosa e a probabilidade de ser castigado por sua conduta.

Nesse cenário, a pena desempenha a função de prevenção geral, em relação a toda sociedade, e especial, direcionada ao delinquente, constituindo importante instrumento para dissuasão daqueles que cogitam cometer alguma infração penal, pois reafirma que o Estado não tolera o crime, e demonstra que a punição é certa e inevitável. De acordo com Beccaria: "os castigos têm por fim único impedir o culpado de ser nocivo futuramente à sociedade e desviar seus concidadãos da senda do crime".

Modernamente, fala-se em *teoria do delito como eleição racional*, ideia difundida por **James Wilson e Richard Herrnstein** na obra intitulada *Crime e Natureza Humana*, bem como por **Donald Clarke e Derek Cornish**, segundo os quais a infração penal é fruto de uma decisão racional levada a efeito pelo agente.[1]

---

1. GRECO, Rogério. **Direito Penal do Equilíbrio**: uma visão minimalista do Direito Penal. Niterói, RJ: Impetus, 2009. p. 36.

Capítulo 10

Teorias do Controle Social Informal

Estas teorias visam a explicar o comportamento criminoso levando em consideração as regras sociais, mas a partir da dinâmica do controle informal, que é exercido pela própria sociedade, sem a participação direta do Estado. Duas teorias desenvolvidas nos Estados Unidos merecem destaque: a teoria da contenção, proposta pelo criminologista **Walter Reckless**, e a teoria da neutralização, desenvolvida pelos sociólogos **David Matza e Gresham Sykes**.

Pela **teoria da contenção**, há 2 formas de controle social. Há o **controle interno**, que se relaciona à autoestima, à capacidade de autocontrole, e à visão que o agente tem de si próprio. O **controle externo**, por sua vez, manifesta-se nas mais diversas instituições em que as pessoas estão inseridas: família, escola, igreja, local de trabalho etc. Assim, as convenções e expectativas quanto àquilo que se espera de um indivíduo, bem como o juízo negativo que outros possam fazer da pessoa do agente, são fatores que, juntamente com o controle interno, podem conter eventual conduta desviante. Dessa maneira, para Reckless, o crime ocorre quando esses dois níveis de controle falham.

A **teoria da neutralização** tem grande relevância para os estudos sobre delinquência juvenil. Segundo os sociólogos americanos, os jovens em fase de amadurecimento são como barcos à deriva, e, portanto, ainda não têm propósito firme de não delinquir. O ponto da *deriva* está na metade do caminho entre o controle e a liberdade, pois o adolescente encontra-se num limbo entre o tradicional e o delitivo, e, alternadamente, responde às exigências de ambos: ora a um, ora a outro.[1] Essa teoria

---

1. MATZA, David. **Delinquency and drift,** Nova York: Wiley .1964.

é uma crítica à teoria das subculturas, segundo a qual os delinquentes teriam um sistema de valores autônomo, distinto dos que são aceitos pelo restante da sociedade. Matza e Sykes afirmam que se assim fosse, os criminosos nunca sentiriam culpa ou vergonha por suas ações, e que se demonstram esses sentimentos, é porque se submetem ao sistema de valores comum a todos.

Em razão disso, estudam as técnicas de neutralização, que são meios pelos quais o delinquente busca **justificar sua ação criminosa** por uma série de **argumentos,** a fim de tornar suas ações mais aceitáveis perante os olhos da sociedade. Os autores enumeraram cinco tipos de técnicas de neutralização:

a) **negação da responsabilidade**: por exemplo, afirmar que estava drogado no momento do crime, ou que estava doente.

b) **negação do prejuízo**: a exemplo do ladrão que afirma ter roubado pessoa muito rica porque os bens subtraídos não lhe fariam falta.

c) **desclassificação da vítima**: hipótese de homem que comete estupro e justifica-se dizendo que a vítima era uma prostituta, e que para ela o fato não faz diferença.

d) **condenação dos que o condenam**: como, por exemplo, afirmar que todos roubariam se pudessem, que todos usam algum tipo de entorpecente etc.

e) **demonstração de lealdade**: agente que, por exemplo, afirma que o proveito do crime não foi revertido em seu benefício, ou que praticou o crime porque não podia abandonar seus companheiros.

Capítulo 11

Teoria dos Vínculos Sociais

Essa teoria foi formulada pelo sociólogo americano **Travis Hirschi**, em 1969, em seu livro *Causas de Delinquência Juvenil*, considerada uma das mais importantes da criminologia moderna.[1]

Hirschi adaptou a teoria da neutralização de Matza e Sykes, afirmando que uma pessoa terá mais chances de delinquir na medida em que sua crença nas normas sociais diminui. Assim, o fator responsável por evitar que um indivíduo siga o caminho do crime é justamente a **ligação** que mantém **com a sociedade** em que está inserido.[2] Os 4 elementos que constituem esse elo entre indivíduo e sociedade são:

a) **relacionamento e ligação do indivíduo com outras pessoas:** esse elemento se manifesta através do cuidado com as demais pessoas, respeito pela opinião alheia;

b) **compromisso com os modos convencionais de agir;**

c) **envolvimento:** tempo despendido em atividades convencionais;

d) **crença na ordem social legítima:** ou seja, o indivíduo precisa acreditar, mediante a atribuição de valor moral, nas convenções e regras que regem a vida em sociedade.

Essa teoria está intimamente ligada com a afetividade, de modo que a probabilidade de um jovem se envolver em ilícitos penais diminuirá gradativamente na medida em que mantiver uma boa relação com os pais, amigos, igreja ou escola.[3]

---

1. GRECO, Rogério. **Direito Penal do Equilíbrio**: uma visão minimalista do Direito Penal. Niterói, RJ: Impetus, 2009. p. 39.
2. KEMPF, Kimberly L. The empirical status of Hirschi's Control Theory. In: ADLER, Freda; LAUFER, William S. eds. **New directions in criminological theory**: Advances in criminological theory. v. 4, 1 ed. New Brunswick: Transaction Publishers, 1993. p. 146.
3. GRECO, Rogério. **Direito Penal do Equilíbrio**: uma visão minimalista do Direito Penal. 4 ed. Niterói, RJ: Impetus, 2009. p. 39.

Capítulo 12

Teoria da Anomia

Essa teoria foi desenvolvida nas obras clássicas de Émile Durkheim e adaptada pelo sociólogo americano **Robert Merton** à sociedade dos Estados Unidos na primeira metade do século XX.

A sociedade é vislumbrada como um organismo humano, que necessita realizar certas funções vitais para manter a própria sobrevivência. Quando isso não ocorre, surge a disfunção, **falha no sistema de funcionamento da sociedade**. Nesse caso, deve a sociedade reagir para saná-la.

Caso os mecanismos reguladores da vida em sociedade não consigam cumprir sua função, instala-se a anomia, ou seja, a **ausência ou decomposição das normas sociais**.

O crime pode ser considerado fenômeno cultural dentro da sociedade, mas deve permanecer dentro de certos níveis de tolerância. Caso contrário, instala-se o caos, estado de desorganização generalizada que chega a comprometer valores e desacreditar o sistema normativo de conduta.

Note que *anomia* é uma palavra de origem etimológica grega (*a* = ausência; *nomos* = lei) e que, portanto, significa ausência de lei, conotando também a ideia de iniquidade, injustiça e desordem, processo no qual as normas que regulam um grupo social são menosprezadas ou postas de lado.

O principal objetivo dessa teoria foi demonstrar como as próprias estruturas da sociedade podem exercer tamanha pressão sobre as pessoas, de modo que elas não se conformam em seguir as normas impostas de convivência social e acabam por praticar as infrações penais.[1]

1. SHECAIRA, Sérgio Salomão. **Criminologia.** São Paulo: Editora Revista dos Tribunais, 2014. p. 237.

Nesse contexto, o indivíduo pode se adaptar ao padrão social assumindo alguma das posturas a seguir:[2]

a) **conformidade**: é o caso da maioria dos indivíduos, que aceita os objetivos definidos e os meios institucionalizados, e não apresenta comportamento desviante, pois se conforma em não conseguir atingir os objetivos culturalmente definidos;

b) **ritualista**: embora aceite os meios, o indivíduo renuncia aos objetivos definidos, pois sabe que jamais terá capacidade de atingi-los, e se satisfaz em manifestar uma conduta padronizada, seguindo as regras;

c) **retraimento**: renunciam aos objetivos definidos e aos meios institucionalizados, e não se ajustam nos meios sociais, a exemplo dos mendigos, drogados etc.;

d) **inovação**: o indivíduo aceita os fins – sucesso, *status* etc. – mas não se conforma com os meios que lhe são oferecidos, e parte em busca de outros, a exemplo do traficante, o funcionário público corrupto etc.

e) **rebelião:** não aceita os fins e tampouco as atividades sociais convencionais, a exemplo do comportamento assumido pelos revolucionários.

Em suma, a anomia pode ser traduzida como uma teoria em que o sujeito não aceita as regras de convivência social impostas, inclusive as leis existentes para a mantença da *paz social*, por sentir-se de certa forma, frustrado, em razão da impossibilidade de atingir os objetivos socialmente estabelecidos através dos meios institucionalizados.

2. SHECAIRA, Sérgio Salomão. **Criminologia**. São Paulo: Editora Revista dos Tribunais, 2014. p. 238.

Capítulo 13

Teoria da Subcultura Delinquente

A teoria da subcultura delinquente foi difundida pelo criminologista americano **Albert Cohen**, na obra denominada *Delinquent Boys* em 1955.[1] Além de sua relevância para a criminologia, a teoria também é objeto de estudo em outras áreas do conhecimento, como a Antropologia e Sociologia. O conceito é divergente e que o próprio nome **subcultura** leva a ideia de uma cultura dentro de outra cultura, o que gera dificuldade, uma vez que se deve definir o que vem a ser cultura.

A sociedade tradicional dita os valores predominantes, mas que, não raras vezes, colidem com os valores de determinados grupos. Também chamada de **contracultura,** essa teoria faz a análise de grupos que não aceitam as regras de convivência social imposta e formam grupos subculturais.[2] Esses grupos traçam novos objetivos e ideais que se chocam com os já impostos pela sociedade, a exemplo das gangues, que agem, geralmente, em confronto com a sociedade e que acabam, por vezes, cometendo crimes.

Também chamada de **contracultura,** essa teoria faz a análise de grupos que não aceitam as regras de convivência social imposta e formam grupos subculturais.[3] Esses grupos traçam novos objetivos e ideais que se chocam com os já impostos pela sociedade, a exemplo das gangues, que agem, geralmente, em confronto com a sociedade e que acabam,

1. SHECAIRA, Sérgio Salomão. **Criminologia**. São Paulo: Editora Revista dos Tribunais, 2014. p. 256.
2. GRANT, José Zamora. **Derecho victimal: la víctima em el nuevo sistema penal mexicano**. 2 ed. Ciudad de Mexico: INACIPE, 2009. P. 39.
3. GRANT, José Zamora. **Derecho victimal: la víctima em el nuevo sistema penal mexicano**. 2 ed. Ciudad de Mexico: INACIPE, 2009. P. 39.

por vezes, cometendo crimes. São exemplos de grupos subculturais: os *hooligans*, os *skinheads*, máfias, gangues urbanas, facções criminosas, que procuram resolver o conflito por meio da violência.

Sobre a diferença entre os termos subcultura e contracultura, a doutrina aponta que:

> Ambas as expressões surgiram dos enfrentamentos desviantes dos jovens em relação à sociedade adulta tradicional, o chamado *establishment*. As subculturas, em uma primeira abordagem, aceitam certos aspectos dos sistemas de valores predominantes, mas também expressam sentimentos e crenças exclusivas de seu próprio gruo, enquanto a contracultura é uma subcultura que desafia a cultura e a sociedade dominantes. A subcultura, em grande parte, reproduz alguns valões contidos na sociedade tradicional, porém com um sinal invertido. [...] Um meio de distinguir entre as duas formas de cultura da juventude é notar que os grupos subculturais se retiram da sociedade convencionai, enquanto os grupos contraculturais são contestadores e confrontadores.[4]

Contracultura, portanto, é caracterizada por um conjunto de valores e comportamentos que contesta e confronta o modelo da sociedade tradicional (é uma espécie de subcultura). Exemplo clássico: movimento hippie dos anos 60.

> As teorias subculturais não representam outra coisa senão um aprimoramento das contribuições de Durkheim e Merton. Com efeito, partindo-se do pressuposto que a sociedade oferece uma estrutura social defeituosa, assentada em diferentes possibilidades para ascender às metas culturais estabelecidas, mas que alguns estão excluídos dessa possibilidade de ascensão, então a anomia abastece, na teoria, a estrutura básica que permite admitir a existência de subculturas. [5]

Diferentemente da teoria do controle social informal, entende que os delinquentes têm um sistema de valores autônomo.

Em suma, a subcultura pode ser compreendida como movimento que surge para contrapor os ideais sociais impostos, padrões aos quais todos os membros da sociedade devem se submeter, posto que nem todos terão

---

4. SHECAIRA, Sérgio Salomão. **Criminologia**. São Paulo: Editora Revista dos Tribunais, 2014. p. 259.
5. VIANA, Eduardo. **Criminologia**. Salvador: Juspodivm, 2016. p. 197.

condições de alcançar esse ideal. Essa situação de desequilíbrio produz inquietação social, fazendo com que os grupos excluídos, geralmente compostos por membros da classe menos favorecida, estabeleçam suas subculturas, que, muitas vezes, conduzirão à delinquência e fomentarão a criminalidade.

Uma das principais críticas às teorias da subcultura delinquente é a de que ela não consegue oferecer uma explicação generalizadora da criminalidade. Em razão do apego exclusivo a determinado tipo de criminalidade, não há uma abordagem do todo.

Capítulo 14

Teoria das Predisposições Agressivas

A teoria das predisposições agressivas reúne todas as teorias que buscam explicar o crime a partir de fatores biológicos. Dentre elas, destaca-se a teoria elaborada pelo médico **Cesare Lombroso**, difundida em seu livro *O Homem Delinquente*, e, posteriormente, denominada por Ferri como teoria do criminoso nato. Segundo essa teoria, o ser atávico, parecido com o homem pré-histórico, estava propenso à prática delitiva.

Posteriormente, **Enrico Ferri** prosseguiu com os estudos criminológicos seguindo a tese lombrosiana, mas acrescentou os fatores sociais como elementos relevantes para a compreensão da prática delituosa. Recordando, Ferri classificou os criminosos em cinco tipos: a) nato; b) louco; c) passional; d) ocasional; e) habitual.

Ressalte-se que, embora suas teorias tenham sido muito criticadas, a Escola Positiva e seus expoentes iniciaram os estudos que elevaram a criminologia ao patamar de ciência autônoma, e as ideias lançadas naquela época, ainda que rudimentares, continuaram a ser objeto de pesquisa e discussão no meio acadêmico e científico.

> A escola biológica, em que pesem seus erros iniciais, contribuiu para inúmeros estudos comparativos, a exemplo da herança genética, na qual os estudos dos cromossomos levaram, nas décadas de 40 e 50, do século passado, a descobertas de alterações genéticas que possivelmente, poderiam conduzir o indivíduo à criminalidade, como na chamada síndrome do supermacho, na qual, em virtude das mencionadas alterações, era possível encontrar, na cadeia genética do agente, a presença de mais de

um cromossomo Y, que conduzia a formação XYY. Naquela oportunidade, tentou-se afirmar que esses indivíduos possuíam uma tendência à agressividade, sendo consideradas como pessoas violentas. Hoje em dia, já ficou demonstrado que essa alteração em nada repercute na possibilidade de serem cometidas infrações penais, podendo-se concluir, portanto, que a delinquência não possui natureza hereditária.[1]

1. GRECO, Rogério. **Direito Penal do Equilíbrio**: uma visão minimalista do Direito Penal. Niterói, RJ: Impetus, 2009. p. 41.

Capítulo 15

Teoria da Associação Diferencial (Aprendizado da Delinquência)

Também é chamada de aprendizado da delinquência. Foi difundida pelo sociólogo americano **Edwin Sutherland** com base no pensamento do jurista e sociólogo francês **Gabriel Tarde.**

Sabe-se que aprender significa obter conhecimento, compreensão ou domínio de (informação, assunto, matéria etc.), por meio de estudo ou prática. Nesse sentido, a teoria do aprendizado defende a ideia de que o **comportamento delituoso é passível de aprendizagem**. O sujeito passa a ter conhecimento das práticas criminosas, da mesma forma que poderia aprender a ter um bom comportamento.

Busca explicar o comportamento criminoso por meio de mecanismos de aprendizagem, defendendo que o comportamento desviante pode ser aprendido com outras pessoas (contatos diferenciais) do mesmo modo como ocorre com os comportamentos socialmente aceitáveis.

O pensamento de Sutherland sobre associação diferencial pode ser resumido em 9 preposições: [1]

a) a conduta criminosa pode ser aprendida como qualquer comportamento.

b) a conduta criminosa é aprendida mediante um processo de comunicação com outras pessoas, o que requer um comportamento ativo por parte do agente. Isso significa que o simples fato de o indivíduo viver em um ambiente criminógeno não irá necessariamente torná-lo num infrator.

---

1. MOLINA, Antonio García-Pablos; GOMES, Luiz Flávio. **Criminologia – Introdução a seus fundamentos teóricos.** São Paulo: RT, 2002. p. 375-377.

c) a parte decisiva da aprendizagem da conduta criminosa ocorre no seio familiar e no círculo de amizades íntimas.

d) durante o processo de aprendizagem também são transmitidas as técnicas para execução do delito, e até mesmo as justificativas (pretextos) para a conduta delituosa.

e) os impulsos criminosos são aprendidos de acordo com o ponto de vista que os contatos diferenciais (pessoas com quem o indivíduo convive) apresentam sobre a lei e o sistema de valores vigente.

f) o indivíduo se torna um delinquente quando aprendeu com seus contatos diferenciais mais sobre o crime do que a respeito das leis.

g) os contatos diferenciais podem ter duração, intensidade e influência diferentes. Apenas porque um contato foi mais breve, isso não significa que, necessariamente, foi menos influente. O que irá determinar o grau de influência desse contato é o prestígio que o indivíduo conferiu àquela pessoa.

A questão da prisão provisória exemplifica o processo de aprendizagem da teoria da associação diferencial. A doutrina processualista penalista tece críticas às prisões provisórias (prisão em flagrante, prisão preventiva e prisão temporária), uma vez que nestes casos, o réu ou indiciado sequer foi julgado, ou seja, inexiste uma sentença penal condenatória, gerando o que se convencionou chamar de *banalização da prisão provisória*. Imagine um indivíduo jovem, primário, com bons antecedentes criminais, que está preso porque cometeu um crime, quando poderia responder ao processo em liberdade ou por meio de uma medida cautelar diversa da prisão (a exemplo de alguma das elencadas no art. 319 do Código de Processo Penal). Entretanto, devido a um lapso daqueles que conduzem o caso, responde ao processo criminal segregado, obtendo a liberdade somente ao final. É possível afirmar que este indivíduo, ao ter contato com outros presos, quiçá mais perigosos e experientes, poderá aprender comportamentos que o tornarão um delinquente contumaz, pois, ao sair da prisão, estará "mais qualificado à vida do crime", uma vez que adquiriu conhecimentos para tornar-se um criminoso mais hábil, capaz, apto, instruído, etc.

O correto é que a prisão provisória seja a *ultima ratio*, utilizada como medida de cautela social. Em outras palavras: a segregação antecipada deve ser realmente necessária e adequada, respeitando a Constituição Federal de 1988, a Convenção Americana dos Direitos Humanos e o próprio Código de Processo Penal pátrio, a fim de evitar que um preso provisório permaneça injustamente nos estabelecimentos prisionais, os quais são denominados pelos críticos, e com razão, como *faculdades do crime*.

Capítulo 16

Teoria Behaviorista

Esta teoria está vinculada a uma área da psicologia denominada **behaviorismo**, que, por sua vez, trata do **comportamento humano**. O fisiólogo russo **Ivan Pavlov** foi seu precursor. A partir desses estudos, **John Watson** publicou, em 1913, o artigo *Psychology as the Behaviorist Views It*, e **Burrhus Skinner** publicou, em 1953, o livro *Science and Human Behavior*. A própria expressão behaviorismo vem da palavra *behavior* que, traduzida do inglês, significa comportamento ou conduta.

O behaviorismo pode ser considerado uma corrente que se posiciona contrariamente ao estudo da Psicologia baseado em questões filosóficas, transcendentais ou introspectivas. Em virtude disso, direciona seus estudos aos comportamentos objetivos, captados por meio da observação. "O behaviorismo se preocupa com o estudo das interações entre o sujeito, o ambiente e suas ações, isto é, o seu comportamento corresponde a uma resposta às causas que o levaram a prática do crime".[1]

O behaviorismo pode ser dividido em clássico, metodológico e radical.

O **behaviorismo clássico** tem por referência os estudos de **Ivan Pavlov**, que desenvolveu o meio de condicionamento clássico através de um trabalho com **estímulos** e **respostas**, através de experiências para o condicionamento de cães. Para os clássicos, o comportamento é sempre uma resposta a determinado estímulo.

O **behaviorismo metodológico**, cujo expoente é **John Watson**, sugere uma oposição à **introspecção e ao mentalismo**, de modo que, sem

1. SUMARIVA, Paulo. **Criminologia: teoria e prática**. Niterói – RJ: Impetus, 2015. p. 180.

dar grande importância aos processos internos do indivíduo, utilizava a observação das manifestações comportamentais, a fim de prever e controlar o comportamento.

Por fim, o **behaviorismo radical** foi liderado por **Burrhus Skinner**, que publicou em 1953, o livro *Science and Human Behavior*. O behaviorismo radical nega absolutamente a existência de algo que escape ao mundo físico, que não possua existência identificável no tempo e no espaço, enquanto e aceita integralmente todos os fenômenos comportamentais.[2] Visa a descrever a relação entre comportamento e ambiente por meio da interpretação de dados obtidos através de uma observação sistemática do comportamento. Não busca explicações realistas ou de causa-efeito.

Em suma, para o behaviorismo importa a observação da interação do ser humano com o ambiente, pois as forças ambientais têm influência decisiva sobre o seu comportamento, o que pode, assim, conduzi-lo à prática delitiva.

Embora o modelo tenha sido implantado em algumas penitenciárias nos Estados Unidos, não houve continuidade, posto que era comum a ocorrência de toda sorte de abusos nos estabelecimentos que adotavam essa metodologia, o que levou ao encerramento do programa.

---

2. MATOS, Maria Amélia. **O Behaviorismo Metodológico e suas Relações com o Mentalismo e o Behaviorismo Radical.** Palestra apresentada no II Encontro Brasileiro de Psicoterapia e Medicina Comportamental, Campinas, out/93. Disponível em: < http://www.itcrcampinas.com.br/txt/behaviorismometodologico.pdf>.

Capítulo 17

Teoria do Etiquetamento (*Labeling Approach*)

A teoria do etiquetamento, também é conhecida como **interacionismo simbólico, teoria da rotulação** ou **teoria reação social**. A teoria surge nos Estados Unidos, na década de 60, e tem suas bases na obra de Émile Durkhein, sendo um de seus principais autores **Howard Becker.**

Funda-se na ideia de que a intervenção da justiça na esfera criminal pode acentuar a criminalidade. A prisão e o contato com os outros presos constituem condição favorável para a criação de mais criminosos. Ou seja, **a criminalidade é criada pelo próprio controle social**.

Trata do processo de **estigmatização** pelo qual passa o sujeito a partir do momento que comete uma infração penal. O estigma dificulta a reinserção do criminoso à sociedade, pois afeta a percepção que o indivíduo tem sobre si mesmo, e gera receio e rejeição social.

> Uma vez adquirido o status de desviado ou de delinquente, é muito difícil modificá-lo, por duas razões: a) pela dificuldade da comunidade aceitar novamente o indivíduo etiquetado; b) porque a experiência de ser considerado delinquente, e a publicidade que isso comporta, culminam em um processo no qual o próprio sujeito se concebe como tal.[1]

A teoria trabalha com um processo chamado **mergulho ao papel desviado (*role engulfment*):**

1. GRECO, Rogério. **Direito Penal do Equilíbrio**: uma visão minimalista do Direito Penal. Niterói, RJ: Impetus, 2009. p. 43.

> À medida que o *mergulho no papel desviado* cresce, há uma tendência para que o autor do delito defina-se como os outros o definem. A personalidade do agente se referenciará no papel desviado ainda que ele se defina como *não desviado*. As dificuldades são ainda mais pronunciadas quando o agente, embora negue o papel desviado, é, cada vez, identificado por terceiros pela conduta classificada como desviada. Surgirá uma espécie de subcultura delinquente facilitadora da imersão do agente em um processo em espiral que traga o *desviante* cada vez mais para a reincidência.[2]

Em síntese, a ideia dessa teoria é demonstrar que a partir do momento que o agente pratica o primeiro crime, passa a personificar a figura do bandido, ladrão, drogado, assassino perante os olhos da sociedade. Esse efeito tem origem nas **cerimônias degradantes**, que podem ser definidas como "processos ritualizados a que se submetem os envolvidos com um processo criminal, em que o indivíduo é condenado e despojado de sua identidade, recebendo uma outra degradada".[3]

> A etiqueta ou rótulo (por meio do atestado de antecedentes e a divulgação nos meios de comunicação, notadamente, nos jornais sensacionalistas) acaba por afetar o indivíduo, gerando a expectativa social de que a conduta venha a ser praticada, perpetuando o comportamento delinquente e aproximando os indivíduos rotulados uns dos outros.[4]

Importa destacar que o estigma que permeia a vida do criminoso afeta não só a sua percepção sobre si mesmo, mas também gera rejeição social, que geralmente se manifesta como descrença na recuperação e ressocialização desse indivíduo. Assim, criam-se circunstâncias que impelem o agente à mantença do comportamento criminoso, pois, em grande parte das vezes, ainda que tente seguir um estilo de vida lícito após os fatos, continuará sendo etiquetado como criminoso, o que dificultará sua reinserção em sociedade.

O que distingue a nova sociologia criminal (onde a teoria do *labeling approach* está inserida) da criminologia tradicional é a sua abordagem crítica em relação a definição de criminalidade e de criminoso. Eles não são fixados como ponto de partida da análise enquanto realidade dada, mas são considerados dentro de uma realidade social que se constrói

---

2. SHECAIRA, Sérgio Salomão. **Criminologia**. São Paulo: Editora Revista dos Tribunais, 2014. p. 312-313.
3. SHECAIRA, Sérgio Salomão. **Criminologia**. São Paulo: Editora Revista dos Tribunais, 2014. p. 313;
4. SUMARIVA, Paulo. **Criminologia: teoria e prática**. Niterói – RJ: Impetus, 2015. p. 69.

mediante processos de interação, ou seja, uma realidade social que não se coloca como pré-constituída.[5]

O comportamento do criminoso é, na verdade, o comportamento rotulado do criminoso, o papel da estigmatização penal na produção do status social de criminoso, ou seja, a relação do desvio primário, que produz mudanças na identidade social do sujeito, com o desvio secundário, compreendido como efeito do desvio primário, a rejeição da função reeducativa da pena criminal, que consolida a identidade criminosa e introduz o condenado em uma carreira desviante.

Com a estigmatização do indivíduo qualificado como desviante, passa a ter a tendência a permanecer no papel social a que foi introduzido. Isso coloca em dúvida o princípio da finalidade ou da prevenção quanto a suposta função de ressocialização da pena. A intervenção do sistema penal, em vez de reeducar, acaba consolidando a identidade desviante do sujeito (estigma) e o seu ingresso na carreira criminosa.

Nessa esteira, o *labeling approach* se apresenta como uma **negação ao princípio da igualdade.**

Por fim, grife-se que essa teoria está intimamente conectada ao que se chama de criminologia de reação social, que estuda os **processos de criação de normas penais e sociais** que estão relacionados com o comportamento desviante (conforme se expõe em tópico próprio).

5. BARATTA, Alessandro. **Criminologia Crítica e Crítica do Direito Penal.** Introdução à sociologia do Direito Penal. Coleção Pensamento Criminológico. Rio de Janeiro: Revan, 2014, p. 86.

Capítulo 18

Criminologia Crítica (Teoria Crítica ou Radical)

A teoria crítica ou radical tem suas **bases** alicerçadas no **marxismo,** tendo esse do movimento crítico no campo criminológico inaugurado pela obra *The New Criminology: For a Social Theory of Deviance*, publicada na Inglaterra,em 1973, por **Ian Taylor, Paul Walton e Jock Young.** Diversos outros livros com ânimo questionador da ciência criminológica se seguiram, dando origem a várias vertentes, podendo ser mencionado por sua difusão o italiano **Alessandro Baratta**.

As teorias conflituais e do *labeling approach* foram campo fértil para a passagem da criminologia liberal para a criminologia crítica. A criminologia crítica apresenta como traço principal a construção de uma teoria do desvio e da criminalização. Com base teórica marxista, combina-se com trabalho de observação empírica, a fim de que a criminologia se construa a partir do **ponto de vista das classes subalternas**. Contrapondo o enfoque biopsicológico ao macrossociológico, esta criminologia analisa a realidade comportamental do desvio a partir do contexto histórico em que este se insere.

Trata-se inequivocamente de oposição ao modelo tradicional de criminologia, promovendo um ataque à ordem legal instituída pelo Direito Penal. Deixa de conceber o criminoso como um anormal.

Segundo essa teoria, o delito está diretamente associado à **estrutura política e econômica da sociedade**. Assim, o rótulo de criminoso atribuído a uma pessoa não decorre da prática de um fato intolerável pelo corpo social, mas por servir aos **interesses da classe dominante**.

Parte da ideia de que a divisão de classes no sistema capitalista gera desigualdades e violência, contida pela legislação penal. Desse modo, a norma busca assegurar uma provisória estabilidade, contendo as confrontações violentas entre classes de uma determinada sociedade.

Enxerga o delito como um fenômeno **proveniente do sistema de produção capitalista**. Sustenta que o crime produz um sistema de controle social, composto de métodos e procedimentos, e personificado por juízes, promotores, delegados, advogados. Este sistema de controle social é um estímulo às forças produtivas, na medida em que evolui e beneficia determinados setores da economia. Por ser instrumento a serviço apenas do capitalismo, consequentemente atua como mola propulsora da criminalidade.

Percebe-se, portanto, que a teoria crítica ou radical parte da ideia de que a divisão de classes no sistema capitalista gera desigualdades e violência, cuja repressão ficará a cargo da legislação penal. Com isso, as normas buscam assegurar uma estabilidade provisória, a fim de conter as confrontações violentas entre as classes dominantes e as classes dominadas.

Essa teoria propõe o deslocamento do paradigma da criminalização, através da **redução das desigualdades sociais e da penalização da criminalidade das classes dominantes**, a exemplo dos crimes do colarinho-branco, abuso de poder, crime organizado, crimes contra a ordem tributária e sistema financeiro, corrupção etc.

A Criminologia Crítica possui **3 principais vertentes** (estudadas a seguir):

a) **abolicionismo;**
b) **realismo de esquerda (neorrealismo);**
c) **Direito Penal Mínimo (minimalismo penal).**

Capítulo 19

Abolicionismo

Podendo ser considerado uma das 3 principais **vertentes da Criminologia Crítica**, o abolicionismo defende um **niilismo penal**, e considera nocivos os **instrumentos de repressão à criminalidade** (a exemplo de Direito Penal e Direito Processual Penal), devendo, por isso, ser definitivamente **abolido.**

O sistema punitivo deveria ser abolido porque a prisão (e o sistema penal como um todo) é (a) anômica (alheia aos valores sociais), (b) irracional, (c) estigmatizante, (d) seletiva, (e) marginalizadora e (f) formadora de delinquentes.

Possui 3 vertentes, conforme seus maiores expoentes:[1]

a) **Louk Hulsman:** defende a completa abolição do sistema penal e a resolução dos conflitos pelas partes envolvidas; propõe uma mudança da terminologia penal para não excluir formas alternativas de solução de conflitos;

b) **Thomas Mathiensen:** demonstra contrariedade à pena de prisão e ao sistema penitenciário; apoia a reparação dos danos causados à vítima como meio substitutivo de punição; sustenta um sistema punitivo aberto a outras medidas alternativas;

c) **Nils Cristie:** propõe a extinção de qualquer espécie de pena que possa causar sofrimento; defende o reducionismo punitivo e a justiça comunitária para solucionar problemas criminais.

1. LIMA JÚNIOR, José César Naves de. **Criminologia.** Salvador: Juspodivm, 2017. p. 181-183.

São os principais argumentos que sustentam o abolicionismo e outras teorias deslegitimadoras, tais como o minimalismo radical:[2]

a) **Caráter definitorial do delito:** tendo por base a teoria do etiquetamento (*labeling approach*), afirma que as condutas definidas como crime apenas têm em comum o fato de serem previstas em lei dessa forma. Isso explicaria, por exemplo, porque em alguns países condutas como a bigamia são consideradas criminosas, enquanto não têm qualquer relevância para o Direito Penal em outros lugares. Desse modo, considera que o crime é fruto do próprio sistema penal.

b) **Inidoneidade preventiva ou motivadora:** defendem que a existência do Direito Penal e de todo o aparato repressivo é levada em consideração pelo indivíduo que cogita cometer um crime. Se deixa de fazê-lo, é em razão de outros fatores que realmente são capazes de influenciar em sua escolha: religião, cultura, moral etc.

c) **Excepcionalidade da intervenção penal:** para os defensores do abolicionismo as cifras ocultas do Direito Penal atestam sua desnecessidade. Ressalta que apenas uma ínfima parcela dos crimes cometidos chega ao conhecimento das autoridades, e que o número é ainda menor quando considerados os índices de condenações. Portanto, infere-se que a lei penal é aplicada excepcionalmente, mostrando-se, assim, desnecessária.

d) **Seletividade do Direito Penal:** embora a lei proclame uma pretensa igualdade formal entre os indivíduos, quando a realidade é analisada, nota-se que prevalece a desigualdade material. Segundo Queiroz[3] "o fato de as prisões se acharem superlotadas de pessoas pobres não é acidental". Dessa maneira, o abolicionismo prega que o Direito Penal atua sobre a desigualdade, e, portanto, opera de maneira seletiva, contribuindo para a perpetuação de estereótipos e estigmas.

e) **Caráter sintomatológico e consequencial do Direito Penal:** afirma que o sistema penal atua sobre a manifestações da violência, e não sobre suas causas. Ou seja: ataca os sintomas, mas não a doença, e por causa disso, é ineficaz.

f) **Caráter criminógeno do Direito Penal:** os defensores das teorias deslegitimadoras postulam que quando uma conduta é criminalizada, não é possível observar a redução de sua incidência no seio social. Na maioria das vezes, há a proliferação da prática delituosa na

2. QUEIROZ, Paulo. **Direito Penal:** Parte Geral. Rio de Janeiro: Editora Lumen Juris, 2008. p. 96 – 102.
3. QUEIROZ, Paulo. **Direito Penal:** Parte Geral. Rio de Janeiro: Editora Lumen Juris, 2008. p. 99.

clandestinidade, a exemplo do que ocorreu com o tráfico de drogas. A criminalização das drogas tornou a sua venda extremamente vantajosa para os criminosos, e assim, o problema da violência não se limita à questão dos entorpecentes, pois, indiretamente, enseja a prática de uma série de outros delitos: lavagem de capitais, contrabando de armas, corrupção etc.

g) **Reificação do delito e neutralização da vítima:** reificação é o processo em que uma realidade humana ou social perde ou parece perder seu dinamismo e passa a apresentar a fixidez de um ser inorgânico, com perda de autonomia e, no caso do homem, de autoconsciência; coisificação. Portanto, sustentam que o Direito Penal aborda todos os crimes como se fossem iguais, e, por conseguinte, as pessoas envolvidas no conflito perdem sua identidade própria, para tornarem-se apenas *vítimas* ou *infratores*. Ao terem suas individualidades desconsideradas, as vítimas são neutralizadas e deixadas em segundo plano durante o processo de persecução penal, enquanto o Estado assume o protagonismo.

h) **Intervenção sobre pessoas e não sobre situações:** o Direito Penal, ao agir a partir do conceito de culpabilidade, valoriza os aspectos individuais do sujeito, e responde a uma ação humana, tida como criminosa, sem considerar o seu contexto e o sistema onde o indivíduo está inserido. Os defensores do abolicionismo afirmam, portanto, que fatores sociais e ambientais devem ser levados em consideração, pois a conduta do agente não está dissociada deles.

Vale ressaltar que, ante a existência de **mandados constitucionais de criminalização**, seria absolutamente incompatível com a Carta Magna a implantação de um sistema abolicionista que transferisse para outros ramos do direito, que não o penal, a tutela de bens ou interesses para os quais o constituinte reclama uma intervenção estatal mais rigorosa e contundente. Em outras palavras, nos moldes atuais, **não há espaço para a eliminação do Direito Penal do ordenamento jurídico brasileiro**, em face dos mandados de criminalização espalhados pela Constituição da República de 1988.

Capítulo 20

Realismo de Esquerda (Neorrealismo)

Também é considerado uma das 3 principais **vertentes da Criminologia Crítica**. O realismo de esquerda (chamado por alguns de neorrealismo) é adotado pelos criminólogos ingleses **Jock Young e John Lea**.

Essa corrente se opõe à política criminal de direita segundo a qual exige-se a repressão imediata mesmo das infrações mais simples como forma de manter a ordem (teoria das janelas quebradas) e a coerção máxima e urgente a todo e qualquer delito (teoria da tolerância zero).

O realismo de esquerda, ao contrário, prega que a criminologia regresse à investigação completa das causas e circunstâncias do delito. Assim seria possível denunciar os padrões de injustiça social (como a pobreza decorrente do sistema capitalista), além de outros fatores como expectativa superdimencionada, individualismo exagerado, competitividade, agressividade, ganância, anomalias sexuais e machismo.

Destarte, somente uma política social ampla poderia promover o justo e eficaz controle das zonas de delinquência, dependendo da ação precisa do Estado.

Capítulo 21

Criminologia Minimalista (Minimalismo Penal)

Uma das 3 principais **vertentes da Criminologia Crítica**, a Criminologia Minimalista (também chamada de minimalismo penal ou Direito Penal Mínimo) qualifica-se como movimento ideológico que atribui ao Direito Penal apenas a tutela de bens jurídicos relevantes, isto é, indispensáveis ao convívio social.

A corrente minimalista pode ser dividida em 2 vertentes[1]:

a) **minimalismo radical**: ideias se assemelham em muitos pontos ao abolicionismo, e que admite a intervenção penal somente em situações excepcionais,

b) **minimalismo moderado**: índole garantista, o qual atribui ao Direito Penal apenas a tutela de bens jurídicos relevantes, isto é, indispensáveis ao convívio social. Esta última vertente pauta-se no princípio da intervenção mínima, do qual decorrem seus corolários: subsidiariedade, fragmentariedade e ofensividade.

A principal vertente do Direito Penal Mínimo é o **garantismo penal**, defendido por Luigi Ferrajoli (analisado no tópico sobre movimentos ideológicos de Direito Penal). O italiano criou um modelo, um ideal jamais atingível de forma plena, que não descreve o que ocorre, mas prescreve o que deva ocorrer. Visa à mínima intervenção penal com as máximas garantias ao criminoso.

1. QUEIROZ, Paulo. **Direito Penal:** Parte Geral. Rio de Janeiro: Editora Lumen Juris, 2008. p. 97.

Essa corrente de pensamento que coloca o Direito Penal como fragmentário e subsidiário, capaz de intervir apenas e tão-somente naquelas situações em que outros ramos do direito não foram aptos a propiciar a pacificação social, é acolhida pelo Supremo Tribunal Federal.[2]

2. Confira, por exemplo, dentre vários julgados, o HC 107.638.

Capítulo 22

Quadro Esquemático

Escola de Chicago	Sustentada por nomes como **Robert Park, Ernest Burgess, Clifford Shaw e Henry McKay.** No meio de miséria e desigualdades sociais, uma parcela da população não consegue se adaptar aos valores daquele corpo social dominante, gerando criminalidade. Atribui-se à sociedade (e não ao indivíduo) as causas da criminalidade. Existe influência do entorno urbano sobre a conduta humana, concebendo o meio urbano como um organismo dividido em zonas de trabalho, moradia, lazer, dentre outros. A importância da Escola foi compreender a criminalidade urbana, desenvolvendo métodos de estudo como a observação participante; bem como definir o conceito de ecologia urbana (segundo a qual a causa da criminalidade são as cidades).
Teoria da Desorganização Social (Ecológica)	Desenvolvida por **Clifford Shaw e Henry McKay**. Decorre da Escola de Chicago. Vale-se dos conceitos de desorganização e contágio inerentes aos modernos núcleos urbanos, e invoca o debilitamento do controle social desses núcleos. A concentração de criminosos diminui conforme as áreas residenciais se distanciam do centro.
Teoria do Espaço (Espacial)	Defendida por **Oscar Newman**. Decorre da Escola de Chicago. Defende que a estrutura física e arquitetônica das cidades é um fator relevante na incidência das práticas delitivas. Argumenta que a comunidade se tornará mais segura a partir do momento que seus residentes assumirem o senso de responsabilidade e dever de cuidado.

Teoria das Janelas Quebradas (Broken Windows)	Apresentada por **James Wilson e George Kelling.** Decorre da Escola de Chicago. Defende a repressão a delitos menores para inibição dos mais graves. Os sinais de abandono e degeneração em uma comunidade, desacompanhados de qualquer ação para reverter o cenário, demonstram o desinteresse estatal, e fomentam, assim, a prática de novas condutas antissociais, pois o aparente descaso do Estado reforça o sentimento de impunidade. Por isso é necessário um sistema de repressão máxima e imediata, a fim de restabelecer com presteza a ordem social.
Teoria da Tolerância Zero (Lei e Ordem)	Implementada por **Rudolph Giuliani e Willian Bratton.** Decorre da Escola de Chicago e baseia-se na teoria das janelas quebradas. Preconiza que todo tipo de infração penal, desde as mais simples (como os puladores de catraca do metrô, as pichações, os pequenos roubos e atos de vandalismo), devem ser combatidas de maneira rápida e rigorosa. Somente não se tolerando qualquer tipo de infração é possível evitar a escalada da criminalidade.
Teoria do Delito como Eleição	Defendida modernamente por **James Wilson e Richard Herrnstein, e Donald Clarke e Derek Cornish.** O crime decorre de decisão livre e soberana de infringir a norma penal, mesmo considerando a existência da pena (instrumento de dissuasão no sentido de que o benefício atingido com o crime é inferior ao mal advindo com sua prática). A infração penal é fruto de uma eleição racional levada a efeito pelo agente.
Teoria do Controle Social Informal	Proposta por **Walter Reckless** (teoria da neutralização) e **David Matza e Gresham Sykes** (teoria da neutralização). Visam a explicar o comportamento criminoso levando em consideração as regras sociais, mas a partir da dinâmica do controle informal, que é exercido pela própria sociedade, sem a participação direta do Estado. Pela **teoria da contenção**, há 2 formas de controle social. Há o controle interno, que se relaciona à visão que o agente tem de si próprio, e o controle externo, manifestado nas mais diversas instituições em que as pessoas estão inseridas: família, escola, igreja, local de trabalho etc.

	Já a **teoria da neutralização** tem grande relevância para os estudos sobre delinquência juvenil. Os jovens em fase de amadurecimento são como barcos à deriva, e, portanto, ainda não têm propósito firme de não delinquir. O ponto da deriva está na metade do caminho entre o controle e a liberdade. Diferentemente da teoria das subculturas, entende que os delinquentes não têm um sistema de valores autônomo.
Teoria dos Vínculos Sociais	Sustentada por **Travis Hirschi.** Relaciona-se com teoria da neutralização, localizada na teoria do controle social informal. O fator responsável por evitar que um indivíduo siga o caminho do crime é justamente a ligação que mantém com a sociedade em que está inserido.
Teoria da Anomia	Desenvolvida por **Robert Merton** com base nas ideias de Émile Durkhein. A sociedade é vislumbrada como um organismo humano, que necessita realizar certas funções vitais para manter a própria sobrevivência. Quando isso não ocorre, surge a disfunção, falha no sistema de funcionamento da sociedade. Nesse caso, deve a sociedade reagir para saná-la. Caso os mecanismos reguladores da vida em sociedade não consigam cumprir sua função, instala-se a anomia, ou seja, a ausência ou decomposição das normas sociais. O enfrentamento da criminalidade não reside na prevenção especial ou prevenção geral, mas na satisfação da consciência coletiva. O crime pode ser considerado fenômeno cultural dentro da sociedade, mas deve permanecer dentro de certos níveis de tolerância. Caso contrário, instala-se o caos, estado de desorganização generalizada que chega a comprometer valores e desacreditar o sistema normativo de conduta.
Teoria da Subcultura Delinquente	Preconizada por **Albert Cohen.** Também chamada de contracultura, essa teoria faz a análise de grupos que não aceitam as regras de convivência social imposta e formam grupos subculturais. Esses grupos traçam novos objetivos e ideais que se chocam com os já impostos pela sociedade, a exemplo das gangues, que agem, geralmente, em confronto com a sociedade e que acabam, por vezes, cometendo crimes. Diferentemente da teoria do controle social informal, entende que os delinquentes têm um sistema de valores autônomo.

Teoria das Predisposições Agressivas	Abrange teorias desenvolvidas por **Cesare Lombroso e Enrico Ferri**. Reúne todas as teorias que buscam explicar o crime a partir de fatores biológicos. Teve grande relevância na Escola Positiva. Acredita que o atavismo (caracteres físicos e morais de antepassados, e que podem reaparecer em seus descendentes) é causa da existência de criminoso. O delinquente, portanto, é nato (Lombroso), podendo também ser classificado como louco, passional, ocasional ou habitual (Ferri).
Teoria da Associação Diferencial (Aprendizado da Delinquência)	Baseou-se no pensamento de **Edwin Sutherland**. Busca explicar o comportamento criminoso por meio de mecanismos de aprendizagem, defendendo que o comportamento desviante pode ser aprendido com outras pessoas (contatos diferenciais) do mesmo modo como ocorre com os comportamentos socialmente aceitáveis.
Teoria Behaviorista	Desenvolvida por **Ivan Pavlov** (behaviorismo clássico), **John Watson** (behaviorismo metodológico) e **Burrhus Skinner** (behaviorismo radical). Preocupa-se com o estudo das interações entre o sujeito, o ambiente e suas ações, isto é, o seu comportamento corresponde a uma resposta às causas que o levaram a prática do crime.
Teoria do Etiquetamento (*Labeling Approach*)	Baseada no pensamento de Émile Durkhein, sendo pensada por **Howard Becker.** A prisão e o contato com os outros presos constituem condição favorável para a criação de mais criminosos. Os custodiados são submetidos a cerimônias degradantes, ritos em que é condenado e despojado de sua identidade, recebendo uma outra degradada. Trata do processo de estigmatização pelo qual passa o sujeito a partir do momento que comente uma infração penal. À medida que o mergulho no papel desviado (*role engulfment)* cresce, há uma tendência para que o autor do delito defina-se como os outros o definem. Ou seja, a criminalidade é criada pelo próprio controle social.

Teoria Crítica (Criminologia Crítica ou Teoria Radical)	Finca-se na ideologia de **Karl Marx**, surgindo com **Ian Taylor, Paul Walton e Jock Young** e tendo como representante de uma de suas várias vertentes **Alessandro Baratta**. Diversos outros livros com ânimo questionador da ciência criminológica se seguiram, dando origem a várias vertentes, podendo ser mencionado por sua difusão o italiano **Alessandro Baratta**. O delito está diretamente associado à estrutura política e econômica da sociedade. Assim, o rótulo de criminoso atribuído a uma pessoa não decorre da prática de um fato intolerável pelo corpo social, mas por servir aos interesses da classe dominante. Essa teoria parte da ideia de que a divisão de classes no sistema capitalista gera desigualdades e violência, contida pela legislação penal. Desse modo, a norma busca assegurar uma provisória estabilidade, contendo as confrontações violentas entre classes de uma determinada sociedade.
Abolicionismo	Defendida por **Louk Hulsman, Thomas Mathiensen e Nils Cristie**. É uma das 3 principais vertentes da Criminologia Crítica. Defende um niilismo penal, e considera nocivos os instrumentos de repressão à criminalidade (a exemplo de Direito Penal e Direito Processual Penal), devendo, por isso, ser definitivamente abolido. O sistema punitivo deveria ser abolido porque a prisão (e o sistema penal como um todo) é (a) anômica (alheia aos valores sociais), (b) irracional, (c) estigmatizante, (d) seletiva, (e) marginalizadora e (f) formadora de delinquentes.
Realismo de Esquerda (Neorrealismo)	Defendida por **Jock Young e John Lea**. É uma das 3 principais vertentes da Criminologia Crítica. Prega que a criminologia regresse à investigação completa das causas e circunstâncias do delito. Assim seria possível denunciar os padrões de injustiça social (como a pobreza decorrente do sistema capitalista), além de outros fatores como expectativa superdimencionada, individualismo exagerado, competitividade, agressividade, ganância, anomalias sexuais e machismo. Destarte, somente uma política social ampla poderia promover o justo e eficaz controle das zonas de delinquência, dependendo da ação precisa do Estado.

Criminologia Minimalista (Minimalismo Penal)	Sustentada por autores como **Luigi Ferrajoli**. É uma das 3 principais vertentes da Criminologia Crítica. Qualifica-se como movimento ideológico que atribui ao Direito Penal apenas a tutela de bens jurídicos relevantes, isto é, indispensáveis ao convívio social. O Direito Penal deve ser a *ultima ratio,* utilizada apenas quando os demais ramos não forem suficientes para trazer paz social. A principal vertente do Direito Penal Mínimo é o garantismo penal.

EXERCÍCIOS

Questões

1. **(PCSP – Delegado – VUNESP – 2014)**

   A moderna Sociologia Criminal possui visão bipartida do pensamento criminológico atual, sendo uma de cunho funcionalista e outra de cunho argumentativo. Trata-se das teorias

   a) indutiva e dedutiva.

   b) do consenso e do conflito.

   c) absoluta e relativa.

   d) moderna e contemporânea.

   e) abstrata e concreta.

2. **(PCSP – Escrivão – VUNESP – 2014)**

   Dentre os modelos sociológicos, as teorias da criminologia crítica, da rotulação e da criminologia radical são exemplos da teoria.

   a) do consenso

   b) da aparência

   c) do descaso

   d) da falsidade.

   e) do conflito.

3. **(PCBA – Delegado – VUNESP – 2018)**

   No tocante às teorias da subcultura delinquente e da anomia, assinale a alternativa correta.

a) Uma das principais críticas às teorias da subcultura delinquente é a de que ela não consegue oferecer uma explicação generalizadora da criminalidade, havendo um apego exclusivo a determinado tipo de criminalidade, sem que se tenha uma abordagem do todo.

b) A teoria da anomia, sob a perspectiva de Durkheim, define-se a partir do sintoma do vazio produzido no momento em que os meios socioestruturais não satisfazem as expectativas culturais da sociedade, fazendo com que a falta de oportunidade leve à prática de atos irregulares para atingir os objetivos almejados.

c) A teoria da anomia, sob a perspectiva de Merton, define-se a partir do momento em que a função da pena não é cumprida, por exemplo, instaura-se uma disfunção no corpo social que desacredita o sistema normativo de condutas, fazendo surgir a anomia. Portanto, a anomia não significa ausência de normas, mas o enfraquecimento de seu poder de influenciar condutas sociais.

d) O utilitarismo da ação é um dos fatores que caracterizam a subcultura deliquencial sob a perspectiva de Albert Cohen.

e) O sentimento de impunidade vivenciado por uma sociedade é antagônico ao conceito de anomia identificado sob a ótica de Durkheim.

4. (PCMS - Delegado - FAPEMS - 2017)

Tendo como premissa o estudo da Teoria Criminológica da Anomia, analise o problema a seguir.

O senhor X, 55 anos, bancário desempregado, encontrou, como forma de subsistência própria e da família, trabalho na contravenção (apontador do jogo do bicho em frente à rodoviária da cidade). Por lá permaneceu vários meses, sempre assustado com a presença da polícia, mas como nunca sofreu qualquer repreensão, inclusive tendo alguns agentes como clientes dentre outras autoridades da cidade, continuou sua labuta diária. Y, delegado de polícia, recém-chegado à cidade, ao perceber a prática contravencional, a despeito da tolerância de seus colegas, prende X em flagrante. No entanto, apenas algumas horas após sua soltura, X retornou ao antigo ponto continuando a receber apostas diárias de centenas de pessoas da comunidade.

Assinale a alternativa correta correspondente a esse caso.

a A teoria da anomia advém do funcionalismo penal, que defende a pertinência da norma enquanto reconhecida pela sociedade como necessária para a solução dos conflitos sociais, tendo sido arbitrária a conduta do delegado.

b) A anomia, no contexto do problema, dá-se pelo enfraquecimento da norma, que já não influencia o comportamento social de reprovação da conduta, quando a sociedade passa a aceitá-la como normal.

c) A atitude dos demais policiais caracteriza o poder de discricionariedade legítimo do agente de segurança pública, diante da anomia social caracterizada da norma que perde vigência pela ausência de funcionalidade.

d) A atitude do delegado expressa a representação da teoria da anomia, em que a norma não perde sua força de coerção social, pois, somente revogada por outra norma, independente do comportamento do infrator.

e) A teoria da anomia não tem aplicação no caso em análise, pois sob o aspecto criminológico é necessário que estejam presentes no estudo do fenômeno o delinquente, a vítima e a sociedade.

5. (PCSP – Escrivão – Acadepol – 2010)

Consolidada na década de 70 e inspirada nas idéias marxistas, alçou a sociedade capitalista a categoria de principal desencadeador da criminalidade.

O texto se refere à

a) Teoria Ecológica.

b) Teoria da Associação Diferencial.

c) Teoria da Anomia.

d) Teoria da Subcultura.

e) Teoria Crítica.

6. (PCSP – Delegado – Acadepol – 2012)

Assinale a alternativa incorreta. A Teoria do Etiquetamento

a) é considerada um dos marcos das teorias de consenso.

b) é conhecida como Teoria do Labelling Aproach.

c) tem como um de seus expoentes Ervinh Goffman.

d) tem como um de seus expoentes Howard Becker.

e) surgiu nos Estados Unidos.

7. (PCCE – Delegado – VUNESP – 2015)

Sobre a teoria da "anomia", é correto afirmar:

a) é classificada como uma das "teorias de conflito" e teve, como autores, Erving Goffman e Howard Becker.

b) foi desenvolvida pelo sociólogo americano Edwin Sutherland e deu origem à expressão white collar crimes.

c) surgiu em 1890 com a escola de Chicago e teve o apoio de John Rockefeller.

d) iniciou-se com as obras de Émile Durkheim e Robert King Merton, e significa ausência de lei.

e) foi desenvolvida por Rudolph Giuliani, também conhecida como "Teoria da Tolerância Zero".

8. (PCSP - Investigador - VUNESP - 2014)

A teoria do labelling approach é uma das mais importantes teorias do conflito. Surgiu na década de 60 nos Estados Unidos da América e tem, como um de seus principais autores, Howard Becker.

Essa teoria também é conhecida como teoria.

a) cultural ou de modismo.

b) da associação diferencial ou white colar crimes.

c) do estudo ou da pesquisa.

d) do etiquetamento ou da rotulação.

e) da anomia ou da subcultura delinquente

9. (PCSP - Investigador - VUNESP - 2014)

Do ponto de vista criminológico, a conduta dos membros de facções criminosas, das gangues urbanas e das tribos de pichadores são exemplos da teoria sociológica da(o):

a) abolicionismo penal

b) subcultura delinquente.

c) identidade pessoal.

d) minimalismo penal.

e) predisposição nata à criminalidade

10. (PCSP - Escrivão - VUNESP - 2014)

A teoria do neorretribucionismo, com origem nos Estados Unidos, também conhecida por "lei e ordem" ou "tolerância zero", é decorrente da teoria.

a) "positiva"

b) "janelas quebradas"

c) "clássica"

d) "cidade limpa"

e) "diferencial".

11. (PCSP – Delegado – Acadepol – 2012)

O efeito criminógeno da grande cidade, valendo-se dos conceitos de desorganização e contágio inerentes aos modernos núcleos urbanos, é explicado pela

a) Teoria do Criminoso Nato.

b) Teoria da Associação Diferencial

c) Teoria da Anomia.

d) Teoria do Labelling Aproach.

e) Teoria Ecológica.

Gabarito e Explicação

Questão	Gabarito	Abordagem do assunto no livro
1	B	Capítulo 2
2	E	Capítulo 2
3	A	Capítulo 13
4	B	Capítulo 12
5	E	Capítulo 18
6	A	Capítulo 2
7	D	Capítulo 12
8	D	Capítulo 17
9	B	Capítulo 13
10	B	Capítulo 7
11	E	Capítulo 5

PARTE 4

VITIMOLOGIA

Capítulo 1

Conceito

Pode-se afirmar que a **vitimologia** é o objeto mais importante da criminologia, e, hodiernamente o mais estudado. A vitimologia é o terceiro componente da antiga tríade criminológica: criminoso, vítima e delito, que hoje conta com um quarto elemento: controle social.[1]

Vitimologia é a disciplina que estuda a vítima enquanto sujeito passivo do crime, sua participação no delito e os fatores de vulnerabilidade.

Vítima é a pessoa que sofre a ação criminosa e tem seu bem jurídico atingido, figurando como sujeito passivo da infração penal.

Embora haja discussão se a vitimologia pode ser **considerada uma nova ciência ou apenas uma disciplina que integra a criminologia,** posicionamo-nos conforme o entendimento majoritário da doutrina, segundo o qual a vitimologia é **uma disciplina que integra a criminologia.**

A vítima que sofre um resultado infeliz em virtude de seus próprios atos (por exemplo, um suicida), das ações de outrem (como é o caso do homicídio) ou do acaso (acidentes em geral), esteve relegada a um plano inferior desde a Escola Clássica, fase pré-científica da criminologia que se ocupou de compreender o crime, passando pela Escola Positiva, que concentrou seus esforços no estudo do criminoso. Por conta de razões culturais e políticas, a sociedade sempre devotou muito mais ódio pelo transgressor do que piedade pelo ofendido.

1. PENTEADO FILHO, Nestor Sampaio. **Manual esquemático de criminologia.** São Paulo: Saraiva, 2012. p. 75.

O conceito de vítima para a criminologia é mais amplo do que o contemplado pelo Direito Penal. É possível que um indivíduo seja considerado vítima para a vitimologia mesmo sem que exista um crime. Igualmente, é possível que haja crime sem vítimas para o Direito Penal. Contudo, nesta última hipótese, há uma divergência entre a criminologia e o Direito Penal, pois aquela compreende que o corpo social é vítima de todo e qualquer crime, e não somente a pessoa contra quem o agente faz recair sua conduta. Tomemos como exemplo um crime de furto: há uma vítima. Agora, o furto insignificante, que não é infração por ausência de tipicidade material, também atinge o direito fundamental à propriedade de alguém, portanto, pode não ser crime, mas produz uma vítima.

Conceito de vitimologia
Vitimologia é a disciplina que estuda a vítima enquanto sujeito passivo do crime, sua participação no delito e os fatores de vulnerabilidade. A vítima é o objeto mais importante da criminologia (que também estuda o criminoso, o crime e o controle social).

Há três fases na história do sistema penal que se distinguem pela intensidade da participação e envolvimento da vítima na persecução penal.

Idade de ouro: é a era de protagonismo da vítima, pois esta tinha em suas mãos o comando do sistema de vingança privada. A vítima, ou sua família, poderia ditar a punição do agressor. Ao conferir tamanha liberdade a um particular, sendo-lhe permitido vingar-se livremente de seu agressor, não eram incomuns os excessos, abusos, e a desproporcionalidade de penas e punições.

Essa fase teve início nos primórdios da história da humanidade, e seu declínio se deu com o fim da Alta Idade Média, quando se instaurou o sistema inquisitivo, que relegou à vítima a uma posição meramente coadjuvante.[2]

Neutralização da vítima: é a marginalização da vítima no conflito delitivo. Com o monopólio para aplicação da lei nas mãos do Estado, a vítima assume um papel de neutralidade nas lides penais, pois o seu desiderato e interesses, em inúmeras vezes, eram sumariamente ignorados.

2. SHECAIRA, Sérgio Salomão. **Criminologia**. São Paulo: Editora Revista dos Tribunais, 2014. p. 50.

Se por um lado, na fase de ouro, a vítima ou sua família cometia abusos ao ditar a punição, o Estado, quando chamou para si o monopólio de aplicar a lei (*jus puniendi*), passou a marginalizar a vítima. Do protagonismo, a vítima passa a desempenhar um papel que sequer pode ser considerado coadjuvante.

A marginalização da vítima é característica do modelo de Direito Penal retribucionista, situação em que se verifica uma constatação de Zaffaroni, segundo o qual "o Estado se acha mais vítima do que a própria vítima". O Brasil, principalmente no Código Penal de 1940, adotou em muitos institutos esse modelo fortemente retribucionista. Entretanto, nota-se uma crescente tendência de revalorização da vítima, o que direciona à terceira fase.

Redescobrimento da vítima: a figura da vítima que volta a ser objeto de preocupação do sistema penal, e peça chave na persecução penal do delinquente. O marco inicial dessa fase é a segunda metade do século XX, quando vitimologia conquista a atenção dos criminólogos e, gradualmente, dos legisladores, que passam a abordar tais questões sob um prisma humanista. A vítima ganhou tamanha importância que a criminologia dedicou uma de suas disciplinas apenas para o estudo da vítima.

Importância do estudo da vítima	
Idade de ouro	era de protagonismo da vítima, pois esta tinha em suas mãos o comando do sistema de vingança privada
Neutralização da vítima	a marginalização da vítima com o monopólio para aplicação da lei nas mãos do Estado
Redescobrimento da vítima	a figura da vítima que volta a ser objeto de preocupação do sistema penal, quando vitimologia conquista a atenção dos criminólogos

Em suma, podemos afirmar que a vitimologia é o estudo da vítima no que se refere à sua personalidade, do ponto de vista biológico, psicológico e social, à sua proteção social e jurídica, bem como aos meios de vitimização. Estuda a vítima enquanto sujeito passivo do crime, sua participação no crime e os fatores de vulnerabilidade e vitimização.

Analisando a evolução histórica da vitimologia, nota-se que há uma tendência de inclusão da vítima no processo da persecução penal, conferindo-lhe um papel de maior relevância, para que efetivamente contribua na pacificação do conflito que a vitimou. No ordenamento jurídico brasileiro há diversos exemplos de institutos que ensejam o protagonismo da vítima, dos quais podemos citar:

a) Lei 9.099/95, que institui os Juizados Especiais Criminais, e estimula a Justiça Consensuada por meio das alternativas à prisão (transação penal e composição dos danos civis).

b) Lei 9.807/99, que criou mecanismos de proteção às vítimas e testemunhas;

c) Lei 11.719/08, que alterou o CPP para obrigar o juiz a fixar valor mínimo para reparação dos danos causados pela infração penal à vítima, no momento da sentença condenatória.

Capítulo 2

Objeto

2.1. Personalidade e Inclinações da Vítima

Os estudos da vitimologia demandam um escopo mais amplo quando comparados aos da criminologia pura, pois esta se atém à vítima como sujeito passivo de um crime, enquanto aquela alcança os casos em que a vitimização se deu de outras formas, tais como acidentes, suicídios etc.

Atenção: suicídio não é crime, mas aquele que se suicidou é vítima sob a ótica da vitimologia, e, portanto, passível de ser objeto de estudo. Embora o suicídio não tenha relevância para o Direito Penal, pois não constitui crime, e, consequentemente, não produz vítima penal, trata-se de um fenômeno social, que, à sua maneira, vitima milhares de pessoas a cada ano.

2.2. Elementos Psíquicos do Complexo Criminógeno

Determina a aproximação entre a vítima e o criminoso, ou seja, o potencial de receptividade vitimal. Vale lembrar que a relação existente entre a vítima e o infrator é denominada doutrinariamente de dupla penal.

Na maioria dos casos, a dupla penal é caracterizada pela contraposição entre delinquente e vítima, ou seja, analisando as circunstâncias relacionadas ao crime fica claro que a vítima impôs resistência, não colaborando com o resultado delituoso.

Em outras hipóteses, entretanto, a contraposição na dupla penal é inexistente ou mitigada, isto é, a vítima desempenha um papel coadjuvante, por vezes até de maneira inconsciente, no desfecho do delito.

Há crimes tipificados no ordenamento jurídico brasileiro que contam com o consentimento ou colaboração da vítima para sua consumação, a exemplo do induzimento, instigação ou auxílio ao suicídio (art. 122 do Código Penal). A vítima não resiste, ao contrário, consente com a prática delituosa. Por conseguinte, é evidente que a dupla penal nem sempre constituirá uma situação de contraposição.

Ademais, a análise do papel desempenhado pela vítima no contexto criminoso é de fundamental importância, pois guiará o magistrado no momento de fixação da pena.

> essa relação criminoso-vítima é indispensável para o exame do dolo e da culpa do delinquente. Malgrado o criminoso seja o ponto principal na apuração do fato delituoso, urge, mercê do fato concreto, analisar também a possibilidade de culpa da vítima ou de sua participação inconsciente no crime, circunstância em que o ilícito poderia inexistir ou assumir inexpressivo significado.[1]

Na análise do **papel desempenhado pela vítima**, duas correntes da vitimologia merecem destaque: a corrente clássica (ou tradicional) e a solidarista (ou humanitária).

Segundo a **teoria clássica**, a responsabilidade pela origem da infração é transferida para a vítima. Levando-se em consideração o que dispõe essa corrente, ocorrerá o fenômeno da revitimização: a vítima será duplamente vitimizada, na medida em que, além de ser sujeito passivo do crime, também terá atribuída a si a responsabilidade pela origem da infração.

Um exemplo dos efeitos decorrentes desse entendimento pode ser observado na Marcha das Vadias (*Slutwalk*), movimento no qual as mulheres protestam, segurando placas anunciando: "eu não sou responsável pelo estupro". Tudo começou em Toronto, Canadá, no ano de 2011, quando a primeira marcha ocorreu em resposta ao comentário de um policial, o qual afirmou que a solução para evitar estupros nas universidades era que as mulheres não se vestissem como vadias. Esse movimento ganhou força, e a Marcha das Vadias já foi realizada em vários países, inclusive no Brasil.

Já na **teoria solidarista ou humanitária,** promove-se um giro de compreensão, à medida que reparte com a vítima o trauma do crime. Com isso, reafirma todos os direitos e garantias da vítima.

1. FERNANDES, Valter; FERNANDES, Newton. **Criminologia Integrada.** São Paulo: Revista dos Tribunais, 2010. p. 482.

Em suma, o modelo clássico transfere para a vítima a responsabilidade pela infração, enquanto o modelo solidarista divide com a vítima o trauma do crime, apoiando-a e solidarizando-se com ela no que diz respeito às consequências do delito.

2.3. Vítimas Potenciais

No tocante aos meios de identificação dos indivíduos com tendência a se tornarem vítimas, há diversas linhas de pesquisa que visam a identificar os fatores que concorrem para a vitimização de determinado indivíduo.

> Há três diferentes tipos de predisposições específicas na vítima: as *biopsicológicas*, como a idade, o sexo, a raça, o estado físico, etc; as *sociais*, como as condições econômicas, seu trabalho e lazer; e as *psicológicas*, como os desvios sexuais, a negligência e a imprudência, a extrema confiança em si mesmo, os traços do caráter de cada pessoa, etc.[2]

Existem ainda inúmeros estudos que buscam compreender a mesma situação sob perspectivas diferentes, dando maior enfoque a um ou a outro fator: grau de parentesco entre vítima e agressor; relação entre horas gastas por semana em atividades desenvolvidas nas horas livres (estilo de vida) e a probabilidade de vitimização; precipitação da vítima, que excita o criminoso ou facilita sua ação com seu comportamento, dentre outros.

2.4. Meios de Tratamento Curativo (Tratamento da Vítima)

As ações afirmativas de tutela de vítimas historicamente foram tímidas. Sempre se priorizou a justiça retributiva, com foco em punir o infrator, em vez da justiça restaurativa que é norteada por reparar o dano à vítima.

Todavia, recentemente foram criados institutos penais e processuais penais sob o enfoque da vítima, fruto de estudos criminológicos e da mudança da política criminal. Esse papel crescente da vítima no âmbito criminal é denominado de *privatização* do Direito penal. Busca-se uma *terceira via* que rompa a anterior dicotomia limitada à retribuição e prevenção, incluindo a reparação.[3]

Um marco no Brasil foi a criação da Lei 9.099/95, que evita a pena privativa de liberdade ao possibilitar a composição dos danos e a transação

2. FATTAH, Ezzat Abdel. **La victime est-elle coupable? La rôle de la victime dans le meurtre en vue de vol**. Montreal, Les Presses de l'Université de Montreal, 1971. p. 98.
3. CUNHA, Rogério Sanches. **Manual de direito penal: parte geral**. Salvador: Juspodivm, 2015, p. 40.

penal, além de prever a suspensão condicional do processo que pressupõe a reparação do dano (arts. 74, 76 e 89).

Posteriormente a Lei 9.714/98 estabeleceu a prestação pecuniária (art. 45,§1° do CP) como pena alternativa à prisão, tendo a vítima como possível destinatário.

Na sequência, a Lei 11.719/08 autorizou o juiz criminal, no momento da sentença condenatória, a fixar o quantum mínimo indenizatório para reparar os danos causados pela prática do crime (art. 387, IV, CPP).

Merece destaque também a edição da Lei Maria da Penha (Lei 11.340/06), ação afirmativa em prol das mulheres vítimas de violência doméstica e familiar.

Andou bem, de igual forma, a Lei 11.690/08, que alterou o art. 201 do CPP para estabelecer a obrigação de comunicar o ofendido dos atos processuais relativos ao ingresso e à saída do acusado da prisão, a reserva de espaço separado para a vítima em audiências, o encaminhamento do ofendido para atendimento multidisciplinar, além da preservação de sua intimidade, vida privada, honra e imagem.

Mais recentemente a Lei 13.431/07 (em *vacatio legis*) trouxe proteção adicional a vítimas crianças e adolescentes.

Justiça Retributiva	Justiça Restaurativa
O crime é ato contra a sociedade	O crime é ato que afeta autor, vítima e a sociedade
O interesse na punição é público	O interesse maior é reparar o dano
Predomina a indisponibilidade da ação penal	Predomina a disponibilidade da ação penal
O foco é punir o infrator	O foco é reparar o dano
Predominam as penas privativas de liberdade	Predomina a reparação do dano e das penas alternativas à privativa de liberdade

Chama-se de **privatização do Direito Penal** ou **terceira via do Direito Penal** a mudança de foco da Justiça Retributiva para a Justiça Restaurativa.

Capítulo 3

Classificação das Vítimas

Foi **Benjamim Mendelsohn** quem realizou uma das primeiras **classificações vitimológicas**, levando em conta a participação ou provocação da vítima:

a) **Vítima completamente inocente ou vítima ideal**: é aquela que não tem nenhuma participação no evento criminoso. O delinquente é o único culpado pelo evento. Exemplos: roubos, terrorismo, vítima de bala perdida. Ou seja, trata-se de vítima completamente inocente, cujo comportamento não concorreu de modo algum para o evento criminoso.

b) **Vítima menos culpada do que o delinquente ou vítima por ignorância**: é aquela que contribui de alguma forma para o resultado danoso. Por exemplo: vítima que frequenta locais reconhecidamente perigosos, ou que expõe objetos de valor em cidades grandes e criminógenas, sem a cautela recomendada.

c) **Vítima tão culpada quanto o delinquente**: nesse caso, a participação ativa da vítima é imprescindível para a caracterização do crime. Por exemplo: estelionato com torpeza bilateral, no qual o estelionatário só consegue enganar a vítima, porque esta também age com má-fé.

d) **Vítima mais culpada que o delinquente ou vítima provocadora**: pode ser definida como aquela que provoca o autor do crime com o seu comportamento, e dessa maneira, contribui de maneira relevante para a prática delituosa. Tome-se como exemplo o homicídio privilegiado, em que o agente, sob domínio de violenta emoção, reage logo em seguida a injusta provocação da vítima, ou ainda quando autor é impelido por relevante motivo de valor moral, tal qual o pai que mata o estuprador da filha.

e) **Vítima como única culpada**: a responsabilidade pelo evento deve ser atribuída unicamente à vítima. Há vários exemplos elencados pela doutrina que ilustram essa situação: indivíduo embriagado que atravessa avenida movimentada, vindo a falecer atropelado; pessoa que toma medicamento sem atender a prescrição da bula; vítimas de roleta-russa, de suicídio, legítima defesa etc.

Dessa forma, Mendelsohn sintetiza a classificação em três grupos:

a) **vítima inocente**, que não concorre de forma alguma para o injusto típico.

b) **vítima provocadora**, que, voluntária ou imprudentemente, colabora com o ânimo criminoso do agente;

c) **vítima agressora**, simuladora ou imaginária, suposta ou pseudovítima, que justifica a legítima defesa de seu agressor.

Portanto, havendo agressão injusta por parte da vítima, típica situação que caracteriza a legítima defesa, estaremos diante de hipótese em que a vítima será a única culpada.

Caso haja provocação, mas sem agressão, a exemplo do homicídio privilegiado, considera-se que a vítima é mais culpada que o delinquente.

De acordo com **Hans Von Hentig**, existem 3 grupos distintos de vítimas:

a) indivíduo sucessivamente criminoso-vítima-criminoso: neste grupo estão inseridos os sujeitos que delinquiram uma vez, e, após sua inserção e hostilização no sistema carcerário, onde assumem a condição de vítimas ante a extrema desumanização e degradação a que são submetidos, voltam a delinquir quando devolvidos à sociedade, em razão da repulsa e exclusão social.

b) indivíduo simultaneamente criminoso-vítima-criminoso: pertencem a esse grupo os sujeitos que são vítimas e criminosas ao mesmo tempo. O exemplo clássico citado pela doutrina é o do viciado em drogas que assume a posição de traficante.

c) criminoso-vítima: compreende as situações em que, de maneira imprevisível, o sujeito passa de uma condição à outra. Para Fernandes e Fernandes (2010, p. 489), variadas situações podem ensejar essa transição: causas ocasionais (linchamentos e saques), atos reflexos ou redirecionados (empregado que, injuriado pelo patrão, ao chegar em casa revoltado espanca a esposa), ou ainda atos inconscientes (a exemplo da epilepsia ou embriaguez patológica).

O professor **Luis Jiménez de Asúa** classifica as vítimas da seguinte maneira:

a) **Vítima indiferente ou indeterminada**: é a vítima comum, desconhecida pelo criminoso. Exemplo: pessoa que está andando pela rua, e é assaltada. O criminoso escolheu aleatoriamente a sua vítima, portanto, qualquer um poderia ter sido atingido pela conduta delituosa.

b) **Vítima determinada:** é aquela escolhida especificamente pelo criminoso. Por exemplo, no caso de **extorsão mediante sequestro.** O sequestrado, na esmagadora maioria das vezes, é estudado pelos criminosos. Geralmente os sequestradores visam a pessoas que são vulneráveis, de família abastada, e com condições de atender um pedido de resgate. Essa categoria ainda se subdivide em:

b.1) Vítimas resistentes: são vítimas que impõem resistência à atuação criminosa. A vítima pode se defender de maneira efetiva, configurando a resistência real, ou de maneira presumida, quando, por circunstâncias alheias à sua vontade, não pode se defender (por exemplo, criminoso que ministra drogas sub-repticiamente à vítima para deixa-la desacordada com a finalidade de estuprá-la).

b.2) Vítimas coadjuvantes: são aquelas que participam ativamente da prática delituosa, concorrendo de maneira decisiva para que ele ocorra (a exemplo da rixa, das hipóteses de homicídio privilegiado etc).

Segundo **Guglielmo Gulotta**, as vítimas se classificam em:

a) **Vítimas falsas**, que podem ser simuladas ou imaginárias

- Vítima falsa **simulada**: busca movimentar a máquina judiciária com o desejo de gerar um erro judiciário. Exemplo: mulher que, por vingança, acusa o homem de estupro (a chamada síndrome da mulher de Potifar – vide item 5.3.3). Tem plena consciência de que não é vítima de crime algum, mas simula essa condição para vingar-se de alguém ou causar transtornos a outrem.
- Vítima falsa **imaginária**: é aquela que erroneamente acredita ter sido vítima de uma agressão criminal. Por exemplo: a patroa que, não conseguindo localizar seu anel de diamante, registra ocorrência de furto, alegando que a empregada subtraiu a joia. Posteriormente, encontra o anel guardado em sua bolsa. Perceba que neste caso, inexiste simulação, pois a pessoa, por uma visão equivocada dos fatos, realmente crê ter sido vítima de um crime.

b) **Vítimas reais,** que se subdividem em fungíveis ou não fungíveis.

- Vítimas reais **fungíveis**, também chamadas de inteiramente inocentes ou vítimas ideais. Não há qualquer contribuição da vítima, consciente ou inconsciente, no desencadeamento do fato delitivo. As vítimas reais fungíveis são divididas em duas subespécies:

Acidentais: colocadas por azar no caminho do delinquente. Exemplo: pessoa que se encontra no banco no momento em que uma associação criminosa entra para praticar um roubo.

Indiscriminadas: representam uma categoria mais ampla do que a acidental, e não mantém qualquer vínculo com o infrator. São as vítimas de terrorismo, por exemplo.

- Vítimas reais **não fungíveis**: desempenham certo papel na gênese do delito. Daí serem consideradas insubstituíveis na dinâmica criminal. Também são subdivididas em:

Vítimas **imprudentes**: omitem as precauções mais elementares, facilitando a concretização de um crime, a exemplo daquele que deixa seus objetos de valor displicentemente à vista de todos.

Vítimas **alternativas**: são aquelas que deliberadamente se colocam em posição de vítima, e a concretização dessa condição depende apenas do azar. Exemplo: participantes de um duelo, ou vítimas do crime de induzimento, instigação ou auxílio ao suicídio.

Vítimas **provocadoras**: mediante sua intervenção, criam situações que ensejam a prática delituosa. Por exemplo, homicídio praticado sob o domínio de violenta emoção, logo em seguida a injusta provocação da vítima.

Vítimas **voluntárias**: o crime é resultado da instigação da própria vítima, a exemplo da eutanásia, que não raras vezes ocorre a pedido da pessoa a ser atingida pela conduta.

A classificação vitimológica do professor **Elias Neuman** é a seguinte:

a) **Vítimas individuais**: são as vítimas clássicas, ou seja, aquelas identificadas nas primeiras investigações vitimológicas, baseadas na chamada *dupla penal*. São as pessoas naturais que figuram no polo passivo de um crime. São subclassificadas como:

   a.1 *vítimas individuais sem atitude vitimal*, quando não concorrem de nenhum modo para a gênese delitiva;

   a.2 *vítimas individuais com atitude vitimal culposa*, quando provocam ou cooperam, de algum modo, para a prática delitiva;

   a.3 *vítimas individuais com atitude vitimal dolosa*, quando estão diretamente ligadas à gênese delitiva e a prática do crime, tornando-se vítimas por determinação própria (a exemplo da vítima de suicídio).

b) **Vítimas familiares:** são aquelas decorrentes de maus-tratos e de agressões sexuais produzidas no âmbito familiar ou doméstico. Recaem, geralmente, nos seus membros mais frágeis, como mulheres e crianças.

c) **Vítimas coletivas:** certos delitos lesionam ou põem em perigo bens jurídicos cujo titular não é a pessoa natural. Destaca-se pela despersonalização, coletivização e anonimato entre delinquente e vítima, a qual pode ser pessoa jurídica, a comunidade, ou o próprio Estado. Grant[1] aponta que as vítimas coletivas se subclassificam de quatro maneiras:

c. 1. a comunidade como nação: a comunidade como nação pode ser atingida pelos delitos de alta traição, revoltas, e toda forma de movimentação cujo intento seja derrubar um governo legitimamente constituído;

c.2. a comunidade social: aqui se encontram as vítimas do terrorismo, crimes contra o sistema financeiro, crimes ambientais, corrupção, tráfico de drogas etc.

c.3. grupos comunitários atingidos pelo sistema penal: engloba os que são atingidos pela deficiência do sistema penal, a exemplo dos presos torturados, vítimas que não conseguem obter a reparação do dano etc.

c.4. vítimas da sociedade ou do sistema social: atinge as pessoas que estão em situação de vulnerabilidade, e essa modalidade vem se tornando cada vez mais corriqueira. Pode-se citar como exemplo os homicídios cometidos por milícias e a mistanásia. Derivada do grego *mis*, miserável; e *thanatos*, morte, está ligada à ideia de morte miserável, infeliz, precoce, decorrente de uma omissão do Estado, que deixa de prestar satisfatoriamente os serviços de saúde pública. A mistanásia atinge as camadas mais vulneráveis da sociedade, ou seja, as pessoas economicamente menos favorecidas, que acabam morrendo prematuramente ou de forma miserável por não receberem do Estado o essencial para sobreviverem de maneira digna. Por isso, parte da doutrina denomina a mistanásia de eutanásia social. No entanto, critica-se tal nomenclatura, pois o termo eutanásia significa morte boa, agradável, tranquila, muito distante da mistanásia, conceituada como morte miserável.

---

1. GRANT, José Zamora. **Derecho victimal: la víctima em el nuevo sistema penal mexicano**. Ciudad de Mexico: INACIPE, 2009. p. 83.

Capítulo 4

Processos de Vitimização

Outro ponto que merece destaque diz respeito aos aspectos que circundam a vítima, que recebem o nome de vitimização primária, secundária e terciária.

Vitimização primária são os efeitos diretos e indiretos da própria conduta criminal. Decorre do delito, e compreende todos os prejuízos e danos sofridos pela vítima (lesão ao bem jurídico como integridade física, patrimônio, etc), bem como as demais decorrências (incluindo-se aí vergonha, raiva, medo, dentre outros abalos psicológicos).

Vitimização secundária deriva do tratamento conferido pelas instâncias formais de controle social (Polícia, Ministério Público, Judiciário), consistindo em sofrimento adicional causado à vítima por órgãos estatais. Pode emanar do mau atendimento dado pelo agente público, que leva a vítima a se sentir como um objeto nas mãos do Estado, e não um sujeito de direitos.

Também é chamada de **revitimização,** por consistir em processo emocional no qual o ofendido torna-se vítima novamente, podendo se relacionar com outras pessoas ou instituições (heterovitimização) ou com sentimentos autoimpositivos de culpa (autovitimização).

Vitimização terciária decorre de familiares e do grupo social da vítima (instâncias informais de controle social), que segregam e humilham a vítima em virtude do crime por ela sofrido. Pode resultar em desestímulo para a formalização da *notitia criminis,* ocasionando a *cifra negra* (diferença entre a criminalidade real e a registrada pelos órgãos policiais). Essa falta de amparo da família, dos colegas de trabalho e dos amigos, e a própria sociedade acaba incentivando a vítima a não denunciar o delito às autoridades, ocorrendo o que se chama de cifra negra.

a) caracterizada.

b) secundária.

c) descaracterizada.

d) primária.

e) terciária.

A estigmatização e posterior abandono que certos delitos trazem a suas vítimas.

> Emerge como resultado das vivências e dos processos de atribuição e rotulação, como consequência ou 'valor acrescentado' das vitimações primária e secundária precedentes. Quando alguém, por exemplo, consciente de sua vitimação primária ou secundária, avoca um resultado, em certo sentido, paradoxalmente bem-sucedido (fama nos meios de comunicação, aplauso de grupos extremistas, etc.), deduz que lhe convém aceitar essa nova imagem de si mesmo(a), e decide, por meio desse papel, vingar-se das injustiças sofridas e de seus vitimadores (legais, às vezes). Para vingar-se, se autodefine e atua como delinquente, como viciado em drogas, como prostituta.[1]

Vitimização Primária	Vitimização Secundária	Vitimização Terciária
Indivíduo sofre direta ou indiretamente os efeitos materiais ou psíquicos do crime	Sofrimento adicional da vítima derivado do contato com as instâncias formais de controle social (Polícia, Ministério Público, Judiciário)	Custo adicional sofrido pela vítima pelo contato com as instâncias informais de controle social (familiares e integrantes da sociedade)

Ilustremos a situação da seguinte forma: imagine um pai que abusou sexualmente da filha. Neste caso, teremos dentro dos aspectos que circundam a vítima:

- Vitimização primária: decorre do próprio abuso em si, que viola sua integridade física, sua dignidade sexual, causa-lhe inúmeros transtornos de ordem psicológica etc. Ou seja, todos os danos e prejuízos sofridos pela vítima em razão do crime.

1. BERISTAIN, Antonio. **Nova criminologia à luz do Direito Penal e da vitimologia.** Brasília: Editora Universidade de Brasília. 2000. p. 109.

- Vitimização secundária: Será submetida a uma série de exames periciais, prestará depoimento na fase inquisitorial e judicial, tendo que narrar o fato criminoso perante autoridades policiais, promotor de justiça, advogado e magistrado. Eventualmente, o crime poderá ser divulgado pela mídia, imprensa e redes sociais. Neste caso, a vitimização secundária ocorre em razão da exposição.
- Vitimização terciária: A vítima, após a condenação do seu pai, poderá até mesmo ser colocada em um abrigo, posto que a incapacidade para o exercício do poder familiar é um dos efeitos da aplicação da pena. Além disso, no seu meio de convívio social, sempre haverá alguém que se refira à vítima como "aquela que foi estuprada pelo pai", situação que a estigmatizará pelo resto de sua vida.

Merecem destaque ainda 3 conceitos:

a) **vitimização indireta**: consiste no sofrimento de pessoas ligadas à vítima do delito.

b) **vitimização difusa**: inexistência de vítima determinada, sendo a própria coletividade atingida pelo delito;

c) **vitimodogmática** é o estudo da contribuição da vítima na ocorrência do crime, de modo que essa influência no evento delitivo possa repercutir na dosimetria da pena.

Capítulo 5

Palavra da Vítima como Prova

Além da análise do comportamento da vítima (em especial antes e durante o evento criminoso), outro aspecto que merece atenção é aquele relacionado à palavra da vítima como prova judiciária.

Antes de mais nada, ressalte-se que, nos termos do art. 201 do Código de Processo Penal, a palavra da vítima é valorada como qualquer outro meio de prova. Erige-se, portanto, uma premissa importante para o estudo desse tema: a palavra da vítima não é prova absoluta, nem sequer imprestável. Em outras palavras, o juiz, evitando assumir posições extremas, não deve considerar a palavra da vítima como prova absoluta, mas também não lhe é facultado ignorá-la. Não pode ser vista como a rainha das provas, mas também não pode ser desprezada, etiquetada como imprestável.

O juiz deve analisar se a palavra da vítima é convincente, cotejando-a com o caso concreto, atribuindo-lhe maior ou menor valor, a depender das circunstâncias. Desse modo, pouco importa se o número de testemunhas que depuseram a favor do réu é superior ao número de testemunhas que foram contrárias a ele. O juiz não se prende a critérios quantitativos, mas qualitativos. Recorde-se que, em muitos casos, o crime é cometido às ocultas, sem a presença de qualquer testemunha, restando apenas a palavra da vítima contra a palavra do suposto agente.

Uma questão que merece análise pormenorizada diz respeito à incidência do princípio constitucional *in dubio pro reo* nas hipóteses em que a palavra da vítima contrapõe-se à palavra do réu. Esse problema é recorrente quando se trata de delitos sexuais, pois, normalmente, são crimes sem testemunhas, visto que os criminosos preferem atacar vítimas que estão desacompanhadas, levando-as a lugares onde não há trânsito de pessoas ou de difícil acesso. Neste caso, é possível chegar à condenação do agente baseando-se exclusivamente na palavra da vítima que se diz estuprada, quando o réu nega as acusações? Como ficaria nesse caso o princípio *in dubio pro reo*?

A palavra da vítima tem validade no processo penal, mas deve ser analisada com cautela, e cotejada com os demais elementos colhidos na instrução processual, a fim de evitar que a suposta vítima utilize a persecução penal como meio de vingança. Especialmente nos delitos de natureza sexual, deve-se dar atenção a eventual histórico de rejeição amorosa ou sexual envolvendo a vítima e o réu, a fim de evitar que esta prejudique deliberadamente pessoa que a tenha rejeitado, caracterizando a situação a que se convencionou denominar síndrome da mulher de Potifar.

Caso o juiz perceba que a vítima é imparcial, que não conhecia o réu previamente ao momento do crime, ou que não tem razão para prejudicá-lo, certamente conferirá maior valor à sua palavra, a qual será importante meio de prova. Portanto, a condenação do réu pode ser baseada exclusivamente na palavra da vítima, quando ausentes outras provas seguras da autoria e da materialidade.

Importante grifar: a palavra da vítima nos crimes sexuais é, em regra, elemento de convicção de alta importância, levando-se em conta que nestes delitos, geralmente, não há testemunhas. No entanto, o juiz deve agir com cautela para evitar revanchismos e perseguições inaceitáveis.

Capítulo 6

Síndrome da Mulher de Potifar

Síndrome da mulher de Potifar traduz a figura criminológica a **mulher que, rejeitada afetivamente, imputa falsamente a quem a ignorou o delito de estupro ou outra conduta ofensiva** à dignidade sexual.

Esse termo decorre de uma passagem bíblica, que noticia um episódio no qual a esposa de Potifar, por não ter sido correspondida por José, acusou-o falsamente de tê-la estuprado.

Potifar é um personagem bíblico, e, segundo o relato, era casado e desempenhava importante função no governo do Egito. José, jovem temente a Deus, era empregado de Potifar, e trabalhava diligentemente na casa de seu senhor, sempre muito prestativo e honesto. Acontece que a formosura do jovem atraiu os olhares da mulher de Potifar, que insistentemente buscava ter relações sexuais com ele. José, fiel a seus valores e a seu patrão, esquivava-se de suas investidas, negando-se a praticar qualquer ato adulterino. Não se dando por vencida, a mulher de Potifar orquestrou uma situação: chamou José até seu quarto, e, veementemente, tentou convencê-lo à prática sexual. O rapaz recusou a oferta de maneira firme, e para escapar daquele momento constrangedor, desvencilhou-se e fugiu. Contudo, a mulher de Potifar conseguiu arrancar-lhe a camisa no momento em que José livrava-se dela para fugir. Furiosa e indignada com a recusa, a mulher começou a gritar escandalosamente, dizendo que José havia tentado estuprá-la, mas que, diante de seus clamores pedindo por ajuda, o jovem desistiu do estupro e fugiu, deixando a camisa para trás. A mulher convenceu a Potifar, seu marido, de que José tinha traído a confiança de todos, e que devia ser preso por seus atos.

A síndrome da mulher de Potifar busca analisar a credibilidade, validade, e seriedade da palavra da vítima, notadamente nos crimes sexuais, que na maioria das vezes são praticados às escondidas, sem testemunhas, restando por fim apenas a palavra da vítima contra a palavra do acusado.

Em tais delitos, que não raras vezes são praticados na clandestinidade, sem a presença de testemunhas oculares, a palavra da ofendida ganha especial relevo, considerado que é meio de prova (art. 201 do CPP) e possui força para sustentar uma condenação.[1]

1. STJ, AgRg no REsp 1.346.774, Rel. Min. Marco Aurélio Bellizze, DJ 18/12/2012.

Capítulo 7

Falsas Memórias

Vimos que o juiz deverá analisar a palavra da vítima, buscando elementos que demonstrem a imparcialidade de suas declarações, em cotejo com o conjunto probatório e o contexto do caso concreto. Desse modo, não deve fechar os olhos para uma importante questão denominada pela doutrina como falsas memórias.

Não são poucos os casos em que a vítima crê que o réu é realmente a pessoa que cometeu o crime, inclusive, reconhecendo-o por ocasião de sua prisão em flagrante delito ou em momento posterior. Depois, descobre-se que aquele indivíduo, até então reconhecido como autor da infração penal, era totalmente inocente. Também há situações nas quais pessoas que presenciaram um fato tomam a sua percepção como verdadeira, quando, em verdade, o fato não ocorreu daquela maneira. A prova testemunhal é a mais utilizada nos processos criminais brasileiros, sendo também a mais manipulada, perigosa e menos confiável.

Com efeito, não se trata da síndrome da mulher de Potifar, uma vez que nesta hipótese existe a má-fé da falsa vítima para incriminar pessoa que não cometeu delito sexual. Também não é o caso de outras falsas vítimas que, por motivos pessoais, acusam alguém da prática de um crime injustamente, com o intento de conturbar a vida alheia.

Cumpre ressaltar que nas falsas memórias inexiste a má-fé, uma vez que, enganada pela própria mente, a vítima realmente acredita que determinada pessoa foi quem cometeu a infração penal.

> As falsas memórias podem ser tanto espontâneas, ou seja, como resultado de um processo normal de compreensão, sem que ninguém as tenha provocado, quanto podem ser sugeridas, mediante a sugestão

> deliberada ou acidental de informação falsa. Tanto as falsas memórias espontâneas quanto as sugeridas são fenômenos de base mnemônica, lembranças, e não de base social, como uma mentira ou simulação por pressão social. [1]

As falsas memórias nada têm a ver com a mentira, pois esta é ato consciente, no qual a pessoa tem o controle de sua criação e manipulação da narrativa. As falsas memórias, por sua vez, advêm de uma crença honesta do agente naquilo que relata, em virtude de influências internas ou externas, porém sempre de maneira inconsciente. [2]

As falsas memorias podem ser definidas como lembranças de eventos que não ocorreram, de situações não presenciadas, ou então, de lembranças distorcidas de algum evento.

A pesquisa envolvendo o assunto gira em torno da memória, bem como das lembranças. A mente humana não funciona como a foto por uma câmera fotográfica, passível de ser ampliada, explorada em seus mínimos detalhes, a fim de formar uma concepção exata da imagem. Sendo assim, a mente humana está sujeita a equívocos, capazes de fazer com que a pessoa (vítima) tenha uma falsa percepção do fato, ou ainda, de que seja sugestionada nesse sentido.

> A memória é a capacidade de fixar, conservar, evocar e reconhecer os acontecimentos. Estas capacidades são, na verdade, as **quatro etapas da memória**. A **fixação** consiste no estabelecimento de associações entre um fenômeno passado e conhecido e o novo fenômeno, pois a memória não consegue guardar aquilo que lhe é totalmente desconhecido. [...] A **conservação** dos acontecimentos se dá de forma compartimentada, por exemplo, a visão de uma cicatriz pode fazer lembrar, em primeiro lugar, a dor, pois esta lembrança estava conservada em local mais acessível, para, só depois, fazer lembrar o evento que a causou. A **evocação** é a própria memória, que traz à consciência o material fixado e conservado. Um material pode ser facilmente evocado, se estiver no pré-consciente, ou, ao contrário, bastante difícil de ser evocado, se estiver profundamente arraigado no inconsciente. [...] O **reconhecimento** é a possibilidade de

1. ÁVILA, Gustavo Noronha de. Organizador. **Fraturas do sistema penal. Processo Penal, Falsas Memórias e Entrevista Cognitiva: Da redução de danos à redução de dor.** Porto Alegre: Sulina, 2013. p. 288.
2. LOPES JR., Aury. **Direito Processual Penal**. São Paulo: Saraiva, 2014. p. 720.

> reproduzir as circunstâncias, discriminando as lembranças verdadeiras das falsas.[3]

A ideia das falsas memórias aqui referenciadas vem demonstrar a fragilidade da decisão proferida em uma sentença criminal condenatória, que teve por base apenas o depoimento das vítimas, demandando do julgador cuidado redobrado para que não incorra no cometimento de injustiças.

---

3. TRINDADE, Jorge. **Manual de Psicologia Jurídica para Operadores do Direito**. Porto Alegre: Editora Livraria do Advogado, 2012. p. 277.

Capítulo 8

Síndrome de Estocolmo

Tema importante diz respeito à denominada **síndrome de Estocolmo,** fenômeno estudado pelo psicólogo e criminólogo sueco Nils Bejerot. Neste caso, a **vítima de um sequestro passa a ter uma relação de afinidade com o criminoso**, seu algoz. Primeiramente, como forma de defesa, tenta conquistar a simpatia do sequestrador por medo da violência ou receio da retaliação, contudo, em momento posterior, essa situação evolui para um verdadeiro sentimento de afeição, mediante o qual a vítima se identifica com o criminoso, e até mesmo deseja seu sucesso.

> Nesses casos, pode-se estabelecer uma espécie de amor ou paixão que decorre de um processo inconsciente de preservação cujo mecanismo mais evidente se expressa pela idealização e pela identificação, notadamente pela identificação projetiva, através da qual características pessoais do abusador são introjetadas pela vítima, e, simultaneamente, características da vítima são projetadas no agressor, com o fim de manter o controle do outro, defender-se dele e proteger-se de um mal grave e inesperado que ele pode causar. [1]

A primeira constatação dessa síndrome ocorreu em Estocolmo, Suécia, em 1973. Durante um assalto a um banco em que houve troca de tiros com a polícia, dois criminosos tomaram seis funcionários do banco como reféns. As vítimas permaneceram sob o poder dos assaltantes durante seis dias. Quando a polícia iniciou a conversa para a libertação dos reféns, estes se recusaram a cooperar e negaram receber auxílio, e,

1. TRINDADE, Jorge. **Manual de Psicologia Jurídica para Operadores do Direito.** Porto Alegre: Editora Livraria do Advogado, 2012. p. 232.

em determinado momento, utilizaram seus próprios corpos para proteger os criminosos. Não bastasse isso, um dos reféns foi ainda mais longe: depois de ser liberado, criou um fundo para os raptores, para ajudá-los nas despesas judiciais.

Portanto, esse **estado psicológico particular** passou a ser chamado de Síndrome de Estocolmo em homenagem a esse episódio.

Características marcantes dessa síndrome:

a) existência de relação de poder e coerção;

b) ameaça de morte ou danos físicos/psicológicos;

c) tempo prolongado de intimidação.

Não se trata de um fenômeno raro, e pode ocorrer em diversos contextos, não se restringindo aos casos sequestro ou cárcere privado.

A título exemplificativo, citamos algumas hipóteses em que o fenômeno pode ser verificado:

a) pessoas em relacionamentos amorosos destrutivos, tais como mulheres que sofrem agressões dos seus maridos e ainda continuam a defendê-los, amá-los e a justificar suas agressões;

b) relações de trabalho com assédio moral;

c) escravos e seus senhores;

d) sobreviventes de campos de concentração.

Em síntese: mesmo após a sua libertação, a vítima continua a nutrir um sentimento de afeição pelo criminoso, até o momento em que, eventualmente, o contato com a realidade levará esse sentimento à falência, permitindo que a vítima passe pela fase de luto e restauração.

Capítulo 9

Síndrome de Londres

É o **contrário da Síndrome de Estocolmo**. Ao invés de ter uma relação de afinidade com o criminoso, **a vítima, geralmente em posição de refém, passa a discordar do seu algoz e a discutir com ele**. Esse comportamento gera uma antipatia que pode colocar em risco toda a negociação policial com os sequestradores, ou o que é pior: resultar em um evento fatal.

Historicamente, esse fenômeno é denominado Síndrome de Londres em virtude de um evento ocorrido em tal cidade, no início da década de 80. Um grupo de terroristas invadiu a Embaixada Iraniana, localizada na cidade de Londres, tomando como reféns 20 pessoas, entre diplomatas e funcionários. Um funcionário iraniano, de nome Abbas Lavasani, passou a se indispor com os terroristas, afirmando reiteradamente que jamais compactuaria com os ideais defendidos pelos criminosos. A postura de Lavasani acentuou a tensão e o clima de hostilidade no local, e, em dado momento, custou-lhe sua vida, pois os terroristas o escolheram para ser executado.

Portanto, a síndrome de Londres é caracterizada pela evidente e intensa hostilidade que a vítima demonstra em relação ao criminoso, de modo esse comportamento pode colocar em risco iminente sua própria vida.

Síndromes no âmbito da vitimologia	
Síndrome da Mulher de Potifar	Figura criminológica a mulher que, rejeitada afetivamente, imputa falsamente a quem a ignorou o delito de estupro ou outra conduta ofensiva à dignidade sexual. Busca analisar a credibilidade, validade, e seriedade da palavra da vítima, notadamente nos crimes sexuais, que na maioria das vezes são praticados às escondidas, sem testemunhas, restando por fim apenas a palavra da vítima contra a palavra do acusado.

Síndromes no âmbito da vitimologia	
Síndrome de Estocolmo	Fenômeno em que a vítima de um sequestro passa a ter uma relação de afinidade com o criminoso, seu algoz. Primeiramente, como forma de defesa, depois como verdadeiro sentimento de afeição.
Síndrome de Londres	É o contrário da Síndrome de Estocolmo. Ao invés de ter uma relação de afinidade com o criminoso, a vítima, geralmente em posição de refém, passa a discordar do seu algoz e a discutir com ele. Esse comportamento gera uma antipatia que pode colocar em risco toda a negociação policial com os sequestradores, ou o que é pior: resultar em um evento fatal.

EXERCÍCIOS

Questões

1. **(PCMS – Delegado – FAPEMS – 2017)**

Dentro da criminologia, tem-se a vertente da vitimologia, que estuda de forma ampla os aspectos da vítima na criminalidade, e é dividida em primária, segundária e terciária. Da análise dessa divisão, pode-se afirmar que a vitimização terciária ocorre, quando

a) a vítima tem três ou mais antecedentes.

b) a vítima é parente em terceiro grau do ofensor.

c) um terceiro participa da ação criminosa.

d) a vítima é abandonada pelo estado e estigmatizada pela sociedade.

e) duas ou mais pessoas cometem o crime.

2. **(PCCE – Delegado – VUNESP – 2015)**

Quando a vítima, em decorrência do crime sofrido, não encontra amparo adequado por parte dos órgãos oficiais do Estado, durante o processo de registro e apuração do crime, como, por exemplo, o mau atendimento por um policial, levando a vítima a se sentir como um "objeto" do direito e não como sujeito de direitos, caracteriza

a) vitimização estatal ou oficial.

b) vitimização secundária.

c) vitimização terciária.

d) vitimização quaternária.

e) vitimização primária.

3. (PCSP – Delegado – VUNESP – 2014)

Um dos primeiros autores a classificar as vítimas de um crime foi Benjamin Mendelsohn, que levou em conta a participação das vítimas no delito. Segundo esse autor, as vítimas classificam-se em __________; vítimas menos culpadas que os criminosos; __________; vítimas mais culpadas que os criminosos e __________.

Assinale a alternativa que preenche, correta e respectivamente, as lacunas do texto.

a) vítimas inocentes ... vítimas inimputáveis ... vítimas culpadas

b) vítimas primárias ... vítimas secundárias ... vítimas terciárias

c) vítimas ideais ... vítimas tão culpadas quanto os criminosos ... vítimas como únicas culpadas

d) vítimas tão participativas quanto os criminosos ... vítimas passivas ... vítimas colaborativas quanto aos criminosos

e) vítimas passivas em relação ao criminoso ... vítimas prestativas ... vítimas ativas em relação aos criminosos

4. (PCSP – Investigador – VUNESP – 2014)

Uma das primeiras classificações, de forma sintética, da vítima em grupos, quanto à sua participação ou provocação no crime foi: vítima inocente, vítima provocadora e vítima agressora, simuladora ou imaginária. Essa classificação é atribuída a:

a) Cesare Lombroso.

b) Hans von Hentig.

c) Benjamim Mendelsohn.

d) Kurt Schneider

e) Hans Gross.

5. (PCSP – Investigador – VUNESP – 2014)

Nos crimes de extorsão mediante sequestro, por exemplo, pode ocorrer a chamada Síndrome de Estocolmo, que consiste

a na doença que os sequestradores sofrem.

b) na identificação afetiva da vítima com o criminoso, pelo próprio instinto de sobrevivência.

c) em uma teoria que os órgãos públicos utilizam para reduzir a criminalidade.

d) no arrependimento do criminoso em razão do descontrole emocional

e) no trauma que a vítima adquire em razão do sofrimento.

6. **(PCSP - Investigador - VUNESP - 2014)**

Quando ocorre a falta de amparo da família, dos colegas de trabalho e dos amigos, e a própria sociedade não acolhe a vítima, incentivando-a a não denunciar o delito às autoridades, ocorrendo o que se chama de cifra negra, está-se diante da vitimização

a) caracterizada.

b) secundária.

c) descaracterizada.

d) primária.

e) terciária.

7. **(PCSP - Investigador - VUNESP - 2014)**

O indivíduo que é lesado por um estelionatário, o qual aplica-lhe o clássico golpe do "bilhete premiado", é considerado, de acordo com a classificação proposta por Mendelsohn, vítima.

a) exclusivamente culpada.

b) inocente.

c) tão culpada quanto o criminoso.

d) menos culpada do que o criminoso.

e) mais culpada do que o criminoso.

8. **(PCBA - Delegado - VUNESP - 2018)**

No que diz respeito aos estudos desenvolvidos no âmbito da vitimologia, assinale a alternativa correta.

a) O linchamento do autor de um crime por populares em uma rua pode ser classificado como uma vitimização secundária e terciária.

b) A chamada da vítima na fase processual da persecução penal para ser ouvida sobre o crime, por inúmeras vezes, é denominada de vitimização secundária.

c) A longa espera da vítima de um crime em uma delegacia de polícia para o registro do crime é denominada de vitimização terciária.

d) A vítima só passa a ter um contorno sistemático em sua abordagem criminológica a partir do fim da primeira guerra mundial, na segunda década do século XX.

e) As pesquisas de vitimização têm por objetivo principal mensurar a vitimização secundária.

Gabarito e Explicação

Questão	Gabarito	Abordagem do assunto no livro
1	D	Capítulo 4
2	B	Capítulo 4
3	C	Capítulo 3
4	C	Capítulo 3
5	B	Capítulo 8
6	E	Capítulo 4
7	C	Capítulo 4
8	B	Capítulo 4

PARTE 5

PREVENÇÃO CRIMINAL E REAÇÃO SOCIAL

Capítulo 1

Modelos de Reação de Crime (Modelos de Justiça Criminal)

Como modelos de reação de crime e consequentemente de Justiça Criminal, temos basicamente 3 modelos.

O **modelo dissuasório (clássico ou retributivo)** tem o foco na punição do criminoso, mostrando que o crime não compensa. Prima pelo caráter implacável da resposta punitiva estatal, suficiente para a reprovação e prevenção de futuros crimes. É aplicado na chamada **Justiça Retributiva.**

O **modelo ressocializador** joga luzes na recuperação do delinquente, atribuindo à pena a finalidade de ressocialização (prevenção especial positiva) para que o criminoso possa ser reintegrado à sociedade. É utilizado tanto na **Justiça Retributiva** quanto na **Justiça Consensual.**

Já o **modelo integrador (consensual)**: baseia-se no acordo, formando o que se chama de **Justiça Consensual**. Subdivide-se em:

- **modelo restaurador**: visa à pacificação do conflito e **reparação do dano à vítima** (Justiça Restaurativa), com a menor intervenção estatal possível e deixando o sistema carcerário como última opção.

- **modelo negociado**: busca a **confissão do delinquente** com assunção da culpa, para celebração de acordo que envolva a quantidade e qualidade da pena.

Modelos de reação ao delito		
Retributivo	**Ressocializador**	**Consensual**
Prioriza a **punição** do delinquente. A pena, além de sua função **retributiva**, também tem caráter **preventivo**, para dissuadir o agente e demais membros da sociedade de seguir o caminho do crime. A vítima é deixada de lado durante o processo.	De índole humanista, enxerga a pena como instrumento para **ressocialização** social do criminoso. Busca ir além do caráter retributivo e preventivo das penas, a fim de **reintegrar** o delinquente na sociedade, intervindo efetiva e positivamente na vida do condenado.	É um modelo que visa a **restaurar** a vida dos envolvidos em um fato criminoso: vítima, infrator e sociedade. Pode empregar mecanismos que busquem a **reparação dos danos** da vítima (modelo **restaurador)** ou a **confissão** do delinquente (modelo **negociado**).

Importante sublinhar que, em determinado nível, admitem-se como conciliáveis esses modelos de enfrentamento ao crime.

Justiça Retributiva	Justiça Consensual
O crime é ato contra a sociedade	O crime é ato que afeta autor, vítima e a sociedade.
O interesse na **punição** é público	O interesse maior é **reparar o dano**
Predomina a indisponibilidade da ação penal	Predomina a disponibilidade da ação penal
O foco é punir o infrator	O foco é reparar o dano
Predominam as penas privativas de liberdade	Predomina a reparação do dano e das penas alternativas à privativa de liberdade

Capítulo 2

Processos de Criminalização

A atividade de criminalização, desempenhada pelo Estado, desenvolve-se em 2 etapas, denominadas de criminalização primária e criminalização secundária.[1]

Criminalização primária consiste na atividade **publicar e sancionar uma lei penal**, que **abstratamente** incrimina certas condutas dos **integrantes da sociedade**. Trata-se de ato formal, fundamentalmente programático, pois, quando se estabelece que uma conduta deve ser punida, enuncia-se um programa, o qual deve ser cumprido pelos entes estatais (polícias, Ministério Público, Poder Judiciário etc.).

Criminalização secundária é a ação punitiva de **aplicar a lei penal ao caso específico**, incriminando **concretamente pessoa determinada** em razão de sua conduta ter se encaixado na norma abstrata.

A criminalização secundária possui 2 características: **seletividade** e **vulnerabilidade**, pois há forte tendência de ser o poder punitivo exercido sobre pessoas previamente escolhidas em face de suas fraquezas, a exemplo dos moradores de rua, prostitutas e usuários de drogas. Este fenômeno é observado pela teoria do etiquetamento (*labeling approach*).

1. CUNHA, Rogério Sanches. **Direito Penal. Parte Geral.** Salvador: Editora Juspodivm, 2016, p. 36; ZAFFARONI, Eugenio Raúl; PIERANGELI, José Henrique. **Manual de Direito Penal Brasileiro**. v. 1, parte geral. São Paulo: Editora Revista dos Tribunais, 201, p. 43.

Processos de Criminalização	
Criminalização primária	Criminalização secundária
Edição de lei penal, que abstratamente incrimina certas condutas dos integrantes da sociedade.	Ação punitiva de aplicar a lei penal ao caso específico, incriminando concretamente pessoa determinada em razão de sua conduta ter se encaixado na norma abstrata.

Capítulo 3

Prevenção do Crime

No Estado Democrático de Direito, o saber criminológico prima pela prevenção, partindo-se da premissa que é melhor prevenir o crime do que reprimi-lo. A prevenção do delito é um dos objetivos do Estado de Direito, pois, em caso de sucesso, a paz social e a ordem pública são mantidas. Certamente, o Estado deve sempre manter o controle nas relações entre os indivíduos, para que a sociedade viva na *paz social*.

Prevenção delitiva, portanto, nada mais é do que o **conjunto de ações que visam evitar, direta ou indiretamente, a ocorrência do delito**.

Para isso, edita leis, conjunto de normas e regras cogentes, às quais todos devem se sujeitar. Havendo transgressão da lei mediante o cometimento de uma infração, compete ao Estado acionar o Poder Judiciário para o exercício de sua pretensão punitiva e restaurar a ordem.

Reparar o dano, ressocializar o delinquente e reprimir o crime são focos centrais do conteúdo científico da criminologia no cenário atual. Nesse panorama, a prevenção do delito é um assunto recorrente em todas as esferas do poder público.

Estudam-se os fatores inibidores e estimulantes da criminalidade para elaboração de programas prevencionista. Fatores como desemprego, miséria, falta de assistência social, desigualdade e corrupção estimulam o fenômeno criminal, enquanto trabalho, educação, saúde, democracia, igualdade e justiça social inibem o crime.

Devem ser adotadas 2 espécies de **medidas para prevenir** o crime num Estado Democrático de Direito:[1]

---

1. LIMA JÚNIOR, José César Naves de. **Criminologia**. Salvador: Juspodivm, 2017, p. 93.

a) **medidas indiretas**: atuam de maneira mediata sobre o crime, ao incidir em relação às causas do delito (ex: melhoria nas condições de vida da população);

b) **medidas diretas**: incidem de forma imediata sobre o próprio delito (ex: pena e regime prisional).

Dentre os **princípios** da criminologia prevencionista, podem ser mencionados:

a) existencialismo absoluto da relação causa-efeito (nada existe sem uma causa);

b) prevenção é a única responsável pela neutralização das causas criminógenas;

c) solução para o problema criminal está na transformação do mau caráter em bom caráter

Nesse sentido, são modelos teóricos de prevenção do delito:

a) **modelo clássico**: centra os olhares na pena, isto é, na suposta eficácia preventiva decorrente do caráter intimidador da sanção penal em relação ao criminoso.

b) **modelo neoclássico**: fixa-se em torno da efetividade do ordenamento jurídico, especialmente como é percebido pelo infrator.

Vale ainda mencionar a chamada **prevenção situacional**. Cuida-se de método de prevenção do crime que busca diminuir as oportunidades que influenciam na concretização do delito. Pressupõe a seletividade do crime.

Capítulo 4

Espécies de Prevenção Criminal

Existem basicamente 3 espécies de prevenção.

A **prevenção primária** se dá pela conscientização da **sociedade como um todo** através de da **sociedade como um todo**, especialmente educação, saúde, moradia, emprego e lazer (enfoque etiológico), formando cidadãos para que não compactuem com tentações que levam a uma vida desregrada. **Atua na origem da criminalidade**, neutralizando o delito antes que aconteça. Diz respeito a instrumentos preventivos de **médio a longo prazo.**

Está diretamente relacionada com as questões sociais, com a implantação de programas que concretizem direitos sociais e afastem as pessoas da criminalidade, ou de eventuais tentações que possam leva-los a uma vida desregrada.

Com efeito, é possível afirmar que os fatores sociais têm influência direta na prática de alguns delitos, e por isso mesmo, deve-se investir em condições sociais adequadas, dando às pessoas a qualidade de vida necessária para que vivam com plena dignidade, em conformidade com o disposto Constituição Federal de 1988, que reconhece o princípio da dignidade da pessoa humana como fundamento da República Federativa do Brasil.

Portanto, ao falar em prevenção primária, a doutrina se refere aos investimentos, políticas e projetos de cunho social, cujo objetivo é impedir que as pessoas vejam na criminalidade a oportunidade para saírem das condições precárias em que vivem, e, desse modo, afastá-las da senda do crime.

Exemplo é a melhoria de atendimento pré e pós-natal a todas as gestantes de uma determinada cidade com a finalidade de reduzir os índices criminais no município.

Já a **prevenção secundária** consiste em conjunto de **ações policiais e políticas públicas dirigidas aos grupos da sociedade** (e não a indivíduo determinado) que apresentam o maior risco de sofrer ou praticar o delito. **Atua no momento posterior ao crime ou em sua iminência**. Refere-se a instrumentos preventivos de **curto a médio prazo.**

Note-se que o trabalho se revela em momento posterior à prática delitiva, e não se volta para o indivíduo singularmente considerado, mas sim à toda coletividade. A intervenção nesta esfera ocorre por meio de políticas legislativas e ações policiais.

Exemplos são os programas de policiamento orientado à solução de problemas e de policiamento comunitário, assim como outros programas de aproximação entre polícia e comunidade; e ações como controle dos meios de comunicação e ordenação urbana, orientadas a determinados grupos ou subgrupos sociais.

Por fim, a **prevenção terciária** é marcada por **políticas de execução penal** voltadas à **população carcerária**, com caráter punitivo e com desiderato na recuperação do recluso para evitar sua reincidência por meio da ressocialização. Verifica-se **após a prática delitiva**, de maneira individual e não coletiva, direcionada ao próprio infrator condenado, e realizada na fase de execução penal, para que o mesmo não volte a delinquir, evitando com isso a reincidência. É uma forma de prevenção voltada a ressocialização, atingindo especificamente a população carcerária. Refere-se a instrumentos preventivos de **curto a médio prazo.**

Exemplo é o programa para incentivar o trabalho do recluso por meio do artesanato.

Vale lembrar que medidas de cumprimento de pena diversas da prisão alcançam resultados melhores, quando consideramos os efeitos nefastos gerados pela segregação penal nas penitenciárias nacionais, a ponto de ensejaram o reconhecimento do estado de coisas inconstitucional pelo Supremo Tribunal Federal, no julgamento da ADPF 347.

<table>
<tr><th colspan="2">Espécies de prevenção criminal</th></tr>
<tr><td>Prevenção primária</td><td>Consiste na conscientização da sociedade como um todo através de políticas públicas, especialmente educação, saúde, moradia, emprego e lazer (enfoque etiológico), formando cidadãos para que não compactuem com tentações que levam a uma vida desregrada. Está relacionada com questões sociais, para afastar as pessoas da criminalidade.
Atua na origem da criminalidade, neutralizando o delito antes que aconteça.
Diz respeito a instrumentos preventivos de médio a longo prazo.</td></tr>
<tr><td>Prevenção secundária</td><td>Consiste em um conjunto de ações policiais e políticas públicas dirigidas aos grupos da sociedade que apresentam o maior risco de sofrer ou praticar o delito. Destina-se a setores da sociedade que podem vir a padecer do problema criminal, e não ao indivíduo isoladamente considerado.
Atua no momento posterior ao crime ou em sua iminência.
Refere-se a instrumentos preventivos de curto a médio prazo.</td></tr>
<tr><td>Prevenção terciária</td><td>Consiste em políticas de execução penal voltadas à população carcerária, com caráter punitivo e com desiderato na recuperação do recluso para evitar sua reincidência por meio da ressocialização.
Incide de maneira individual e não coletiva, direcionada ao próprio infrator condenado, para que o mesmo não volte a delinquir, evitando a reincidência.
Atua após a prática delitiva.
Refere-se a instrumentos preventivos de curto a médio prazo.</td></tr>
</table>

<table>
<tr><th colspan="2">Modelos teóricos de prevenção do delito</th></tr>
<tr><th>Clássico</th><th>Neoclássico</th></tr>
<tr><td>centra os olhares na pena, isto é, na suposta eficácia preventiva decorrente do caráter intimidador da sanção penal em relação ao criminoso</td><td>fixa-se em torno da efetividade do ordenamento jurídico, especialmente como é percebido pelo infrator</td></tr>
</table>

<table>
<tr><th colspan="2">Medidas para prevenir o crime</th></tr>
<tr><th>Diretas</th><th>Indiretas</th></tr>
<tr><td>incidem de forma imediata sobre o próprio delito (ex: pena e regime prisional).</td><td>atuam de maneira mediata sobre o crime, ao incidir em relação às causas do delito (ex: melhoria nas condições de vida da população)</td></tr>
</table>

Princípios da criminologia prevencionista		
existencialismo absoluto da relação causa-efeito (nada existe sem uma causa);	prevenção é a única responsável pela neutralização das causas criminógenas	solução para o problema criminal está na transformação do mau caráter em bom caráter

Capítulo 5

Penalogia

5.1. História da Punição (Espécies de Vingança)

O **histórico da pena** está diretamente relacionado ao estudo da história da criminologia.

As fases evolutivas da vingança penal podem ser organizadas em uma tríplice divisão amplamente aceita pela doutrina: vingança privada, vingança divina e vingança pública.

Na **vingança divina**, havia um desconhecimento das leis da natureza e dos fenômenos naturais, de modo que as pessoas creditavam estes fenômenos às figuras divinas, denominadas *Totens*, já que era mais fácil explicar o desconhecido cultuando as divindades.

Neste período, caso alguém perpetrasse um ato contrário às regras impostas, a punição aplicada ao infrator tinha o condão de reparar o dano e aplacar a ira da divindade, já que era esta quem se ofendia com a prática delituosa. Nesta fase de vingança divina, inexistia senso de justiça ou critério de proporcionalidade entre a conduta praticada e a pena a ser imposta. A punição era rigorosa e cruel, pois o castigo guardava relação com a grandeza da divindade.

A fim de ilustrar a dinâmica no sistema de vingança divina, cite-se como exemplo a sociedade egípcia. No Egito, os delitos podiam ser apenados com multa, amputação de membros, castração, e também a morte (provocada por decapitação, crucificação ou enforcamento). Apesar da existência de pena capital, o castigo mais grave na visão dos egípcios era a pena de maldição, em que diferentes deuses eram invocados para que lançassem sobre o criminoso toda sorte de infortúnios e desgraças.

Em outras palavras: acreditavam que era melhor estar morto do que ser amaldiçoado pelas divindades. Esse fato evidencia o caráter místico e reverencial do sistema penal daqueles povos[1].

Também tem relevância na fase da vingança divina a pena de perda da paz, que consistia na expulsão do indivíduo infrator do corpo social, e na perda da proteção do grupo ao qual pertencia. Desse modo, o agente ficava exposto à própria sorte, e, ao encontrar-se sozinho e indefeso, tornava-se alvo fácil para todo tipo de agressões.

"A pena possuía uma dupla finalidade: (a) eliminar aquele que se tornara um inimigo da comunidade e dos seus deuses e forças mágicas, (b) evitar o contágio pela mácula de que se contaminara o agente e as reações vingadoras dos seres sobrenaturais"[2].

Por conseguinte, havia uma sólida crença nas forças sobrenaturais – que, por vezes, não passavam de fenômenos da natureza. O povo primitivo imaginava que poderia acalmar os deuses por meio da concretização da pena. Por outro lado, caso não houvesse punição, acreditava-se que a ira divina atingiria todo o grupo.

Na **vingança privada**, por sua vez, imperava o sentimento puro da retaliação, ou seja, de reação à conduta praticada. Com frequência, a vingança privada, inicialmente direcionada ao indivíduo infrator, estendia-se à sua família e também a todo o seu grupo. Tal situação deu início a longos conflitos que dizimaram tribos inteiras. Foi um período marcado pela autotutela mediante o uso da força, pois se permitia que o ofendido fizesse justiça com as próprias mãos. Daí a expressão vingança privada.

> Entretanto, o revide não guardava proporção com a ofensa, sucedendo-se, por isso, lutas acirradas entre grupos e famílias, que, assim, se iam debilitando, enfraquecendo e extinguindo. Surge, então, como primeira conquista no terreno repressivo, o *talião*. Por ele, delimita-se o castigo; a vingança não será mais arbitrária e desproporcionada.[3]

Ressalta-se que a lei de talião tratou do critério da proporcionalidade entre o mal praticado e a pena a ser aplicada, ou seja, olho por olho,

1. ZAFFARONI, Eugenio Raúl; PIERANGELI, José Henrique. **Manual de Direito Penal Brasileiro.** v. I, parte geral. São Paulo: Editora Revista dos Tribunais, 2013. p. 166-167.
2. CALDEIRA, Felipe Machado. **A evolução histórica, filosófica e teórica da pena**. Revista da EMERJ, Rio de Janeiro, n. 45, v.12, 2009. p. 260.
3. NORONHA, Magalhães. **Direito Penal**: Parte Geral, São Paulo, Saraiva, v.1, 2004. p. 21.

dente por dente. Esta lei foi o maior exemplo de tratamento igualitário na relação entre infrator e vítima, reconhecendo-a como primeira tentativa de humanizar a pena. Essa lei foi utilizada no Código de Hamurabi (Babilônia), no Êxodo (hebreus) e na Lei das XII Tábuas (romanos).

Além disso, as penas passaram por sensível evolução no período da vingança privada, abrandando sua índole religiosa e sangrenta para assumir uma feição mais civil, em que se buscava a composição e a reparação dos danos. As leis hebraicas previam, por exemplo, que se alguém deixasse seu animal pastar nos campos ou vinhas de terceiro, deveria restituir as perdas do ofendido, dando-lhe o que tivesse de melhor em seus próprios campos ou vinhas[4].

Assim, verificam-se dois tipos de vingança: a vingança privada que se caracterizou pela reação ao ato praticado, e que ganhou uma nova conotação de proporcionalidade com talião, e a vingança divina, na qual se cultuavam os *deuses* ou *totens*, já que inexistia o conhecimento acerca de fenômenos naturais, sendo a punição uma forma de desagravar a divindade ofendida, com castigos mais desproporcionais e as penas mais rigorosas.

A **vingança pública** é decorrente da expansão e melhor organização das sociedades. Cesare Beccaria, em sua célebre obra *Dos Delitos e das Penas*, relata a necessidade que motivou os homens a sacrificarem uma porção da sua liberdade para ter mais segurança, já que estavam cansados do constante estado de guerra e incerteza em que viviam. Somadas, as porções de liberdade sacrificadas deram origem à soberania da nação, e um governante soberano foi aclamado para administrar o Estado e zelar por ele. Para protegê-lo dos interesses particulares e gananciosos dos próprios homens, foram criadas as leis e estabelecidas as penas.

Dessa forma, o Estado passa a ser o detentor do chamado *jus puniendi* (direito de punir) e afasta a vingança privada.

Pode-se afirmar que a vingança pública começou a ganhar força no Direito Penal romano, período marcado pela laicização, em que o Estado buscou desvencilhar as leis das amarras religiosas e afastar a vingança divina, muito embora tal tendência não tenha se perpetuado, considerando o retrocesso ocorrido na Idade Média durante o período da Inquisição.

4. BUSATO, Paulo César. **Direito Penal Parte Geral.** São Paulo: Atlas, 2013. p. 824.

Além disso, nas décadas que antecederam o nascimento de Cristo, Roma substituiu a vingança privada pela administração estatal, a qual tomou para si o exercício do *jus puniendi*.

O marco inicial da **Idade Média**, também conhecida como *período das trevas,* foi a tomada de Roma pelos povos bárbaros, e nessa época verificou-se a ascensão e fortalecimento da Igreja Católica Apostólica Romana. O poder punitivo era exercido pelo Estado, mas, devido à intensa influência religiosa, havia muita confusão entre o que era considerado crime ou pecado, e sobre quais condutas deveriam ser julgadas pelos tribunais eclesiásticos ou seculares. Dessa maneira, para manter o exercício do poder dos governantes estatais e a hegemonia religiosa, o poder punitivo, quando não representado pela Santa Inquisição, era exercido pelo Estado, mas sem qualquer traço de laicidade, posto que este se mantinha alinhado aos ditames da ordem cristã vigente.

Nesta época surgiu a ideia do cárcere como instrumento espiritual de castigo, por meio da penitência, pois através do sofrimento e da solidão, o criminoso se reconciliava com Deus. Nota-se, portanto, que esse momento teve influência decisiva no surgimento do modelo prisional adotado nos dias de hoje. Além disso, as penas de morte e a tortura foram recursos largamente utilizados nesse período[5].

Já na **Idade Moderna**, período no qual se verificou a difusão das ideais iluministas e o declínio da influência religiosa nas questões estatais, houve acelerado crescimento dos centros urbanos. Nessa conjuntura, os soberanos viram-se obrigados a criar normas de conduta ainda mais severas para punir aqueles que cometiam delitos. Prevalecia a vingança pública, uma vez que o Estado permaneceu sendo o titular do direito de punir. Nessa época, o poder dos soberanos era absolutista, e a espetacularização do direito de punir era indispensável para a demonstração e afirmação de sua autoridade. Para tanto, valiam-se de castigos atrozes, conjunto de práticas que ficou conhecido como *suplício*, e os apenados eram executados das formas mais escabrosas em praça pública à luz do dia.

Ante os excessos cometidos pelos governantes, o movimento humanitário, encabeçado por Cesare Beccaria, denunciou o absurdo e a ineficácia das crueldades até então praticadas a título de sanção penal. Em sua obra *Dos Delitos e das Penas*, defendeu a proporcionalidade das

5. MASSON, Cléber. **Direito Penal Esquematizado** – Parte Geral, v. 1. São Paulo: Método, 2016. p. 79.

penas, e desenvolveu as bases do princípio da legalidade e da taxatividade, ao pugnar que a lei penal deve ser clara e precisa. Suas ideias vanguardistas, publicadas em 1764, anteciparam a movimentação que culminaria na Declaração Universal dos Direitos do Homem e do Cidadão, de 1789.

A partir da obra de Beccaria, que sustentou a humanização das penas como forma de conferir eficácia ao *jus puniendi*, abriu-se espaço para uma série de discussões em torno do problema da violência, abrangendo questões referentes ao sistema penal, ao crime, ao criminoso e à vítima, o que criou solo fértil para o desenvolvimento da criminologia, como se verá mais adiante.

Importa destacar que, apesar de todas as transformações ideológicas pelas quais passou o sistema penal, o poder de tutela, ordem e segurança é estatal, e este modelo permanece até os dias atuais na **Idade Contemporânea**. Portanto, cabe ao Estado a responsabilidade de punir o infrator, aplicando a pena nas suas diversas modalidades. Todavia, não o faz buscando a vingança ou a manutenção de um poder absoluto, mas perseguindo as finalidades estabelecidas na parte final do art. 59 do Código Penal, ou seja: a reprovação da conduta delitiva e a prevenção do crime.

5.2. Teorias

5.2.1. Teoria Absoluta (Retributiva)

Para esta teoria, o que determina a aplicação da pena é a possibilidade de retribuição, ou seja, uma espécie de compensação em razão da conduta delitiva praticada. Utilizando a fórmula de Sêneca, "punido porque pecou", pode-se concluir que a imposição de uma pena com o caráter retributivo representa a imposição de um mal justo contra o mal injusto do crime, necessário à satisfação da justiça. A pena retributiva é a mais antiga e mais popular em relação a sua utilidade, podendo funcionar como espécie de expiação ou compensação.

> O problema do *quando* (ou do que) *punir* é aparentemente o mais simples de todos os problemas de legitimação do Direito Penal. A resposta que geralmente é dada a esta pergunta por parte do pensamento jurídico-filosófico está expressa na máxima *nulla poena sine crimine*, que constitui o axioma do nosso sistema. A pena, segundo este princípio formulado nitidamente nas célebres definições de Grócio, Pufendorf e Thomasius, é uma sanção cominada *ab malum actionis*, ou *antegressi delicti*, ou *propter delictum*, isto é, aplicável quando se tenha praticado

> um delito, que constitui sua causa ou condição necessária e do qual se configura como efeito ou consequência jurídica. Trata-se do *princípio de retribuição* ou do caráter de consequência do delito que a pena tem, que é a primeira garantia do Direito Penal e que, como escreve Hart, expressa não o fim senão justamente o critério de distribuição e de aplicação das penas. Graças a ele, a pena não é um *prius*, senão um *posterius*, não uma medida preventiva ou *ante delictum*, senão uma sanção retributiva ou *post delictum*. [6]

A teoria absoluta, ou retributiva, traz uma ideia substancial de tratar a pena como um mal, mas um mal que é utilizado como uma oposição a outro mal, que é o crime. Sustenta que a concepção de que a pena é um mal justo que se opõe ao mal injusto do crime é uma falácia.[7]

Embora vários doutrinadores concordem que a teoria retribucionista está ultrapassada, é possível constatar nas mídias a difusão de um discurso de cunho retribucionista. Tendo em vista o aumento da violência e da criminalidade, tornou-se comum a divulgação de casos de linchamentos públicos, em que as pessoas fazem o papel de juízes e executores. Além disso, basta abrir a página de uma rede social para constatar que as pessoas consideram as penas como irrisórias e muito brandas no Brasil. Na primeira hipótese, há clara confusão entre justiça e vingança. No segundo caso, o que se verifica é um equívoco quanto à forma como a justiça penal ocorre.

Em virtude da difusão dessa *criminologia midiática*, a sociedade em geral adotou um discurso mais severo, defendendo a criminalização de novas condutas e a imposição de punições mais rigorosas, clamando pela eliminação do transgressor.

> A fórmula odiosa e maniqueísta do retribucionismo segue existindo como fundamento defendido por alguns autores, apesar da inevitável associação à ideia de vingança, própria de uma barbárie ancestral. A doutrina oferece algumas explicações para o fenômeno de longevidade da perspectiva, tais como o gosto popular pela ideia do talião, a concepção ocidental judaico-cristã de justiça divina sob forma de castigo e a associação idealista – especialmente em Kant – entre o castigo religioso e o jurídico. [8]

---

6. FERRAJOLI, Luigi. **Direito e Razão. Teoria do Garantismo Penal.** Roma: Laterza, 2000; Revista dos Tribunais, 2014. p. 338.
7. BUSATO, Paulo César. **Direito Penal Parte Geral.** São Paulo: Atlas, 2013. p. 750.
8. BUSATO, Paulo César. **Direito Penal Parte Geral.** São Paulo: Atlas, 2013. p. 758.

5.2.2. *Teoria Relativa (Preventiva)*

Diferentemente das teorias absolutas ou retributivas, a teoria relativa está mais focada em **evitar as práticas criminosas**, ou seja, a ideia geral desta teoria é a **prevenção**.

É uma concepção antiga, que assumiu forma durante o movimento iluminista, quando Beccaria defendia a imposição da pena como modo de evitar a prática de novos crimes, e não apenas com a finalidade de retribuí-los. Contudo, é no Estado Social, época em que fervilhavam os discursos a respeito do Contrato Social, que a teoria vai atingir sua plenitude, pois, a partir de então, a preocupação maior é com os interesses da sociedade e não apenas dos indivíduos.

A concepção mais antiga das teorias relativas é atribuída a Sêneca, que empregando Protágoras de Platão, sustentou que nenhuma pessoa é castigada pelo pecado que cometeu, mas sim para que não volte a pecar. Após o florescimento dessa concepção nos períodos jusnaturalista e contratualista do século XVII, não se trata mais de entender a pena como retribuição, mas, principalmente, como instrumento para evitar e prevenir que novos delitos sejam praticados.

> Para as teorias relativas a pena se justifica, não para retribuir o fato delitivo cometido, mas, sim, para prevenir a sua prática. Se o castigo ao autor do delito se impõe, segundo a lógica das teorias absolutas, somente porque delinquiu, nas teorias relativas, a pena se impõe para que não volte a delinquir. Ou seja, a pena deixa de ser concebida como um fim em si mesmo, sua *justificação* deixa de estar baseada no fato passado, e passa a ser concebida como *meio para o alcance de fins futuros e a estar justificada pela sua necessidade: a prevenção de delitos*. Por isso as teorias relativas também são conhecidas como *teorias utilitaristas* ou como teorias preventivas.[9]

A prevenção é dividida em prevenção geral e especial, diferenciando-se em razão do seu direcionamento. Na prevenção geral, o foco é demonstrar à sociedade que não se deve praticar crimes, ou seja, a mensagem é voltada à sociedade como um todo. Na prevenção especial, o foco é o próprio delinquente que está cumprindo a pena. Com isso, a ideia é demonstrar ao apenado, de maneira especial, que não deve voltar

9. BITENCOURT. Cezar Roberto. **Tratado de Direito Penal**: Parte Geral. São Paulo: Saraiva, 2014. p. 142.

a delinquir, já que conhece os percalços do cumprimento de uma pena. Portanto, a prevenção geral destina-se a toda a sociedade, e a prevenção especial ao próprio autor do delito.

A teoria preventiva geral ainda é subdividida em prevenção geral negativa e prevenção geral positiva. A **prevenção geral negativa** ou intimidatória busca atemorizar os demais membros da coletividade, demonstrando que a punição é algo inevitável e que os criminosos não gozarão da impunidade. Em outras palavras, procura passar a mensagem de que o crime não compensa. A **prevenção geral positiva**, por sua vez, tem a função de fortalecer os laços de lealdade à sociedade em que estejam inseridos, restabelecendo a confiança do ordenamento jurídico

Igualmente, a prevenção especial ainda se subdivide em positiva e negativa. A **prevenção especial negativa** também utiliza um viés intimidativo, mas tem por alvo a pessoa do condenado, tendo por objetivo evitar a reincidência delitiva. A **prevenção especial positiva** busca trabalhar com o condenado a fim de garantir a sua ressocialização, a fim de que este seja preparado para reintegração à vida em sociedade, afastando-se das atividades criminosas.

De qualquer modo, ambas as teorias são adotadas no Brasil no exercício do controle social através do poder punitivo, conforme evidencia o art. 59 do Código Penal, o qual dispõe que a pena será estabelecida conforme seja necessário e suficiente para a **reprovação** (numa demonstração da teoria absoluta) e **prevenção** (teoria relativa) do crime.

Portanto, lembre-se:

Finalidades da Pena	
Teoria Absoluta (Retributiva)	**Teoria Relativa (Preventiva)**
A pena é aplicada como uma forma de **retribuição** pelo crime praticado. Não há aqui preocupação com a prevenção delitiva.	A pena é aplicada como forma de **prevenir** futuros delitos. A prevenção geral vale para todos. A prevenção especial vale para a pessoa que praticou o crime e foi condenada.
Subdivisão da Teoria Relativa	
Prevenção Geral Negativa	**Prevenção Geral Positiva**
Utiliza a **intimidação** que a possível aplicação de uma pena pode gerar para dissuadir os membros de um corpo social da prática de condutas criminosas.	Busca a **educação** da sociedade, no sentido de demonstrar a existência das normas jurídico-penais, bem como seu real funcionamento e aplicabilidade.

Prevenção Especial Negativa	Prevenção Especial Positiva
Busca intimidar o condenado para **evitar a reincidência.**	Busca educar o condenado visando à sua **ressocialização.**

Há 3 finalidades possíveis para a pena: retribuição, prevenção geral (negativa e positiva) e prevenção especial (negativa e positiva – ressocialização).

<table>
<tr><td rowspan="2">Prevenção Geral</td><td>Negativa</td><td>Contraestimular potenciais criminosos</td><td rowspan="2">Destina-se à sociedade</td></tr>
<tr><td>Positiva</td><td>Demonstrar a vigência da lei penal</td></tr>
<tr><td rowspan="2">Prevenção Especial</td><td>Negativa</td><td>Evitar a reincidência</td><td rowspan="2">Destina-se ao condenado</td></tr>
<tr><td>Positiva</td><td>Ressocializar</td></tr>
<tr><td colspan="2">Retribuição</td><td>Restituir o mal causado</td><td>Destina-se ao condenado</td></tr>
</table>

Quando o legislador cria o crime, cominando-lhe a sanção penal (pena em abstrato), revela-se a prevenção geral. Ao estabelecer os parâmetros mínimo e máximo da pena, afirma-se a validade da norma desafiada pela prática criminosa (prevenção geral positiva), buscando inibir o cidadão de delinquir (prevenção geral negativa).

Praticado o crime, no momento da sentença (aplicação da pena), o magistrado deve observar outras duas finalidades; a retribuição e a prevenção especial.

Por fim, na etapa da execução penal concretiza-se a retribuição e prevenção especial (disposições da sentença), ganhando relevo a prevenção especial positiva (ressocialização).

<table>
<tr><th>Finalidade da Pena</th><th>Momento</th></tr>
<tr><td>Prevenção Geral (Positiva e Negativa)</td><td>Pena em Abstrato (Legislativo)</td></tr>
<tr><td>Prevenção Especial Negativa</td><td rowspan="2">Pena em Concreto (Judiciário)</td></tr>
<tr><td>Retribuição</td></tr>
<tr><td>Prevenção Especial Positiva (Ressocialização)</td><td>Pena em Execução (Judiciário e Executivo)</td></tr>
</table>

Penalogia é a disciplina que cuida do conhecimento geral das penas.

Nesse panorama, existem basicamente 3 teorias a respeito da pena, conforme a finalidade que enxergam mais adequada à sanção penal.

Teoria	Finalidade da Pena
Absoluta	Retribuição
Relativa	Prevenção (Geral e Especial)
Mista	Retribuição e Prevenção (Geral e Especial)

A teoria mista foi acolhida pelo art. 59 CP ao dispor que a pena será estabelecida pelo juiz *conforme seja necessário e suficiente para reprovação e prevenção do crime*. No mesmo sentido, a LEP estabelece o seu art. 10 que *a assistência ao preso e ao internado é dever do Estado, objetivando prevenir o crime e orientar o retorno à convivência em sociedade*, e ainda, o art. 22 que a *assistência social tem por finalidade amparar o preso e o internado e prepará-los para o retorno à liberdade*. Na mesma linha, a Convenção Americana de Direitos Humanos (Pacto de San José da Costa Rica – Decreto 678/92) preconiza no art. 5.6 que *as penas privativas de liberdade devem ter por finalidade essencial a reforma e a readaptação social dos condenados*.

5.3. Programas de Prevenção do Delito

Vejamos os programas de prevenção do delito:

a) **Prevenção especial (geográfica):** inspirada na teoria ecológica (da desorganização social), enxerga o crime como um produto social do urbanismo. O delito não é um fenômeno ambiental, pois o comportamento humano é moldado por fatores socioambientais.

   Proposta para solucionar a criminalidade é a intervenção do poder público em saneamento e reordenação urbana, com melhoria da infraestrutura.

b) **Remodelação da convivência urbana**: diz respeito aos fatores urbanísticos e arquitetônicos que influenciam a prática de crimes.

   Proposta para solucionar a criminalidade é interposição de barreiras que incrementam o risco ao infrator.

c) **Orientação comunitária**: crime é enxergado como problema da comunidade, que atua como instância informal de controle social.

   Proposta para solucionar a criminalidade é a postura de comprometimento e responsabilidade da comunidade com o problema.

d) **Prevenção vitimária**: delito é fenômeno seletivo, não fortuito nem aleatório; busca o lugar e vítima certas.

   Proposta para solucionar a criminalidade é alertar as potenciais vítimas quanto aos riscos que assumem com atitudes equivocadas e conscientizá-las dos comportamentos que podem tomar.

e) **Prevenção político-social**: volta-se para as origens da criminalidade (prevenção primária).

Proposta para solucionar a criminalidade é promover igualdade de oportunidades e de bem estar, com políticas públicas inclusivas.

f) **Prevenção de reincidência**: dirige-se aos infratores (prevenção terciária) na busca de evitar a reincidência, substituindo a intervenção legal por mecanismos mais amenos.

5.4. Poder Punitivo (Direito de Punir)

Em determinado momento na história, o Estado soberano tomou para si o dever de proteção e tutela social, passando a exercê-lo também através da punição, na chamada vingança pública. Por ser uma espécie de vingança, significa dizer que a punição é a resposta a alguém que deixou de cumpriu seus deveres para com o Estado ao transgredir uma norma de conduta.

Posto que o exercício do poder punitivo é uma necessidade para o Estado, algumas técnicas foram desenvolvidas para pautar sua atuação, mediante a utilização do ramo mais violento do Direito: o Direito Penal. Ao valer-se da severidade desse ramo do Direito, difunde-se a ideia de que o Estado tutela os bens jurídicos e interesses sociais mais importantes, protegendo a sociedade da violência e da prática delitiva, a fim de alcançar a paz social.

No passado, o transgressor que era condenado pela prática de um crime pagava com o próprio corpo, através dos chamados suplícios, como descreve Michel Foucault em sua obra clássica *Vigiar e Punir*. Com as transformações impulsionadas pelo capitalismo, chegou-se à conclusão de que eliminar o transgressor da sociedade não era interessante, devendo então o criminoso ser recuperado e domesticado através de uma pena de segregação, para que pudesse voltar à sociedade, aceitar os seus preceitos, e oferecer sua força de trabalho.

> O método de transformação individual da prisão é a *disciplina*, a política de coerção exercida para dissociar a energia do corpo da vontade pessoal do condenado, com o objetivo de construir indivíduos dóceis e úteis, que obedecem e produzem. Os recursos do poder disciplinar são a *vigilância hierárquica, a sanção normalizadora* e o *exame*, conforme a célebre formulação de Foucault. [10]

10. SANTOS, Juarez Cirino dos. **Manual de Direito Penal - Parte Geral**. Florianópolis: Conceito Editorial, 2012. p. 267.

Com isso, cria-se o cárcere como local de cumprimento da pena e forma de disciplinar aqueles que até então não aceitavam as normas de convivência estatal, onde serão tolhidos de sua liberdade por um determinado período de tempo.

> O cárcere surge assim como modelo da "sociedade ideal". E mais: a pena carcerária – como sistema dominante do controle social – surge cada vez mais como o parâmetro de uma mudança radical no exercício do poder. De fato, a eliminação do "outro", a eliminação física do transgressor (que, enquanto "fora do jogo", se torna destrutível), a política de controle através do terror se transforma – e o cárcere é o centro desta mutação – em política preventiva, em contenção, portanto, da destrutividade.
>
> Passa-se, assim, da eliminação à integração do criminoso ao tecido social. Os tempos, os modos e as formas desta "transformação" do criminoso na imagem burguesa de como "deve ser" o "não proprietário", isto é, o "proletário", são complexos e se calcam numa outra identidade: exatamente aquela entre não proprietário e criminoso. [...] O cárcere – em sua dimensão de instrumento coercitivo – tem um objeto muito preciso: a reafirmação da ordem social burguesa (a distinção nítida entre o universo dos proprietários e o universo dos não proprietários) deve educar (ou reeducar) o criminoso (não proprietário) *a ser proletário socialmente não perigoso, isto é, ser não proprietário sem ameaçar a propriedade.*[11]

Este modelo de segregação da liberdade de locomoção é conveniente às pretensões estatais, pois, de um lado, não apresentam o grau de desumanidade do suplício no contexto de pena corporal, por outro, o transgressor não é eliminado da sociedade, mas recuperado e domesticado, torna-se *dócil* para que se encaixe no modelo de dominação vigente. Perante os demais tutelados, reafirma a autoridade e supremacia do Estado no combate à criminalidade e no exercício do poder punitivo. Aparentemente, esse mecanismo de controle e domínio social através das penas de segregação atende as necessidades de todos os envolvidos: Estado, sociedade e criminoso.

Com isso, é possível afirmar que a prisão em sua gênese tem o objetivo claro de vigiar e punir. Contudo, não apenas isso, pois, é necessário atender os anseios do sistema do capital, agindo dentro e fora da prisão, a partir da relação cárcere/fábrica. No modelo de exploração do capital

---

11. MELOSSI, Dario, PAVARINI, Massimo. **Cárcere e fábrica** – As origens do sistema penitenciário (séculos XVI – XIX). Rio de Janeiro: Revan, 2014. p. 216.

não interessa de onde é extraída a força de trabalho: se de uma pessoa numa fábrica ou de uma pessoa numa prisão.

Em síntese, inicialmente as punições eram inicialmente cruéis e degradantes. Com o tempo, e principalmente com as ideias iluministas, percebeu-se que a espetacularização das execuções não mais atendia os anseios sociais, e esse modelo foi substituído por outras formas de punição menos cruéis, tendo como **principal espécie de pena a prisão** ou segregação do condenado, **atual modelo de punição como forma de controle social**.

5.5. Pena e Prisão

A pena não deve ser desumana, degradante ou infamante, contudo, deve cumprir o seu dever de prevenção geral e especial. A partir deste pensamento surge a segregação da liberdade, do direito de ir e vir livremente, agora não mais para garantir o cumprimento da pena de morte do condenado, mas para mantê-lo preso.

Se por um lado a transição das penas cruéis, desumanas e infamantes para a segregação da liberdade é um marco do processo de humanização das penas, por outro lado, também serve como instrumento de dominação e poderio estatal.

> Na passagem dos dois séculos, uma nova legislação define o poder de punir como uma função geral da sociedade que é exercida da mesma maneira sobre todos os seus membros, e na qual cada um deles é igualmente representado; mas, ao fazer da detenção a pena por excelência, ela introduz processos de dominação característicos de um tipo particular de poder. Uma justiça que se diz "igual", um aparelho judiciário que se pretende "autônomo", mas que é investido pelas assimetrias das sujeições disciplinares, tal é a conjunção do nascimento da prisão, "pena das sociedades civilizadas".[12]

Atualmente a pena mais grave que existe no Brasil é a pena privativa de liberdade, através da qual o condenado perde seu direito de ir e vir, ressalvada a pena de morte em caso de guerra declarada, nos termos do art. 5º, XLVII, *a*, da Constituição Federal.

Desse modo, não existe mais a punição mediante castigos corporais, que anteriormente ocorriam através de mutilações, esquartejamentos e

12. FOUCAULT, Michel. **Vigiar e Punir nascimento da prisão**. Petrópolis: Vozes, 2002. p. 195.

outras formas de suplício. Entretanto, a liberdade do condenado é retirada, e esta passa a pertencer ao Estado por um determinado período de tempo.

> A concepção de poder passa hoje pela temporalidade, na medida em que o verdadeiro detentor do poder é aquele que está em condições de impor aos demais o seu ritmo, a sua dinâmica, a sua temporalidade. O Direito Penal e o processo penal são as provas inequívocas de que o *Estado-Penitência* (usando a expressão de LOIC WACQUANT) já tomou, ao longo da história, o corpo e a vida, os bens e a dignidade do homem. Agora não havendo mais nada a retirar, apossa-se do seu *tempo.*[13]

O Estado, então, para impor o seu poder punitivo, retira do ser humano não apenas sua liberdade de locomoção, mas também o seu tempo, que pode ser considerado também como um bem, tendo em vista sua inexorabilidade.

Diferentemente do que pregava Isaac Newton, para quem o universo e o tempo eram absolutos, Albert Einstein, físico alemão, defendeu por meio da teoria da relatividade que o tempo não é absoluto, mas relativo dependendo da posição e locomoção do observador. De acordo com esta teoria pode-se afirmar que a percepção do tempo para quem está preso ou segregado é completamente diferente da percepção de quem está livre, em razão da relatividade.

> O tempo é relativo à posição e a velocidade do observador, mas também a determinados estados mentais do sujeito como exterioriza EINSTEIN na clássica explicação que deu sobre Relatividade à sua empregada: "*quando um homem se senta ao lado de uma moça bonita, durante uma hora, tem a impressão de que passou apenas um minuto. Deixe-o sentar-se sobre o fogão quente durante um minuto somente – e esse minuto lhe parecerá mais comprido que uma hora. – Isso é relatividade*".[14]

Dessa forma, o Estado detém importantes bens do ser humano, liberdade e tempo, para dominar, exercer controle, demonstrar seu poder punitivo.

> A prisão é o aparelho disciplinar exaustivo da sociedade capitalista, constituído para exercício do poder de punir mediante privação de liberdade,

13. LOPES JR., Aury; Badaró, Gustavo Henrique Righi Ivahy. **Direito ao Processo Penal no Prazo Razoável.** Lumen Juris: Rio de Janeiro, 2006. p. 5.
14. LOPES JR., Aury; Badaró, Gustavo Henrique Righi Ivahy. **Direito ao Processo Penal no Prazo Razoável.** Lumen Juris: Rio de Janeiro, 2006. p. 6.

> em que o *tempo* exprime a relação crime/punição: o *tempo* é o critério geral do valor da mercadoria na economia, assim como a medida de *retribuição equivalente* do crime no Direito. Portanto, esse dispositivo do poder disciplinar funciona como aparelho *jurídico econômico*, que cobra a dívida do crime em tempo de liberdade suprimida, e com aparelho *técnico disciplinar*, programado para realizar a transformação individual do condenado.[15]

Com relação à transformação individual do condenado, o modelo visa, através da disciplina, à dissociação da vontade para a obtenção de seres domesticados, submissos e aptos a produzirem.

> Mas a obviedade da prisão se fundamenta também em seu papel, suposto ou exigido, de aparelho para transformar os indivíduos. Como não seria a prisão imediatamente aceita, pois, se só o que ela faz, ao encarcerar, ao retreinar, ao tornar dócil, é reproduzir, podendo sempre acentuá-los um pouco, todos os mecanismos que encontramos no corpo social? A prisão: um quartel um pouco estrito, uma escola sem indulgência, uma oficina sombria, mas, levando ao fundo, nada de qualitativamente diferente. Esse duplo fundamento – jurídico-econômico por um lado, técnico-disciplinar por outro – fez a prisão aparecer como a forma mais imediata e mais civilizada de todas as penas. E foi esse duplo funcionamento que lhe deu imediata solidez.[16]

A prisão vem se mantendo ao longo dos anos como uma forma de demonstração de poder e domínio estatal, mas também como instrumento disciplinador, que oferece ao condenado a oportunidade de retornar à sociedade *ressocializado, recuperado*, ou melhor, domesticado, para voltar a produzir dentro do sistema do capital.

Destarte, em que pese a pena privativa de liberdade demonstrar certa humanidade em comparação histórica a outras penas, em especial aos suplícios, ela não deixa de exercer a função dominadora e controladora do Estado em relação ao ser humano.

Sob outro ponto de vista, há grande especulação a respeito dos mecanismos que poderiam ser utilizados pelo Estado para alcançar a prevenção dos crimes e a paz social caso inexistisse a prisão como forma

---

15. LOPES JR., Aury; Badaró, Gustavo Henrique Righi Ivahy. **Direito ao Processo Penal no Prazo Razoável.** Lumen Juris: Rio de Janeiro, 2006. p. 6.
16. FOUCAULT, Michel. **Vigiar e Punir nascimento da prisão.** Petrópolis: Vozes, 2002. p. 196.

de punição e controle social. Essas outras hipóteses de controle social serão abordadas oportunamente em tópico específico desta obra.

5.6. Cárcere, Marginalidade Social e Política Criminal Alternativa

O cárcere acabou vingando mundialmente como a principal sanção penal e forma de lidar com o delinquente e o delito, com a promessa de, além de prevenir a ocorrência de novos crimes e retribuir o mal causado, possibilitar a ressocialização do criminoso.

Todavia, sofreu e ainda sofre muitas críticas, por ser supostamente inútil para reeducação do criminoso, porque ao invés de promover a liberdade e o auto respeito, como a educação deve ser, produz, ao contrário, degradação e repressão.

Considerando as ideias apresentadas pelas teorias do etiquetamento e da criminologia crítica, pode-se afirmar que a prisão se caracteriza por desculturação do sujeito em face da sociedade, com perda do senso de responsabilidade e distanciamento dos valores sociais, e também, por outro lado, uma aproximação dos valores próprios da subcultura carcerária: ou assumindo o papel de bom preso para obter benefícios, ou vestindo de vez a personalidade de criminoso, compondo a organização da comunidade carcerária, cultuando a violência.

A linha principal de uma política criminal alternativa seria a diferenciação da criminalidade pela posição social do indivíduo: crimes de classes subalternas seriam os patrimoniais, e crimes das classes superiores, os da criminalidade econômica. Por isso, há quem defenda a abolição do cárcere, por sua inutilidade para controle da criminalidade ou reeducação do condenado e pelos efeitos de marginalização e esmagamento dos segmentos inferiorizados.[17]

Segundo os criminólogos, a abolição da instituição carcerária passaria por diversas etapas: alargamento do sistema de medidas alternativas, ampliação das formas de suspensão condicional da pena e da liberdade condicional, introdução de formas de execução da pena detentiva em regime de semiliberdade, extensão dos regimes das permissões.

Deveria existir uma abertura do cárcere para a sociedade, mediante a colaboração das entidades locais e, sobretudo, dos presos e de suas associa-

17. BARATTA, Alessandro. Criminologia Crítica e Crítica do Direito Penal. Introdução à sociologia do Direito Penal. Coleção Pensamento Criminológico. 3. ed. Rio de Janeiro: Revan, 2002, p. 211.

ções com as organizações do movimento operário, com fins a minimizar as consequências que tem o cárcere sobre a divisão de classes. Reeducar, assim, significaria consciência e ação política dentro do movimento de classe, ao invés de uma expiação da culpa.

A função última de uma política criminal alternativa seria a própria superação do direito penal. Isto significa a superação da pena, antes de ser a superação do direito que regula seu exercício. Isto também não significa negar a exigência de medidas alternativas de controle; contudo, há que se evitar a repressão autoritária. Para Baratta, substituir o direito penal por qualquer coisa melhor somente poderá ocorrer quando substituirmos a sociedade por uma sociedade melhor.

Capítulo 6

Estatística Criminal e Cifras Criminais

A expressão cifra pode indicar o resultado de uma soma, um cálculo ou quantidade total de algo. O Brasil é um país populoso e de proporções continentais, portanto, imaginar que todos os crimes ocorridos em nosso território são apurados e investigados pela polícia é mais do que um engano, é quase uma ingenuidade. Muitos delitos praticados sequer chegam ao conhecimento das autoridades policiais, e quando não são apurados nem punidos, passam a compor a denominada **cifra negra** do Direito Penal.

Portanto, **cifra negra** (*dark number)* é a denominação dada pela criminologia ao **percentual** de crimes que são praticados no país, e sequer chegam a ser investigados pela polícia judiciária.

Ressalte-se que o princípio vigorante no Brasil é o da **obrigatoriedade**, segundo o qual a autoridade policial tem a obrigação de tomar as medidas cabíveis relacionadas à investigação sempre que tomar conhecimento de práticas delitivas, não podendo, por exemplo, deixar de instaurar inquérito policial nessas circunstâncias.

O princípio que se contrapõe ao da obrigatoriedade é o da oportunidade. Nos países em que esse princípio rege a atuação dos órgãos encarregados pela persecução penal, as autoridades têm a faculdade de optar se realizarão ou não a investigação acerca de um fato delituoso.

No Brasil, o princípio da oportunidade orienta os casos de infrações penais cuja ação penal é privada. Nessa hipótese, a própria vítima opta por propor ou não a ação penal, a exemplo dos crimes contra a honra (calúnia, injúria e difamação). Para que o Estado possa aplicar o *jus puniendi* em razão desses crimes, é necessário que a própria vítima promova o processo por meio da ação penal privada, oferecendo queixa--crime. Caso não deseje fazê-lo, basta que não apresente a queixa-crime, permanecendo inerte até o fim do lapso decadencial. Desse modo, de acordo com o princípio da oportunidade, a vítima possui a escolha de processar ou não o autor da infração penal.

De qualquer maneira, tanto nos casos em que vigora princípio da obrigatoriedade como naqueles orientados pelo princípio da oportunidade, a autoridade policial toma conhecimento do crime praticado. Todavia, os delitos que compõem a cifra negra, em grande parte das vezes, não chegam sequer ao conhecimento do Poder Público.

Os seguintes fatores podem ajudar a uma melhor compreensão dos índices da cifra negra:

a) **autores de crimes**, mediante interrogatório dos indivíduos acerca do cometimento das infrações penais, levando em consideração que as características da amostragem e a honestidade do interrogado podem distorcer os resultados.

b) **vítimas de delitos**, para melhor compreender os motivos pelos quais o ofendido deixa de comunicar o fato delituoso às autoridades.

c) **informantes criminais**, que, de maneira geral, podem prover informações de maneira mais desinibida e confiável, ressalvando-se as situações em que o informante se vale de sua posição para revanchismo ou para acobertar comparsas.

d) **sistema de variáveis heterogêneas**, o qual impõe três níveis de controle informático, quais sejam: a análise da cifra negra dos delitos leves, que é maior em razão dos crimes graves; a tendência à autocomposição das vítimas nos delitos leves; e a variação dos métodos de análise de país para país.

e) **técnica do segmento operativo dos agentes de controle formal,** que analisa a atuação da polícia e dos tribunais, direcionando seus estudos no sentido de pesquisar as causas reais de vulnerabilidade e de disfunções do Sistema Criminal.

A **cifra cinza**, por sua vez, compreende os casos em que há registro da ocorrência na delegacia de polícia, mas a resolução do conflito se dá mediante conciliação entre os envolvidos ainda na esfera administrativa policial, afastando a necessidade de movimentar o aparato judiciário por meio de um processo penal.

Cifra amarela é utilizada para se referir aos delitos praticados com violência policial contra indivíduos que, por medo de represália pelos próprios policiais, deixam de denunciar as agressões.

Cifra dourada é a expressão utilizada para designar os delitos cometidos pelas pessoas de classes mais abastadas, como no caso de *crimes do colarinho branco*, corrupção política, evasão de divisas, crimes contra a ordem tributária, lavagem de capitais, entre outros. Geralmente, as pessoas que praticam esses macrocrimes pertencem a uma camada da sociedade que detém grande poder financeiro, diferente, por exemplo, do perfil do delinquente que pratica pequenos furtos, ou microcrimes.

Cifra verde engloba os delitos cometidos contra o meio ambiente que não chegam ao conhecimento das autoridades competentes, tais como os órgãos oficiais de fiscalização ambiental.

Lembre-se:

Cifra Negra	Percentual de crimes que são praticados no país e sequer chegam a ser investigados.
Cifra Cinza	Crimes registrados na Polícia por meio de ocorrências policiais, em que a resolução do conflito se dá mediante conciliação entre os envolvidos na própria delegacia de polícia.
Cifra Dourada	Espécies de delitos cometidos pelas classes mais abastadas, tais como crimes do colarinho branco (corrupção e demais crimes contra a Administração Pública, crimes financeiros, lavagem de capitais, etc)
Cifra Verde	Trata das condutas criminosas contra o meio ambiente que não chegam ao conhecimento das autoridades.
Cifra Amarela	Crimes praticados com violência policial contra indivíduos que, por medo de represália pelos próprios policiais, deixam de denunciar as agressões.

Capítulo 7

Criminologia e Paradigma da Reação Social

A Criminologia de Reação Social estuda os **processos de criação de normas penais e sociais** que estão relacionados com o comportamento desviante. Está umbilicalmente ligada à teoria do etiquetamento (*labeling approach*).

Essa teoria induz que, a partir do momento em que o sujeito delinque, a sociedade já passa a estigmatizá-lo como delinquente. Aquele que praticou o delito já começa a ser reconhecido por ele próprio como marginal.

Uma vez adquirido o status de desviado ou de delinquente, é muito difícil modificá-lo, por duas razões: a) pela dificuldade da comunidade aceitar novamente o indivíduo etiquetado; b) porque a experiência de ser considerado delinquente, e a publicidade que isso comporta, culminam em um processo no qual o próprio sujeito se concebe como tal.

Ocorre o chamado **mergulho ao papel desviado** (*role engulfment*). É uma das mais perversas consequências do processo de desviação, pois à medida que o mergulho no papel desviado cresce, há uma tendência para que o autor do delito defina-se como os outros o definem.

Em síntese, a ideia dessa teoria é demonstrar que a partir do momento que o agente pratica o primeiro crime, passa a personificar a figura do "bandido", "ladrão", "drogado", "assassino" perante os olhos da sociedade.

A etiqueta ou rótulo (por meio do atestado de antecedentes e a divulgação nos meios de comunicação, notadamente, nos jornais sensacionalistas) acaba por afetar o indivíduo, gerando a expectativa social de que a conduta venha a ser praticada, perpetuando o comportamento delinquente e aproximando os indivíduos rotulados uns dos outros.

O estigma que permeia a vida do criminoso afeta não só a sua percepção sobre si mesmo, mas também gera rejeição social, que geralmente se manifesta como descrença na recuperação e ressocialização desse indivíduo. Assim, criam-se circunstâncias que impelem o agente à mantença do comportamento criminoso, pois, em grande parte das vezes, ainda que tente seguir um estilo de vida lícito após os fatos, continuará sendo etiquetado como criminoso, o que dificultará sua reinserção em sociedade.

EXERCÍCIOS

Questões

1. (PCGO – Delegado – CESPE – 2017)

Considerando que, para a criminologia, o delito é um grave problema social, que deve ser enfrentado por meio de medidas preventivas, assinale a opção correta acerca da prevenção do delito sob o aspecto criminológico.

a) A transferência da administração das escolas públicas para organizações sociais sem fins lucrativos, com a finalidade de melhorar o ensino público do Estado, é uma das formas de prevenção terciária do delito.

b) O aumento do desemprego no Brasil incrementa o risco das atividades delitivas, uma vez que o trabalho, como prevenção secundária do crime, é um elemento dissuasório, que opera no processo motivacional do infrator.

c) A prevenção primária do delito é a menos eficaz no combate à criminalidade, uma vez que opera, etiologicamente, sobre pessoas determinadas por meio de medidas dissuasórias e a curto prazo, dispensando prestações sociais.

d) Em caso de a Força Nacional de Segurança Pública apoiar e supervisionar as atividades policiais de investigação de determinado estado, devido ao grande número de homicídios não solucionados na capital do referido estado, essa iniciativa consistirá diretamente na prevenção terciária do delito.

e) A prevenção terciária do crime consiste no conjunto de ações reabilitadoras e dissuasórias atuantes sobre o apenado encarcerado, na tentativa de se evitar a reincidência.

2. (PCGO – Delegado – CESPE – 2017)

Em busca do melhor sistema de enfrentamento à criminalidade, a criminologia estuda os diversos modelos de reação ao delito. A respeito desses modelos, assinale a opção correta.

a) De acordo com o modelo clássico de reação ao crime, os envolvidos devem resolver o conflito entre si, ainda que haja necessidade de inobservância das regras técnicas estatais de resolução da criminalidade, flexibilizando-se leis para se chegar ao consenso.

b) Conforme o modelo ressocializador de reação ao delito, a existência de leis que recrudescem o sistema penal faz que se previna a reincidência, uma vez que o infrator racional irá sopesar o castigo com o eventual proveito obtido.

c) Para a criminologia, as medidas despenalizadoras, com o viés reparador à vítima, condizem com o modelo integrador de reação ao delito, de modo a inserir os interessados como protagonistas na solução do conflito.

d) A fim de facilitar o retorno do infrator à sociedade, por meio de instrumentos de reabilitação aptos a retirar o caráter aflitivo da pena, o modelo dissuasório de reação ao crime propõe uma inserção positiva do apenado no seio social.

e) O modelo integrador de reação ao delito visa prevenir a criminalidade, conferindo especial relevância ao ius puniendi estatal, ao justo, rápido e necessário castigo ao criminoso, como forma de intimidação e prevenção do crime na sociedade.

3. (PCPE - Delegado - CESPE - 2016)

A criminologia reconhece que não basta reprimir o crime, deve-se atuar de forma imperiosa na prevenção dos fatores criminais. Considerando essa informação, assinale a opção correta acerca de prevenção de infração penal.

a) Para a moderna criminologia, a alteração do cenário do crime não previne o delito: a falta das estruturas físicas sociais não obstaculiza a execução do plano criminal do delinquente.

b) A prevenção terciária do crime implica na implementação efetiva de medidas que evitam o delito, com a instalação, por exemplo, de programas de policiamento ostensivo em locais de maior concentração de criminalidade.

c) No estado democrático de direito, a prevenção secundária do delito atua diretamente na sociedade, de maneira difusa, a fim de implementar a qualidade dos direitos sociais, que são considerados pela criminologia fatores de desenvolvimento sadio da sociedade que mitiga a criminalidade.

d) Trabalho, saúde, lazer, educação, saneamento básico e iluminação pública, quando oferecidos à sociedade de maneira satisfatória, são considerados forma de prevenção primária do delito, capaz de abrandar os fenômenos criminais.

e) A doutrina da criminologia moderna reconhece a eficiência da prevenção primária do delito, uma vez que ela atua diretamente na pessoa do recluso, buscando evitar a reincidência penal e promover meios de ressocialização do apenado.

4. (PCPE - Delegado - CESPE - 2016)

No que se refere aos métodos de combate à criminalidade, a criminologia analisa os controles formais e informais do fenômeno delitivo e busca descrever e apresentar os meios necessários e eficientes contra o mal causado pelo crime. A esse respeito, assinale a opção correta.

a) A criminologia distingue os paradigmas de respostas conforme a finalidade pretendida, apresentando, entre os modelos de reação ao delito, o modelo dissuasório, o ressocializador e o integrador como formas de enfrentamento à criminalidade. Em determinado nível, admitem-se como conciliáveis esses modelos de enfrentamento ao crime.

b) Como modelo de enfrentamento do crime, a justiça restaurativa é altamente repudiada pela criminologia por ser método benevolente ao infrator, sem cunho ressocializador e pedagógico.

c) O modelo dissuasório de reação ao delito, no qual o infrator é objeto central da análise científica, busca mecanismos e instrumentos necessários à rápida e rigorosa efetivação do castigo ao criminoso, sendo desnecessário o aparelhamento estatal para esse fim.

d) O modelo ressocializador de enfrentamento do crime propõe legitimar a vítima, a comunidade e o infrator na busca de soluções pacíficas, sem que haja a necessidade de lidar com a ira e a humilhação do infrator ou de utilizar o ius puniendi estatal.

e) A doutrina admite pacificamente o modelo integrador na solução de conflitos havidos em razão do crime, independentemente da gravidade ou natureza, uma vez que o controle formal das instâncias não se abdica do poder punitivo estatal

5. (PCCE - Delegado - VUNESP - 2015)

Assinale a alternativa correta em relação aos modelos teóricos de reação social ao delito.

a) São três os modelos: o dissuasório, o ressocializador e o integrador; o primeiro, também conhecido como modelo clássico, tem o foco na punição do criminoso, procurando mostrar que o crime não compensa;

o segundo tem o foco no criminoso e sua ressocialização, procurando reeducá-lo para reintegrá-lo à sociedade; e o terceiro, conhecido como justiça restaurativa, que defende uma intervenção mínima estatal em que o sistema carcerário só atuará em último caso.

b) Apresentam dois modelos bem distintos: o tradicional e o moderno, por entender que um tem foco na punição e recuperação do delinquente, e o outro tem foco na reparação do delito; o primeiro olha para o delinquente e o segundo, somente para a vítima, não importando a recuperação do delinquente.

c) Estão divididos em dois modelos: o concreto e o abstrato, nos quais os objetivos são comuns, ou seja, ambos estão focados no sujeito ativo do delito e em como fazer com que ele não volte a delinquir; o primeiro visa aplicar uma pena privativa de liberdade e o segundo, uma pena pecuniária.

d) São três os modelos teóricos: o moderno, o contemporâneo e o tradicional; o modelo moderno objetiva tratar a prevenção do delito como um problema social, no qual todos têm responsabilidade na ressocialização do criminoso; o modelo contemporâneo entende que há necessidade das penas serem proporcionais ao bem jurídico protegido, enquanto que o modelo tradicional busca no sistema de justiça criminal (Polícia, Ministério Público, Poder Judiciário e Sistema Penitenciário) a efetividade para a prevenção do delito.

e) São caracterizados por três modelos, também conhecido como as três velocidades do direito penal, um direito penal mais "duro" para os crimes mais violentos, um direito penal mais brando, como, por exemplo, para os crimes de menor potencial ofensivo e um direito penal intermediário, um meio termo, para os demais crimes.

6. (PCSP – Delegado – VUNESP – 2014)

A prevenção criminal que está voltada à segurança e qualidade de vida, atuando na área da educação, emprego, saúde e moradia, conhecida universalmente como direitos sociais e que se manifesta a médio e longo prazos, é chamada pela Criminologia de prevenção

a) primária.

b) individual.

c) secundária.

d) estrutural.

e) terciária.

7. **(PCSP – Delegado – Acadepol – 2012)**

A prevenção terciária da infração penal, no Estado Democrático de Direito, está relacionada

a) ao controle dos meios de comunicação.

b) aos programas policiais de prevenção.

c) à ordenação urbana.

d) à população carcerária.

e) ao surgimento de conflito.

8. **(PCSP - Escrivão - VUNESP - 2014)**

A criminologia moderna estuda o fenômeno da criminalidade por meio da estatística criminal. Nessa seara, a expressão "cifra dourada" designa.

a) o total de delitos registrados e de conhecimento do poder público que são elucidados.

b) as infrações penais praticadas pela elite, não reveladas ou apuradas; trata-se de um subtipo da "cifra negra", a exemplo do crime de sonegação fiscal

c) as infrações penais de maior gravidade, como, por exemplo, o homicídio, que, ao ser elucidado, permite ao poder público planejar melhor suas ações e alterar a legislação

d) as infrações penais de menor potencial ofensivo, por enquadrar-se na Lei n.º 9.099/95, a exemplo do delito de perturbação do sossego alheio

e) o percentual de delitos praticados pela sociedade de baixa renda que não chega ao conhecimento do poder público por falta de registro, e, portanto, não são elucidados

9. **(PCSP - Escrivão - VUNESP - 2014)**

O conceito de prevenção delitiva, no Estado Democrático de Direito, e as medidas adotadas para alcançá-la são.

a) o conjunto de ações que visam evitar a ocorrência do delito, atingindo direta e indiretamente o delito.

b) o conjunto de ações que visam estudar o delito, atingindo direta e indiretamente o criminoso

c) o conjunto de ações adotadas pela vítima que visam evitar o delito, atingindo o delinquente direta e indiretamente.

d) o conjunto de ações que visam estudar o criminoso, atingindo o ato delitivo direta e indiretamente.

e) o conjunto de ações que visam estudar o crime, atingindo o criminoso direta e indiretamente.

10. (PCSP - Agente - VUNESP - 2013)

Os "crimes de colarinho branco" são delitos conhecidos na Criminologia por

a) crimes contra a dignidade social.

b) crimes de menor potencial ofensivo.

c) cifras cinza.

d) cifras amarelas.

e) cifras douradas.

11. (PF - Delegado - CESPE - 2013)

Ações como controle dos meios de comunicação e ordenação urbana, orientadas a determinados grupos ou subgrupos sociais, estão inseridas no âmbito da chamada prevenção secundária do delito.

12. (PF - Delegado - CESPE - 2013)

As modalidades preventivas nas quais se inserem os programas de policiamento orientado à solução de problemas e de policiamento comunitário, assim como outros programas de aproximação entre polícia e comunidade, podem ser incluídas na categoria de prevenção primária.

13. (PF - Delegado - CESPE - 2013)

Na terminologia criminológica, criminalização primária equivale à chamada prevenção primária.

14. (PCBA - Delegado - VUNESP - 2018)

Assinale a alternativa que contém um exemplo de prevenção de infrações penais preponderantemente primária.

a) Construção de uma praça com equipamentos de lazer em uma comunidade com altos índices de criminalidade e de vulnerabilidade social com o fim de evitar que jovens daquele local, em especial em situação de risco, envolvam-se com a criminalidade.

b) Projeto Começar de Novo, que visa devolver aos cumpridores de pena e egressos a autoestima e a cidadania suprimidas com a privação de sua liberdade, por meio de ações de caráter preventivo, educativo e ressocializador, atuando, assim, na humanização, a fim de que referido público valorize a liberdade e passe a fazer escolhas melhores em sua vida, evitando o retorno ao cárcere.

c) Implementação de sistemas de leitores óticos de placas de veículos nas ruas e avenidas da cidade de Salvador para identificação de veículos relacionados a algum tipo de crime.

d) Bloqueio que impeça a ativação e utilização de aparelhos de telefonia celular subtraídos do legítimo proprietário por meio de uma conduta criminosa.

e) Melhoria de atendimento pré e pós-natal a todas as gestantes de uma determinada cidade com a finalidade de reduzir os índices criminais no município.

15. (PCSP - Investigador - VUNESP - 2014)

O modelo de resposta ao delito que foca na punição do criminoso, proporcional ao dano causado, mediante um Estado atuante e intimidatório, denomina-se:

a) padrão consensual.

b) modelo ressocializador

c) modelo segregador

d) padrão associativo.

e) modelo dissuasório

Gabarito e Explicação

Questão	Gabarito	Abordagem do assunto no livro
1	E	Capítulo 4
2	C	Capítulo 1
3	D	Capítulo 3
4	A	Capítulo 1
5	A	Capítulo 1
6	A	Capítulo 4
7	D	Capítulo 3
8	B	Capítulo 6

Questão	Gabarito	Abordagem do assunto no livro
9	A	Capítulo 3
10	E	Capítulo 6
11	C	Capítulo 4
12	E	Capítulo 4
13	E	Capítulo 4
14	E	Capítulo 4
15	E	Capítulo 1

PARTE 6

CRIMINOLOGIA CONTEMPORÂNEA

Capítulo 1

Técnicas e Testes Criminológicos

1.1. Técnicas de Investigação (Técnicas de investigação sociológica)

A pesquisa empírica da criminologia implica no uso de procedimentos teórico-metodológicos de observação do real por meio de estratégias de investigação.[1]

As técnicas de investigação dependem dos objetos da pesquisa. Nesse sentido, alguns objetos de investigação levam à utilização de métodos e técnicas de caráter mais quantitativo e empírico, enquanto outros permitem uma análise mais intensiva.

As estratégias de investigação sociológica podem ser de diferentes espécies.

a) Investigação extensiva

Caracterizada pelo uso dominante de técnicas quantitativas. Sua vantagem é possibilitar o conhecimento em extensão do fenômeno criminal.

b) Investigação intensiva

Distingue-se pela análise em profundidade das caraterísticas e opiniões de uma população determinada, sob diferentes ângulos e pontos de vista. Privilegia-se a abordagem direta das pessoas em seus próprios contextos de interação.

1. PENTEADO FILHO, Nestor Sampaio. **Manual esquemático de criminologia.** São Paulo: Saraiva, 2012. p. 35.

c) Investigação-ação

Consiste na intervenção direta dos cientistas (criminólogos, estatísticos, delegados, promotores, juízes etc.), que são chamados a participar do projeto. São exemplos dessa técnica no âmbito da investigação criminal a recognição visuográfica de local de crime e o perfilamento criminal, sendo que aquela está abrangida por esta.

- **Recognição visuográfica de local de crime:** a partir do comparecimento ao local do delito, permite que o pesquisador criminal (delegado de polícia) reconstrua a cena do crime por meio da detalhada reconstituição de seus fragmentos e vestígios.

- **Perfilamento criminal (*criminal profiling*):** dirige-se à sincronia entre personalidade e comportamento criminal. Reflete a aplicação de conhecimentos múltiplos (Psicologia, criminologia, Antropologia, Sociologia, Biologia, Geografia etc.). A elaboração de perfis é uma espécie de engenharia reversa do crime. O perfilamento criminal usa como um de seus instrumentos a recognição visuográfica de local de crime. Ao registrar e analisar um conjunto de dados, utiliza-se o método indutivo para concluir sobre traços comuns de personalidade.

Vale ressaltar que, a partir do advento da Lei 12.654/12, o perfil genético do criminoso pode ser obtido a partir da coleta não invasiva de material genético do suspeito ou condenado, basicamente em duas hipóteses:

- Lei de Identificação Criminal (art. 5º-A da Lei 12.037/09): utilizada como prova em relação a qualquer crime já ocorrido; há necessidade de autorização judicial para a coleta.
- Lei de Execuções Penais (art. 9º-A da Lei 7.210/84): apenas em relação aos condenados por sentença transitada em julgado pela prática de certos delitos; não há necessidade de prévia autorização judicial para a coleta do material biológico, mas apenas para ulterior acesso ao banco de dados por parte da autoridade policial.

Técnicas de Investigação (Técnicas de investigação sociológica)	
Investigação extensiva	Uso dominante de técnicas quantitativas. Sua vantagem é possibilitar o conhecimento em extensão do fenômeno criminal.
Investigação intensiva	Análise em profundidade das caraterísticas e opiniões de uma população determinada, sob diferentes ângulos e pontos de vista. Privilegia-se a abordagem direta das pessoas em seus próprios contextos de interação.

Técnicas de Investigação (Técnicas de investigação sociológica)	
Investigação-ação	Intervenção direta dos cientistas (criminólogos, estatísticos, delegados, promotores, juízes etc.), que são chamados a participar do projeto. - Recognição visuográfica de local de crime: a partir do comparecimento ao local do delito, permite que o pesquisador criminal (delegado de polícia) reconstrua a cena do crime por meio da detalhada reconstituição de seus fragmentos e vestígios. - Perfilamento criminal (*criminal profiling):* dirige-se à sincronia entre personalidade e comportamento criminal. Reflete a aplicação de conhecimentos múltiplos (Psicologia, criminologia, Antropologia, Sociologia, Biologia, Geografia etc.).

1.2. Testes de Personalidade (projetivos e prospectivos)

Os testes de personalidade são técnicas de investigação que, por meio de padrões preestabelecidos, destacam características pessoais do indivíduo, mediante respostas a estímulos previamente planejados.

Busca traçar o perfil psicológico e a capacitação de pessoa acusada de cometimento ou recidiva do crime.

Eventuais benefícios do teste sigiloso dependem da honestidade das respostas (confiabilidade), bem como da habilidade do testador (capacitação profissional).

Dividem-se basicamente em 2 espécies:

a) Testes de personalidade projetivos

Procuram medir a personalidade através do uso de quadros, figuras, jogos, relatos, que imprimem estímulos no examinado. As respostas baseadas em suas reações servem de base para a interpretação dos resultados.

São exemplos o teste de Rorschach (interpretação de manchas de vários formatos), o PMK – Psicodiagnóstico Miocinético da Periculosidade Delinquencial (estímulos musculares e postura mental), e o desenho (árvore, casa, pessoa, que dão o perfil do autor ao serem associados a um questionário).

b) Testes de personalidade prospectivos

Compreendem o emprego de técnicas voltadas a explicar minuciosamente as intenções presentes e futuras.

Buscam extrair do paciente: crenças e potencialidades lesivas, freios de contenção de boas condutas, estilo de vida presente e futuro, os porquês da vida criminal e causação de sofrimento às vítimas, temor ou não à justiça e à pena, e sensibilidade ou insensibilidade moral.

1.3. Testes de Inteligência

A inteligência traduz função psíquica complexa, sendo difícil o estabelecimento de um conceito de inteligência universalmente aceito. Existem vários conceitos imbricados e interdependentes, que são empregados conforme sua utilidade.

De maneira geral, diz-se que inteligência é raciocínio, capacidade de entendimento, julgamento, percepção e memorização.

Na criminologia e na Psicologia procura-se medir a inteligência por meio do quociente de inteligência (QI). A partir dele, é possível conceber a idade mental, que não necessariamente acompanha a idade cronológica.

O QI é o resultado da divisão da idade mental pela idade cronológica, multiplicada por 100.

Para se chegar à idade mental são utilizados diversos testes, como por exemplo: compreensão geral, vocabulário, raciocínio aritmético, memória, semelhança, arranjo de figuras, arranjo de objetos, desenho de figuras, cubos, números e símbolos.

Obtido o resultado do teste de QI, conforme a pontuação alcançada, o indivíduo pode ser classificado de acordo com seu estado mental (do mais inteligente para o menos inteligente) em: hiperfrênico (que compreende aqueles de QI genial e QI super), normal, ou hipofrênico (onde se incluem o débil mental, o imbecil e o idiota).

Capítulo 2

Fatores Sociais de Criminalidade

A abordagem sociológica da criminalidade atinge altos níveis de influência na gênese delitiva, sendo preciso estudar os fatores mesológicos que repercutem na criminalidade.[1]

a) Pobreza

Estatísticas criminais evidenciam que existe uma relação de proximidade entre pobreza e criminalidade.

Evidentemente não se trata de fator determinista ou condicionante extremo, caso contrário não existiriam crimes de colarinho branco praticados por integrantes do alto estrato socioeconômico. Mas não se pode negar que em certas categorias delitivas, a exemplo dos crimes contra o patrimônio, a imensa maioria dos delinquentes é pobre e com formação deficiente.

Nesse sentido, a má distribuição de renda atua como fator potencializador da delinquência. É indubitável que, no Brasil, o desemprego e subemprego representam um estímulo ao incremento da criminalidade.

b) Meios de comunicação

Os meios de comunicação em massa, sobretudo televisão, acabam por banalizar a violência e ignorar a função pedagógica que deveria exercer no sentido de reforçar os preceitos éticos.

---

1. PENTEADO FILHO, Nestor Sampaio. Manual esquemático de criminologia. São Paulo: Saraiva, 2016, p. 124.

c) Habitação

Condições desfavoráveis de moradia, com proliferação de favelas, em nada contribuem para o controle da criminalidade.

d) Migração

O movimento interno populacional pode ocasionar dificuldades de adaptação em face da diferença de costumes, usos, hábitos, valores, etc.

e) Crescimento populacional

O aumento desordenado da população não deve ser ignorado, pois o aumento das taxas criminais por áreas geográficas é proporcional ao crescimento da respectiva densidade demográfica.

f) Preconceito

O estereótipo negativo, fundado em ideia equivocada preconcebida sobre raça, cor, etnia, religião ou outros aspectos, acaba por fomentar animosidades e a desarmonia, culminando na prática de crimes.

g) Educação

Educação e ensino são fatores inibitórios da criminalidade, de maneira que assumem relevância especial tanto a educação formal quanto a educação informal.

h) Mal vivência

O estabelecimento de um grupo polimorfo de indivíduos à margem da sociedade, em situação de parasitismo sem aptidão para o trabalho, representa um perigo social e um fator a ser considerado pela criminologia.

Capítulo 3

Criminologia Ambiental

3.1. Introdução

Segundo **Wortley e Townsley**[1] a criminologia ambiental é uma família de teorias que compartilham um interesse comum nos eventos delitivos e nas circunstâncias imediatas em que eles ocorrem. Enquanto a criminologia tradicional aborda as ocorrências criminosas como um fenômeno aleatório, como expressão da conduta desviante do indivíduo, a criminologia ambiental **compreende o crime como um fenômeno seletivo**, que envolve as leis, o criminoso e a vítima, **em determinado tempo e lugar, sob condições específicas**.

Ainda segundo os autores, a criminologia ambiental busca desvendar os padrões que permeiam os crimes, e explicá-los a partir de uma confluência de fatores ambientais, estabelecendo regras teóricas que orientem as ações de combate à criminalidade. Essas regras fornecem subsídios para previsões acerca de problemas criminais emergentes, bem como direcionam as estratégias para prevenção das infrações.

Para tanto, é necessária a conjugação da análise criminológica tradicional, que coleta os dados sobre o fenômeno delitivo, com a criminologia ambiental, que constrói teorias com base nos dados coletados, permitindo a compreensão do fenômeno.

Essa junção é denominada *ECCA – environmental criminology and crime analysis* – e parte de 3 pressupostos:

1. WORTLEY, Richard; MAZEROLLE; TOWNSLEY, Michael, eds. **Environmental Criminology and Crime Analysis**. 2 ed. New York: Routledge, 2016. p. 2.

a) o comportamento criminoso é influenciado de maneira significativa pelo ambiente em que ocorre.

b) a distribuição do fenômeno delitivo no tempo e no espaço não é aleatória.

c) a compreensão do papel que os ambientes criminógenos desempenham, bem como o conhecimento dos padrões recorrentes no fenômeno delitivo, são instrumentos importantes para a investigação, o controle e a prevenção do crime.

Objetivos da criminologia ambiental
a) desvendar os padrões que permeiam o crime, explicando-os a partir de uma confluência de fatores ambientais;
b) estabelecer regras teóricas que orientem as ações de combate à criminalidade;
c) fornecer subsídios acerca de problemas criminais emergentes, e direcionar as estratégias para prevenção das infrações.

No âmbito da criminologia ambiental, 4 teorias despontaram. São elas:

a) teoria das atividades rotineiras;

b) teoria da escolha racional;

c) teoria das oportunidades;

d) teoria do padrão criminal.

Passemos a uma breve análise sobre os principais aspectos de cada teoria.

3.2. Teoria das Atividades Rotineiras

A teoria das atividades rotineiras foi proposta por **Lawrence Cohen e Marcus Felson**, e defende que o crime ocorre quando convergem no tempo e espaço 3 elementos: a) **provável infrator**, preparado para levar a cabo o ato criminoso; b) **alvo adequado** (que pode ser uma pessoa ou um bem); c) **ausência de guardião** capaz de impedir a prática delitiva.

A teoria se circunscreve aos crimes que exigem contato direto entre o criminoso e a vítima, e considera que as atividades cotidianas influenciam nas taxas de delitos. Cohen e Felson apontaram que a taxa de crimes aumentou depois da 2ª Guerra Mundial porque as atividades sociais das pessoas as afastou de casa, aumentando a probabilidade de que um infrator motivado convergisse no tempo e no espaço com alvos adequados, na ausência de um guardião capaz, pois deixavam seus lares e bens desatendidos por longos períodos de tempo.[2]

Crime segundo a teoria das atividades rotineiras		
infrator motivado	alvo apropriado	ausência de vigilância

Com base nessa teoria, John Eck desenvolveu o triângulo do crime (*crime triangle*), que demonstra quais são os fatores que devem ser conjugados para que um crime ocorra (interior do triângulo), e quem deve estar ausente ou inativo para que o delito se verifique (exterior do triângulo).

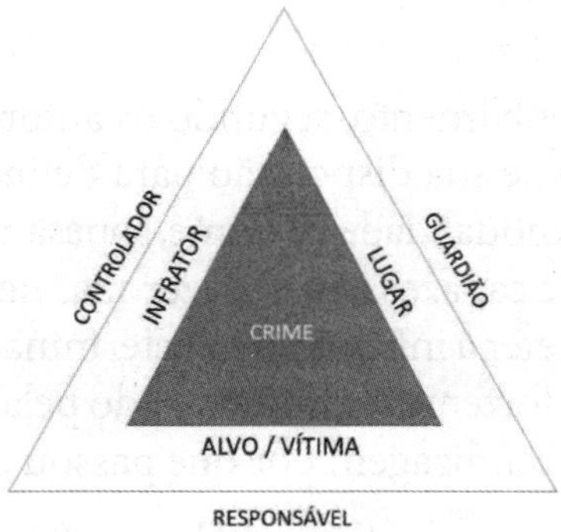

Miller ressalta que as pessoas incumbidas da prevenção do crime foram subdivididas de acordo com o escopo de sua supervisão: infrator, local, ou vítima/alvo.

Os **controladores** são aqueles que exercem controle informal sobre os infratores em potencial, a fim de prevenir que estes venham a praticar crimes (a exemplo dos pais de adolescentes que controlam os afazeres de seus filhos, agentes escolares que lidam com jovens problemáticos nas escolas etc.).

Os **guardiões** são aqueles que protegem os possíveis alvos ou vítimas das ações de criminosos (por exemplo: dono de um veículo que instala alarme em seu carro, mantendo-o sempre devidamente trancado, ou ainda, um colega que acompanha o outro até sua casa para que não ande sozinho pela rua à noite).

Por sua vez, o **responsável** é aquele que exerce a vigilância sobre um lugar específico (a exemplo do dono de uma loja que instala câmeras de monitoramento em seu estabelecimento).

2. MILLER, J. Mitchell ed. **21st Century Criminology: A Reference Handbook**, v. 1. Thousand Oaks: SAGE Publications, 2009. p. 280.

3.3. Teoria da Escolha Racional

Trata-se de teoria que também se liga à Escola Clássica. Segundo **Ronald Clarke e Derek Cornish**[3], a teoria da escolha racional (*rational choice*) é baseada na maximização dos ganhos e na minimização dos custos. A ideia central é que as decisões dos delinquentes são decisões racionais, isto é, não envolvem tendências psicológicas ou sociais.

Engloba 2 pontos que demandam uma decisão do indivíduo: a decisão de envolvimento (*involvement decision*) e a decisão do evento (*event decision*). Sendo que a decisão do evento pode resultar na persistência ou na desistência.

A decisão de envolvimento, segundo os autores, é o reconhecimento do próprio indivíduo de sua disposição para delinquir. O sujeito, ao contemplar determinada modalidade de crime, sopesando-a com outras opções potenciais, igualmente capazes de satisfazer suas necessidades, conclui que estaria disposto a cometer a infração, sob determinadas circunstâncias. Esse processo de decisão é fortemente influenciado pelas experiências prévias e pelos processos de aprendizagem por que passou o agente.

A decisão do evento é influenciada por fatores presentes em dada situação. Esses fatores não são percebidos por todas as pessoas da mesma maneira. De acordo com os autores, cada indivíduo os vê por meio da lente de seus conhecimentos e experiências anteriores, utilizando sua capacidade de processar informações para tomar uma decisão. A decisão de envolvimento pode sofrer alterações com o passar do tempo, na medida em que o agente encontra reforços positivos, que consolidam sua disposição para delinquir, ou passa por situações aversivas, que o fazem reavaliar seu estilo de vida e desistir do crime.

As decisões são racionais, na medida em que o agente considera o esforço, os riscos, as recompensas e as justificativas associadas ao comportamento para fazer a sua escolha.

3.4. Teoria das Oportunidades

Pode-se dizer que a sabedoria popular já consolidou a referida teoria em um ditado: "a ocasião faz o ladrão". Partindo da premissa de que a opor-

3. CORNISH, Derek B.; CLARKE, Ronald V., eds. **The Reasoning Criminal: Rational Choices Perspectives on Offending.** New Brunswick: Transaction Publishers, 2014. p. 2.

tunidade é um fator determinante para a prática de um crime, **Lawrence Cohen e Marcus Felson** elencaram os 10 princípios que estabelecem a relação entre a oportunidade e a prática de infrações:

a) as oportunidades desempenham um papel na causa de todos os crimes;

b) as oportunidades para o crime são altamente específicas;

c) as oportunidades para o crime são concentradas no tempo e no espaço;

d) as oportunidades para o crime dependem dos movimentos cotidianos;

e) um crime gera oportunidades para outro crime;

f) alguns produtos oferecem mais oportunidades para o crime;

g) mudanças sociais e tecnológicas produzem novas oportunidades para o crime;

h) as oportunidades para o crime podem ser reduzidas;

i) a redução das oportunidades não costuma deslocar o crime;

j) o foco na redução das oportunidades pode gerar um declínio ainda maior na incidência de crimes.

Ilustrando esses princípios, vale mencionar um levantamento realizado por Clarke e Mayhew[4] a respeito de suicídios praticados mediante o uso de gás doméstico na Inglaterra e no País de Gales, entre as décadas de 1950 a 1970. No ano de 1958, por exemplo, quase a metade dos suicidas tiraram a própria vida utilizando gás doméstico, que tinha alta concentração de monóxido de carbono, e era extremamente letal. Entretanto, na década de 60, algumas modificações na manufatura do gás diminuíram sua letalidade, e, desse modo, o número de suicidas que se valiam desse método reduziu expressivamente. Os autores observam que, em decorrência disso, entre 1968 e 1975, houve também redução no número geral de suicídios, pois não houve um deslocamento para outros métodos. Em outras palavras: grande parte aqueles que tinham a intenção de praticar suicídio mediante o uso de gás doméstico, quando se viram privados dessa oportunidade, não consumaram seu intento de nenhuma outra forma. Poderiam ter utilizado uma arma de fogo, ingerido medicamentos, saltado de um edifício, mas não o fizeram. O uso do gás doméstico oferecia condições favoráveis específicas para a prática do sui-

4. CLARKE, Ronald V.; MAYHEW, Pat. **The British gas suicide story and its implications for prevention.** In Michael Tonry and Norval Morris (eds.), Crime and Justice: A Review of Research, Vol. 10. Chicago: University of Chicago Press, 1988.

cídio, que não se verificavam nos outros meios que estavam à disposição: era acessível, rápido, indolor, não causava derramamento de sangue, nem desfiguração do corpo. Privados dessa *conveniência*, os potenciais suicidas simplesmente preferiram não concretizar suas intenções.

3.5. Teoria do Padrão Criminal

Teoria desenvolvida por **Paul Brantingham e Patricia Brantingham.** Parte da premissa o crime é um fenômeno complexo, mas que, apesar de seu alto grau de complexidade, é possível vislumbrar certos **padrões nos eventos delituosos, bem como nos próprios infratores.**

Sendo assim, os Brantingham[5] instituíram 8 regras que orientam a identificação desses padrões:

a) conforme os indivíduos se movem ao longo de uma série de atividades, eles tomam decisões. Quando essas atividades são repetidas com frequência, os processos de decisão tornam-se regulares. Essa regularização cria um modelo abstrato. Os modelos abstratos relativos à decisão de cometer um crime são chamados de modelos de crime.

b) a maior parte das pessoas não atua individualmente, mas em rede *(network)*, com sua família, amigos e conhecidos. Essas ligações têm atributos variados, e impactam as decisões de outros membros da rede.

c) quando os indivíduos tomam suas decisões sozinhos, de maneira independente, os processos individuais de decisão e os modelos de crime são tratados por acumulação, ou seja, os padrões gerais ou típicos podem ser determinados pela combinação de padrões individuais.

d) os indivíduos ou suas redes *(networks)* cometem crimes quando há um gatilho que desencadeie a disposição delitiva, e um processo através do qual o sujeito possa localizar um alvo ou vítima que se encaixe no seu modelo de crime. As ações criminosas alteram o banco de experiências acumuladas do agente, e isso impacta suas futuras ações.

e) os indivíduos têm uma gama de atividades diárias rotineiras. Normalmente, elas ocorrem em diferentes espaços, tais como em casa, no trabalho, na escola, no shopping, bem como nos trajetos entre um espaço e outro.

f) as pessoas que cometem crimes têm movimentos espaço-temporais como os demais. O local mais provável para a prática de um delito

5. BRANTINGHAM, Paul; BRANTINGHAM, Patricia. **Crime Pattern Theory**. p. 78 a 93. In: WORTLEY, Richard; MAZEROLLE, Lorraine; eds. Environmental Criminology and Crime Analysis. New York: Routledge, 2011.

pelo infrator será próximo àqueles que ele já conhece ou onde normalmente exerce suas atividades.

g) as vítimas e alvos em potencial transitam ou desenvolvem atividades em locais que interseccionam os espaços de atividade dos potenciais agressores. A vítima potencial torna-se uma vítima real quando o agressor manifesta disposição em cometer o crime, e a vítima se encaixa no seu modelo de crime.

h) as regras se aplicam aos espaços urbanos. Os espaços geradores de crimes são criados pelo alto fluxo de pessoas nos pontos em que desenvolvem as atividades são normalmente desenvolvidas. Os espaços atrativos para o crime se originam quando as vítimas estão em localizadas nos pontos de atividade dos indivíduos que têm disposição para cometer crimes.

Os autores[6] ainda diferenciam os espaços geradores de crimes *(crime generators)* e os espaços atrativos para o crime *(crime attractors)*.

Os espaços geradores de crimes são aqueles que atraem um grande número de pessoas, por motivos que não têm qualquer relação com a prática delitiva (ex. shoppings, estádios de futebol etc). Geram o crime pois oferecem o momento e o lugar com o número de pessoas apropriado para o cometimento de certos delitos.

Os espaços atrativos para o crime são locais em que há condições propícias para a prática de determinadas infrações, e atraem criminosos interessados nesses tipos específicos de delitos (ex. pontos de venda de drogas, bairros de prostituição etc.).

Portanto, segundo essa teoria, analisando o padrão de movimentação das pessoas, individualmente consideradas ou em sua rede de contatos (*network*), é possível estabelecer padrões, de modo que seja possível identificar, a partir de algumas premissas, os locais onde a incidência de crimes é maior, bem como projetar o deslocamento de criminosos para outras localidades, se eventualmente ocorrer algum tipo de intervenção nesses lugares.

Criminologia ambiental	Criminologia tradicional
O crime é um fenômeno seletivo.	O crime é um fenômeno aleatório.
O crime envolve as leis, o criminoso e a vítima, em determinado tempo e lugar, sob condições específicas.	O crime é uma expressão da conduta desviante do indivíduo.

6. BRANTINGHAM, Paul; BRANTINGHAM, Patricia. **Crime Pattern Theory**. p. 78 a 93. In: WORTLEY, Richard; MAZEROLLE, Lorraine; eds. Environmental Criminology and Crime Analysis. New York: Routledge, 2011.

Teorias da criminologia ambiental	
Teoria das Atividades Rotineiras	Proposta por **Lawrence Cohen e Marcus Felson.** O crime ocorre quando convergem no tempo e espaço 3 elementos: a) **provável infrator**, preparado para levar a cabo o ato criminoso; b) **alvo adequado** (que pode ser uma pessoa ou um bem); c) **ausência de guardião** capaz de impedir a prática delitiva.
Teoria da Escolha Racional	Sustentada por **Ronald Clarke e Derek Cornish** Baseada na maximização dos ganhos e na minimização dos custos. As decisões dos delinquentes são decisões racionais, isto é, não envolvem tendências psicológicas ou sociais. Engloba 2 pontos que demandam uma decisão do indivíduo: a decisão de envolvimento e a decisão do evento (que resulta na persistência ou na desistência).
Teoria das Oportunidades	Explicada por **Lawrence Cohen e Marcus Felson.** A oportunidade é um fator determinante para a prática de um crime. Existem 10 princípios que estabelecem a relação entre a oportunidade e o crime: a) as oportunidades desempenham um papel na causa de todos os crimes; b) as oportunidades para o crime são altamente específicas; c) as oportunidades para o crime são concentradas no tempo e no espaço; d) as oportunidades para o crime dependem dos movimentos cotidianos; e) um crime gera oportunidades para outro crime; f) alguns produtos oferecem mais oportunidades para o crime; g) mudanças sociais e tecnológicas produzem novas oportunidades para o crime; h) as oportunidades para o crime podem ser reduzidas; i) a redução das oportunidades não costuma deslocar o crime; j) o foco na redução das oportunidades pode gerar um declínio ainda maior na incidência de crimes.

<table>
<tr><th colspan="2">Teorias da criminologia ambiental</th></tr>
<tr><td>Teoria do Padrão Criminal</td><td>Desenvolvida por Paul Brantingham e Patricia Brantingham.
O crime é um fenômeno complexo, mas que, apesar de seu alto grau de complexidade, é possível vislumbrar certos padrões nos eventos delituosos, bem como nos próprios infratores.
Existem 8 regras que orientam a identificação desses padrões.
a) conforme os indivíduos se movem ao longo de uma série de atividades, eles tomam decisões. Quando essas atividades são repetidas com frequência, os processos de decisão tornam-se regulares. Essa regularização cria um modelo abstrato. Os modelos abstratos relativos à decisão de cometer um crime são chamados de modelos de crime.
b) a maior parte das pessoas não atua individualmente, mas em rede (network), com sua família, amigos e conhecidos. Essas ligações têm atributos variados, e impactam as decisões de outros membros da rede.
c) quando os indivíduos tomam suas decisões sozinhos, de maneira independente, os processos individuais de decisão e os modelos de crime são tratados por acumulação, ou seja, os padrões gerais ou típicos podem ser determinados pela combinação de padrões individuais.
d) os indivíduos ou suas redes (networks) cometem crimes quando há um gatilho que desencadeie a disposição delitiva, e um processo através do qual o sujeito possa localizar um alvo ou vítima que se encaixe no seu modelo de crime. As ações criminosas alteram o banco de experiências acumuladas do agente, e isso impacta suas futuras ações.
e) os indivíduos têm uma gama de atividades diárias rotineiras. Normalmente, elas ocorrem em diferentes espaços, tais como em casa, no trabalho, na escola, no shopping, bem como nos trajetos entre um espaço e outro.
f) as pessoas que cometem crimes têm movimentos espaço-temporais como os demais. O local mais provável para a prática de um delito pelo infrator será próximo àqueles que ele já conhece ou onde normalmente exerce suas atividades.
g) as vítimas e alvos em potencial transitam ou desenvolvem atividades em locais que interseccionam os espaços de atividade dos potenciais agressores. A vítima potencial torna-se uma vítima real quando o agressor manifesta disposição em cometer o crime, e a vítima se encaixa no seu modelo de crime.
h) as regras se aplicam aos espaços urbanos. Os espaços geradores de crimes são criados pelo alto fluxo de pessoas nos pontos em que desenvolvem as atividades são normalmente desenvolvidas. Os espaços atrativos para o crime se originam quando as vítimas estão em localizadas nos pontos de atividade dos indivíduos que têm disposição para cometer crimes.</td></tr>
</table>

Capítulo 4

Criminologia Cultural

A Criminologia cultural é uma abordagem teórica recente, desenvolvida na década de 90, inaugurada com a publicação da obra *Cultural Criminology* por **Jeff Farrell e Clinton Sanders**.[1]

Essa teoria parte da premissa que a noção de **cultura é fluída**, e que a todo momento passa por transformações. A criminologia cultural propõe que o **crime e sua repressão são processos culturais**, com significados e consequências inevitavelmente construídos a partir de um **simbolismo compartilhado e de uma interpretação coletiva**.

A vertente cultural da criminologia busca explorar diversos fenômenos para compreender a problema da violência. Analisa a representação midiática do crime, as definições subculturais de violência, as emoções demonstradas publicamente pelas vítimas do crime etc. As experiências do crime e de sua repressão são determinadas a partir de uma carga de referências históricas e de significados atribuídos pela percepção geral e por fatores de poder. Sendo assim, postulam que certos fenômenos, tidos como naturais ou objetivos por outras correntes teóricas (a exemplo do grau de temor das pessoas quanto a determinado crime, ou índices de criminalidade em um bairro) são, na verdade, construções culturais específicas, orquestradas por pessoas ou instituições que possuem poder e influência para fazê-lo.

A criminologia cultural buscou revitalizar os estudos criminológicos, de modo que estejam em sintonia com as mudanças e dinâmica do mundo

---

1. FERREL, Jeff; HAYWARD, Keith; BROWN, Michelle. **Cultural Criminology**. Oxford Research Encyclopedias, sep. 2017. Disponível em: <http://criminology.oxfordre.com/view/10.1093/acrefore/9780190264079.001.0001/acrefore-9780190264079-e-202>. Acesso em: 24 fev. 2018.

moderno. Também destacam que o alcance cada vez maior de mercados consumidores sugere uma análise que não se limite ao crime e à cultura, mas que também se debruce sobre a relação entre a cultura de consumo e o crime – a espetacularização da violência, o apelo do consumo ilícito etc.

Para os defensores dessa teoria, não há mais como divisar uma linha que diferencie o crime real e a imagem do crime, pois a partir do momento em que as percepções do fenômeno são difundidas e amplificadas através da mídia e outras redes sociais, a cultura do crime passa a ser o próprio crime.

Capítulo 5

Criminologia Feminista

O feminismo pode ser compreendido como uma visão de mundo e também como um movimento social. Abarca conjeturas e crenças sobre as origens e consequências da organização social pautada no gênero, bem como fomenta ações e traça estratégias para a mudança social. Desse modo, pode-se dizer que o feminismo é, ao mesmo tempo, **empírico e analítico**. Inicialmente, tinha por foco unicamente a condição das mulheres. Contudo, com o seu amadurecimento, o feminismo tornou-se mais inclusivo, e passou a levar em consideração outros aspectos da cultura e dos relacionamentos humanos.

A criminologia feminista surgiu na década de 70, no Reino Unido, durante a segunda onda feminista, momento marcado pela crítica ao essencialismo feminista vigente, que tomava as experiências das mulheres brancas ocidentais como parâmetro de representação das vivências de toda e qualquer mulher.[1]

A perspectiva feminista na criminologia desdobra-se em 2 vertentes:

a) **epistemológica:** que questiona a definição do objeto de estudo e seus modos de inquirição da realidade;

b) **analítica:** agrega proposições analíticas sobre os temas centrais da Criminologia, fomentando a introdução de novas questões em sua agenda teórica e política.

A criminologia feminista foi uma forma de **reação às correntes criminológicas que tradicionalmente adotam uma posição andro-**

1. PORTELLA, Ana Paula. Criminologia Feminista. In: LIMA, Renato Sérgio de; RATTON, José Luiz; AZEVEDO, Rodrigo Ghiringhelli, orgs. **Crime, Polícia e Justiça no Brasil**. São Paulo: Contexto, 2014.

cêntrica, ou seja, que, em regra, colocam a figura masculina, ainda que indiretamente, como centro dos estudos criminológicos.

Para os defensores desta vertente, a invisibilidade a que foram relegadas as mulheres na estruturação do pensamento criminológico trouxe duas principais consequências.

> A criminologia feminista, porta-voz do movimento feminista no campo de investigação sobre o sistema penal, permitiu ao *malestream* criminológico compreender a lógica androcêntrica que define o funcionamento das estruturas de controle punitivo. Ao trazer a perspectiva das mulheres para o centro dos estudos criminológicos, a criminologia feminista denunciou as violências produzidas pela *forma mentis* masculina de interpretação e aplicação do direito penal. O sistema penal centrado no 'homem' (androcêntrico) invariavelmente produziu o que a criminologia feminista identificou como dupla violência contra a mulher. Em um primeiro momento, invisibiliza ou subvaloriza as violências de gênero, ou seja, as violências decorrentes normalmente das relações afetivo-familiares e que ocorrem no ambiente doméstico, como são a grande parte dos casos de homicídios, lesões corporais, ameaças, injúrias, estupros, sequestros e cárceres privados nos quais as mulheres são vítimas. No segundo momento, quando a mulher é sujeito ativo do delito, a criminologia feminista evidenciou o conjunto de metarregras que produzem o aumento da punição ou o agravamento das formas de execução das penas exclusivamente em decorrência da condição de gênero.[2]

Através da criminologia feminista e de análises sobre a vitimização de mulheres, instituiu-se um segmento de estudos voltado para os crimes domésticos e familiares e crimes sexuais, que antes eram fenômenos ignorados pela criminologia.

Por meio desses estudos, identificou-se que a experiência das mulheres em relação ao medo e à segurança transgride a dicotomia público/privado, não sendo captadas pela maior parte das pesquisas de vitimização, majoritariamente voltadas para as experiências de violência vividas no espaço público.

---

2. CAMPOS, Carmem Hein; CARVALHO, Salo. Tensões atuais entre a Criminologia Feminista e a Criminologia Crítica: a Experiência Brasileira. In: CAMPOS, Carmem Hein, org. **Lei Maria da Penha comentada em uma perspectiva jurídico-feminista.** Rio de Janeiro: Lumen Juris, 2011, p. 152.

Dentre as críticas e problematizações propostas pela criminologia feminista, destaca-se a análise do campo institucional, segundo a qual:

> o sistema de justiça criminal é predominantemente masculino e as posições de poder são quase que exclusivamente ocupadas por homens. Mais do que um cálculo a respeito das oportunidades igualitárias para ambos os sexos, as feministas pretendem chamar a atenção aqui para o fato de que um ambiente masculino, orientado por premissas científicas androcêntricas e pelos valores patriarcais de nossa sociedade, irá favorecer a expressão de expectativas estereotipadas com relação ao comportamento feminino apropriado, que, por sua vez, irão orientar o julgamento das mulheres que entram no sistema, tanto como vítimas como agressoras. Em consonância com as teorias da reação social, a criminologia feminista estimula a reflexão sobre a natureza da lei e de suas suposições predominantes, levantando a questão dos interesses que são servidos pela lei e quais não são por ela tratados.[3]

3. PORTELLA, Ana Paula. Criminologia Feminista. In: LIMA, Renato Sérgio de; RATTON, José Luiz; AZEVEDO, Rodrigo Ghiringhelli, orgs. **Crime, Polícia e Justiça no Brasil**. São Paulo: Contexto, 2014.

Capítulo 6

Criminologia Queer

Para melhor compreender a criminologia *queer*, que é uma vertente da criminologia crítica, é indispensável entender também a teoria *queer*, e seus impactos nos estudos criminológicos.

A teoria *queer*[1] é uma área de estudos acadêmicos e também uma forma de intervenção política, cujo foco é o mapeamento das diversas formas de controle através das quais somos moldados como sujeitos, principalmente no que diz respeito ao gênero e à sexualidade.

Traz à tona as formas de normatividade (heteronormatividade, em regra) que permeiam as relações e as instituições sociais, desafiando as noções tradicionais de identidade.

O termo *queer* é palavra oriunda da língua inglesa, cuja tradução literal significa *estranho*, e é geralmente utilizada para fazer referência a **lésbicas, gays, bissexuais e transexuais, ou ainda a qualquer pessoa que não segue ou contesta o padrão normativo vigente.**

A criminologia *queer* é uma abordagem teórica e prática que visa a ressaltar e colocar em discussão a **estigmatização, a criminalização e as diversas formas de rejeição enfrentadas pela população *queer* no sistema penal**, tanto no papel de vítimas como no papel de agressoras.

As pesquisas criminológicas e o próprio sistema penal ignoraram as experiências reais das pessoas *queer*. A única atenção que a Criminologia

1. BALL, Mathew. *What's queer about queer criminology?* In: PETERSON, Dana; PANFIL, Vanessa R., eds. **Handbook of LGBT Communities, Crime and Justice**. Nova York: Springer, 2014, p. 533.

tradicional dispensou a esse grupo teve como foco o enquadramento de suas condutas sexuais como "desviantes".

> Definido o comportamento ou o modo de ser desviante a partir da regra heterossexual, o controle social formal é instrumentalizado nos processos de criminalização (direito penal) e de patologização (psiquiatria) da diferença. Outrossim, para além destas respostas sancionadoras produzidas nas e pelas agências de punitividade (violência institucional), a lógica heteronormativa potencializa inúmeras outras formas de violências (simbólicas e interindividuais) nas quais a diversidade sexual é vitimizada (homofobia). [...] este complexo processo de legitimação da violência heterossexista poderia ser decomposto em três níveis fundacionais que configuram as culturas heteromoralizadoras e heteronormalizadoras: o primeiro, da *violência simbólica* (cultura homofóbica), a partir da construção social de discursos de inferiorização da diversidade sexual e de orientação de gênero; o segundo, da *violência das instituições* (homofobia de Estado), com a criminalização e a patologização das identidades não-heterossexuais; o terceiro, da *violência interpessoal* (homofobia individual), no qual a tentativa de anulação da diversidade ocorre através de atos brutos de violência (violência real).[2]

Um dos maiores desafios da Criminologia *queer* é provocar uma mudança na criminologia, de modo que os estudiosos levem em consideração a orientação sexual e a identidade de gênero sem a influência da estigmatização. Propõe que os estudos tenham por objetivo equipar os criminologistas com ferramentas para explorar as diversas circunstâncias que moldam as experiências do grupo *queer*, sem, contudo, rotular seus integrantes como vítimas ou criminosos, a partir de um mero estereótipo que as considera e define com base unicamente em sua conduta sexual e identidade de gênero.

Criminologia Cultural	Abordagem de Jeff Farrell e Clinton Sanders. Parte da premissa que a noção de cultura é fluída, e que a todo momento passa por transformações. Propõe que o crime e sua repressão são processos culturais, com significados e consequências inevitavelmente construídos a partir de um simbolismo compartilhado e de uma interpretação coletiva.

2. CARVALHO, Salo. **Sobre as possibilidades de uma criminologia queer.** Sistema Penal & Violência, Porto Alegre, v. 4, n. 2, p. 152-168, jul./dez. 2012.

Criminologia Feminista	Reação às correntes criminológicas que tradicionalmente adotam uma posição androcêntrica, ou seja, que, em regra, colocam a figura masculina, ainda que indiretamente, como centro dos estudos criminológicos.
Criminologia *Queer*	Abordagem teórica e prática que visa a ressaltar e colocar em discussão a estigmatização, a criminalização e as diversas formas de rejeição enfrentadas pela população *queer* no sistema penal, tanto no papel de vítimas como no papel de agressoras. O termo *queer* é palavra oriunda da língua inglesa, cuja tradução literal significa *estranho*, e é geralmente utilizada para fazer referência a lésbicas, gays, bissexuais e transexuais, ou ainda a qualquer pessoa que não segue ou contesta o padrão normativo vigente.

Capítulo 7

Criminologia e Crime Organizado

A criminalidade organizada engloba uma potencialidade destruidora e lesiva que, em grande parte das vezes, supera a delinquência individual.

No plano normativo, a revogada Lei 9.034/95 inicialmente regulava meios de prova e procedimentos investigatórios referentes a ilícitos praticados por quadrilha, bando, organizações ou associações criminosas, mas não trazia a definição legal de organizações criminosas.

Em razão disso, a jurisprudência entendeu não ser possível a aplicação do conceito fornecido pela Convenção das Nações Unidas contra o Crime Organizado Transnacional (Convenção de Palermo – Decreto 5.015/04), por violação ao princípio da legalidade.

Posteriormente, surgiu a Lei 12.694/12, que trata da formação do juízo colegiado para o julgamento de crimes praticados por organizações criminosas, e trouxe o conceito de organizações criminosas, exigindo para sua configuração a participação de, no mínimo, três integrantes.

No ano seguinte, foi editada a atual Lei 12.850/13, que define organização criminosa (art. 1º, §1º) como a associação de quatro ou mais pessoas estruturalmente ordenada e caracterizada pela divisão de tarefas, ainda que informalmente, com objetivo de obter, direta ou indiretamente, vantagem de qualquer natureza, mediante a prática de infrações penais cujas penas máximas sejam superiores a quatro anos, ou que sejam de caráter transnacional.

Sob o enfoque criminológico, são conhecidas duas espécies de criminalidade organizada:

a) **mafiosa**: baseia-se no uso da violência e da intimidação, com estrutura hierarquizada e imposição da lei do silêncio. Seus integrantes são agentes do Estado e executores dos delitos. As vítimas são difusas.

b) **empresarial**: prevalece a utilização do poder político e econômico, e não da violência ou intimidação. Possui estrutura empresarial que visa ao lucro econômico. Seus membros são empresários, políticos, dentre outros. As vítimas são difusas. Praticam os chamados crimes de colarinho branco (*white colar crimes)*, expressão cunhada por Edwin Sutherland, em uma alusão à vestimenta dessa espécie de criminosos, que ocupam altos espaços no estrato social.

A criminalidade organizada ocupa espaços e coopta indivíduos, infiltrando-se no seio social, econômico e político e estabelecendo concorrência com as entidades públicas e privadas.

Capítulo 8

Criminologia e Drogas

O estudo dos aspectos criminológicos das drogas se evidencia quando nos damos conta que, desde os primórdios da civilização, o homem tem utilizado drogas psicoativas em seu dia-a-dia para os mais variados propósitos. O vocábulo *droga*, que em sua origem etimológica significa *demônio*, hodiernamente possui duplo sentido: medicamento ou tóxico.

Inicialmente, as substâncias psicotrópicas eram extraídas diretamente da natureza. Com o avanço técnico-científico, o homem passou a sintetizar drogas em laboratório, e a difusão dessas substâncias tomou tamanha proporção, que atualmente é possível verificar sua utilização nas mais diversas camadas sociais, numa verdadeira globalização do consumo de entorpecentes.

Para a criminologia é importante o estudo das drogas, seus efeitos na sociedade, e repercussão na própria criminalidade.

Existem diversos fatores que contribuem para o uso de drogas, e consequentemente, para o fenômeno criminológico:

a) **fatores endógenos**: predisposição hereditária e personalidades toxicofílicas.

b) **fatores exógenos:** desagregação do lar e da família, curiosidade, modismo, status, contestação dos padrões vigentes, desemprego, dentre outros.

O problema da toxicomania é amplo e não se limita a uma causa, evidenciando fatores de risco e fatores de proteção ao uso indevido de drogas.

a) **fatores de risco:** podem ser fatores legais (atipicidade penal), disponibilidade de drogas (fácil acesso), econômicos (pobreza, riqueza, desemprego), familiares (famílias desfeitas), comportamentais (uso de drogas na infância), educacionais (repetência, faltas, violência na escola), pressão de grupo (más companhias), dentre outros.

b) **fatores de proteção:** podem ser a dinâmica familiar estruturada, diversidade de opção de vida, postura ética e moral, respeito aos direitos humanos, estrutura social adequada, e outros mais.

A prevenção ao uso indevido de drogas deve se voltar para o resgate da dignidade humana, metaprincípio constitucional. É preciso uma ação multifacetada para restabelecer condições de vida social e restaurar valores éticos e morais que embasem a tolerância. Sendo assim, o trabalho de prevenção abrange aspectos formais e informais:

a) **aspectos formais:** abrangem três níveis, a saber: primário (evitar o uso), secundário (detectar o usuário e tratá-lo), e terciário (recuperar o usuário e reinseri-lo no seio social). No Brasil, a Lei nº 11.343/06 instituiu o Sistema Nacional de Polícias Públicas sobre Drogas (SISNAD), prescreveu medidas para prevenção ao uso indevido de drogas e para a reinserção de dependentes químicos.

b) **aspectos informais:** dizem respeito à adoção de medidas educativas e repressivas em clubes de serviço, associações e outras entidades.

Capítulo 9

Criminologia no Estado Democrático de Direito

No Estado Democrático de Direito, o saber criminológico prima pela prevenção, partindo-se da premissa que é melhor prevenir o crime do que reprimi-lo.

Reparar o dano, ressocializar o delinquente e reprimir o crime são focos centrais do conteúdo científico da criminologia no cenário atual. Nesse panorama, a prevenção do delito é um assunto recorrente em todas as esferas do poder público.

Estudam-se os fatores inibidores e estimulantes da criminalidade para elaboração de programas prevencionista. Fatores como desemprego, miséria, falta de assistência social, desigualdade e corrupção estimulam o fenômeno criminal, enquanto trabalho, educação, saúde, democracia, igualdade e justiça social inibem o crime.

Devem ser adotadas 2 espécies de medidas para prevenir o crime num Estado Democrático de Direito:[1]

a) medidas indiretas: atuam de maneira mediata sobre o crime, ao incidir em relação às causas do delito (ex: melhoria nas condições de vida da população);

b) medidas diretas: incidem de forma imediata sobre o próprio delito (ex: pena e regime prisional).

---

1. LIMA JÚNIOR, José César Naves de. **Criminologia**. Salvador: Juspodivm, 2017, p. 93.

Capítulo 10

Criminologia na América Latina e as Agências de Controle

As teorias da reação social explicam a de atuação do sistema penal a partir da atuação das agências de controle social do Estado – leia-se a Polícia, o Ministério Público, o Poder Judiciário – que selecionam determinadas condutas e pessoas para lhes atribuir um rótulo, o de criminoso, marcando uma mudança paradigmática nos estudos criminológicos.

Sob essa perspectiva, são as agências de controle social que produzem o crime, e não o crime que dá origem ao controle social, uma vez que podem ser rotuladas as pessoas que sequer tenham quebrado uma regra, de acordo com fatores da personalidade ou sua condição pessoal de vida.

O homem é rotulado quando pratica um ato qualificado como desviante, processo chamado de criminalização primária, ou seja, dá-se a criação de uma norma penal que qualifica o ato como criminoso, enquanto a criminalização secundária ocorre quando os agentes de controle social enquadram um ato praticado por um sujeito nas condições da criminalização primária.

O objeto de estudo da criminalidade pode ser alterado dos meios de criminalização para as agências de controle social, pois elas são os agentes de criminalização de condutas e pessoas pela seleção de qualidades atribuídas por meio dos processos de interação social, segundo a distribuição de poder na sociedade.

A criminalidade deve ser reconhecida como um bem negativo, desigualmente distribuído na sociedade, segundo uma hierarquia de interesses estabelecidos pelo sistema socioeconômico e a desigualdade social.

PARTE 7

MOVIMENTOS IDEOLÓGICOS E TEMAS ESPECIAIS

Capítulo 1

Terceira Escola

A terceira escola (*terza scuola*) tem origem na Itália no início do século XX, e tentou conciliar preceitos da Escola Clássica e da Escola Positiva. Teve como expoentes **Giuseppe Impallomeni, Manuel Carnevale e Bernardino Alimena**.

As principais ideias foram:[1]

a) respeito à identidade do Direito Penal, que não poderia ser absorvido pela sociologia criminal;

b) inadmissibilidade do tipo criminal antropológico, porquanto o fenômeno criminal funda-se na causalidade, e não na fatalidade;

c) luta contra a criminalidade por meio da reforma social do Estado;

d) pena com caráter aflitivo e função de defesa social;

e) distinção entre imputáveis e inimputáveis;

f) crime como fenômeno social e individual;

g) distinção entre disciplinas empíricas (que utilizam o método experimental) e as disciplinas normativas (que emprega o método dedutivo).

---

1. SUMARIVA, Paulo. **Criminologia: teoria e prática**. Niterói – RJ: Impetus, 2015, p. 47.

Capítulo 2

Nova Defesa Social

A nova defesa social consiste em movimento de política criminal surgido após a 2ª Guerra Mundial com o objetivo de modernizar o Direito, especialmente por intermédio de medidas punitivas. Um de seus articuladores foi **Marc Ancel**, por meio da obra *La Defense Sociale Nouvelle,* e **Filippo Gramatica e Adolphe Prins.**

O delinquente deveria ser educado para assumir sua responsabilidade com a sociedade, possibilitando assim o convívio pacífico de todos (pedagogia da responsabilidade).

Essa corrente de pensamento defende que se deve proteger a sociedade das ações delituosas em vez de punir o criminoso, o principal é neutralizar a periculosidade do delinquente.

O Direito Penal repressivo deve ser substituído por sistemas preventivos e educativos.

Capítulo 3

Garantismo Penal

A doutrina do garantismo penal tem em **Luigi Ferrajoli** a figura do seu principal entusiasta, por meio da obra Direito e Razão, considerada por muitos a *bíblia* dos estudos garantistas. Faz parte da **criminologia minimalista** (também denominada minimalismo penal ou Direito Penal mínimo).

O italiano criou um modelo, um ideal jamais atingível de forma plena, que não descreve o que ocorre, mas prescreve o que deva ocorrer. Visa à mínima intervenção penal com as máximas garantia. Por isso, o garantismo penal não deixa de ser uma vertente do chamado Direito Penal mínimo.

Segundo o doutrinador[1], essa proposta busca o máximo grau de racionalidade e de limitação do poder punitivo do Estado, tutelando a pessoa humana contra arbitrariedades.

Fundado em princípios deônticos de índole penal e processual penal, são esses os conhecidos 10 axiomas ou princípios axiológicos fundamentais:

Nulla poena sine crimine	princípio da **retributividade** ou da consequencialidade da pena em relação ao delito
Nullum crimen sine lege	princípio da **reserva legal**
Nulla lex (poenalis) sine necessitate	princípio da **necessidade** ou da economia do Direito Penal
Nulla necessitas sine injuria	princípio da **lesividade** ou da ofensividade do resultado

1. FERRAJOLI, Luigi. **Direito e Razão.** São Paulo: Revista dos Tribunais, 2010. p. 378.

Nulla injuria sine actione	princípio da **materialidade** ou da exterioridade da ação
Nulla actio sine culpa	princípio da **culpabilidade** ou da responsabilidade pessoal
Nulla culpa sine judicio	princípio da **jurisdicionalidade**
Nullum judicium sine accusatione	princípio **acusatório** ou da separação entre juiz e acusação
Nulla accusatio sine probatione	princípio do ônus da prova ou da verificação
Nulla probatio sine defensione	princípio do **contraditório ou da defesa**, ou da falseabilidade

Desse modo, defende que o Estado, ao exercer o *jus puniendi*, reconheça que o criminoso é sujeito de direitos. Há dimensões de garantias com a finalidade de resguardar os direitos do agente:[2]

a) **garantias primárias:** que são os limites normativos impostos pela lei, que tutelam o direito e vedam o excesso do exercício do poder (exemplo: conjunto de regras atinentes ao princípio da anterioridade, ou ao princípio do *ne bis in idem*);

b) **garantias secundárias:** preveem formas de reparação no caso de violação das garantias primárias (exemplo: possibilidade de anulação de atos inválidos).

Cumpre ressaltar que o garantismo penal se desdobrou em duas vertentes. A primeira diz respeito ao (a) **garantismo negativo**, que é caracterizado pela proibição de todo e qualquer excesso por parte do Estado, e prima pelos direitos do criminoso. Já a segunda vertente, diametralmente oposta à primeira, defende o (b) **garantismo positivo**, na medida em que veda a proteção deficiente do Estado e da coletividade.

Assim como dois lados de uma moeda, as vertentes do garantismo demonstram a dualidade do princípio da proporcionalidade. É o chamado caráter dúplice do princípio da proporcionalidade.

O garantismo ideal, por sua vez, é o **garantismo integral**, consubstanciado na perfeita e necessária conjugação das duas vertentes garantistas: negativa e positiva.

O Supremo Tribunal Federal reconhece a necessidade de se aplicar o Direito Penal como fragmentário e subsidiário, apenas naquelas

2. CUNHA, Rogério Sanches. **Direito Penal** – Parte Geral. Salvador: Editora Juspodivm, 2016. p. 39.

situações em que outros ramos do direito não forem aptos a propiciar a pacificação social.[3]

Infelizmente, o Brasil ainda não atingiu o equilíbrio entre essas duas facetas do garantismo penal, pois prevalece o garantismo negativo, que se levado ao extremo, culmina no chamado garantismo hiperbólico monocular, caracterizado pela ampliação exagerada e desproporcional dos direitos e garantias do agente em detrimento dos direitos e garantias do corpo social.

Ideologias sobre a existência e aplicação do Direito Penal		
Direito Penal Máximo	**Direito Penal Mínimo (Garantismo Penal)**	**Abolicionismo penal**
O Direito Penal deve existir e ser aplicado como regra (*prima ratio).*	O Direito Penal deve existir mas ser aplicado como exceção (*ultima ratio),* apenas quando os demais ramos não forem suficientes. Decorre da criminologia minimalista (que é vertente da criminologia crítica).	Não deve haver Direito Penal. É uma vertente da criminologia crítica.

3. Confira por exemplo, dentre vários julgados. o HC 107.638.

Capítulo 4

Direito Penal de Emergência (Direito Penal Simbólico)

O **Direito Penal de emergência** é movido pela sensação de insegurança presente na sociedade, que passa a clamar por punições cada vez mais rigorosas, e pela retirada de direitos e garantias fundamentais do acusado. **Luigi Ferrajoli** identificou o fenômeno para reprova-lo, por se tratar de uma política criminal frustrada que **não observa os preceitos do Direito Penal m**ínimo e do garantismo penal.

Essa atuação estatal tem cunho populista e considera exclusivamente o medo da população. Dá guarida a anseios imediatistas, oferecendo falsas soluções e atuando em conformidade com as pressões sociais sem nem mesmo se ater a verificação de sua eficácia como meio de prevenção do crime.

Manuel Meliá utilizou o termo **Direito Penal simbólico** para designar essa falha do Estado, em que tutelas simbólicas têm tão somente a intenção de dar à sociedade a sensação que de Estado possui o controle da criminalidade e proporcionar uma sensação tranquilizadora ilusória.[1]

Nesse sentido, esse movimento punitivista, atendendo aos anseios populares, passa a incrementar o tratamento penal dado às condutas violadoras da lei penal, deixando de lado a proporcionalidade e até mesmo a dignidade da pessoa humana.

Esquecendo a real missão do Direito Penal, que deve se nortear pelo princípio da intervenção mínima, o legislador atua pensando na

1. JAKOBS, Günther; MELIÁ, Manuel Cancio. **Direito Penal do Inimigo**: noções e críticas. Porto Alegre, 2002, p. 58.

opinião pública, querendo, com novos tipos penais, aumento de penas e restrições de garantias, devolver para a sociedade a (ilusória) sensação de tranquilidade. Permite a edição de leis que cumprem função meramente representativa, afastando-se das finalidades legítimas da pena, campo fértil para um Direito Penal simbólico.[2]

O Direito Penal de emergência ou simbólico costumeiramente leva a efeito práticas do chamado Direito Penal do autor, Direito Penal do inimigo e da 3ª ou 4ª velocidades do Direito Penal, que serão examinadas logo mais.

2. CUNHA, Rogério Sanches. **Direito Penal. Parte Geral**. Salvador: Editora Juspodivm, 2016, p. 37.

Capítulo 5

Direito Penal do Autor e Direito Penal do Fato

Em razão do princípio da materialização do fato ou princípio da responsabilidade pelo fato, o **Estado só pode incriminar condutas humanas voluntárias, ou seja, fatos, e nunca pensamentos ou estilos de vida**. Esse postulado consagra o Direito Penal do fato, o oposto de Direito Penal do autor.

Em razão desse princípio, não se admite a criação de tipos penais incriminadores da personalidade ou estilo de vida do cidadão. A repressão criminal estatal só é admitida pelo que a pessoa fez, nunca pelo que a pessoa é.

O Direito Penal do fato decorre do nosso sistema penal constitucional, vale dizer, em um Estado de Direito garantista como o nosso, não há espaço para o Direito Penal do autor.

> "Os direitos e garantias fundamentais próprios do Estado de direito, sobretudo as de caráter material e processual penal, são pressupostos irrenunciáveis da própria essência do estado de direito. Admitida a sua derrogação, ainda que seja em casos pontuais, extremos e muito graves, implica admitir também o desmantelamento do Estado de direito, cujo ordenamento jurídico se converte em um ordenamento puramente tecnocrático ou funcional".[1]

Em síntese, em nossa dogmática, o Direito Penal do fato pode ser extraído do Estado de Direito, que tem como núcleo central o princípio

1. BUSATO, Paulo César; CONDE, Francisco Muñoz. **Crítica ao Direito Penal do inimigo**. Rio de Janeiro: Lumen Juris, 2011. p. 2.

da dignidade da pessoa humana, fundamento da República Federativa do Brasil, insculpido no art. 1º, III da Constituição. Importante ressaltar que o princípio da vedação do retrocesso impede a supressão desse sistema, que privilegia o fato praticado e não a figura do autor.

Embora nosso ordenamento jurídico tenha adotado o Direito Penal do fato, que se volta para a análise do comportamento efetivamente praticado, é possível que circunstâncias relacionadas ao autor da conduta sejam consideradas para a dosimetria da pena, a exemplo da personalidade e dos antecedentes criminais, elencados no rol de circunstâncias judiciais do art. 59 do Código Penal. Nessa hipótese, a consideração de tais circunstâncias é decorrente de outro princípio de estatura constitucional: princípio da individualização da pena. Por essa razão, a jurisprudência considera constitucional a agravante da reincidência.[2]

2. Superior Tribunal de Justiça, AgRg nos EDcl no REsp 965.071.

Capítulo 6

Direito Penal do Inimigo

Desenvolvida por **Günther Jakobs**, é uma teoria que faz **distinção entre o criminoso cidadão de bem e o criminoso inimigo**. Representa uma vertente do **Direito Penal do autor.**

Criminoso cidadão é aquele que aceita cumprir o ordenamento jurídico, embora eventualmente até possa descumprir alguma norma. Criminoso inimigo, por sua vez, é o indivíduo que afronta a estrutura do Estado e desestabiliza a ordem, revelando um modo de vida contrário às normas jurídicas. A transição do *criminoso cidadão* ao *criminoso inimigo* é produzida mediante a reincidência, a delinquência profissional e a integração em organizações criminosas.

O Estado não deve reconhecer os direitos do inimigo, por ele não se enquadrar no conceito de cidadão. Jakobs defende a supressão ou flexibilização dos direitos e garantias fundamentais ao criminoso inimigo. Assim, por exemplo, não pode gozar de direitos processuais, como o da ampla defesa e o de constituir defensor, haja vista que é uma ameaça à ordem pública. Afinal, trata-se de guerra, na qual o importante é vencer, ainda que mediante deslealdade com o adversário.

Cuida-se de um Direito Penal prospectivo, porquanto as medidas impostas ao inimigo levam em conta o perigo que ele representa para o futuro.

Direito Penal do Cidadão	Direito Penal do Inimigo
Indivíduo como sujeito de direitos	Indivíduo como objeto de coação
Respeito aos direitos e garantias penais e processuais penais	Flexibilização ou eliminação de direitos e garantias individuais

Direito Penal do Cidadão	Direito Penal do Inimigo
O criminoso cidadão não pratica infrações penais de forma habitual nem integra organização criminosa	O criminoso inimigo pratica crime por princípio (ideologia), integrando organização criminosa e agindo com profissionalismo
Vigora a culpabilidade do ato (o que interessa é o fato praticado e não o perfil do criminoso)	Vigora a culpabilidade do autor (preocupa-se com o perfil do criminoso e não com o ato por ele praticado)
A pena visa a recuperação do criminoso	A pena visa a eliminação ou a inutilização do criminoso
Direito Penal do Fato	Direito Penal do Autor

São características e consequências do Direito Penal do inimigo:[1]

a) flexibilização ou eliminação de direitos e garantias individuais (penais e processuais penais), admitindo-se inclusive a tortura. Utilização da pena privativa de liberdade com flexibilização de garantias (Direito Penal de terceira velocidade);

b) mitigação do princípio da ofensividade com criação de crimes de perigo abstrato (para dispensar comprovação do efetivo risco ao bem jurídico tutelado);

c) relativização do princípio da legalidade, por meio da criação de tipos penais vagos e sanções imprecisas;

d) suavização do princípio da exteriorização do fato, punindo o indivíduo não pelo que ele fez, mas pelo que ele é (Direito Penal do autor);

e) antecipação da tutela penal com criação de crimes-obstáculo (para atingir atos preparatórios);

f) criação artificial de delitos (inflação legislativa);

g) majoração de penas;

h) aumento do rigor da execução penal;

i) incremento do uso de técnicas especiais de investigação como a colaboração premiada (concedendo benefícios em troca de ajuda à Justiça), a ação controlada (com flexibilização da prisão em flagrante) e a infiltração de agentes policiais.

Como se nota, o Direito Penal do inimigo relaciona-se com o **funcionalismo sistêmico ou radical** (que se preocupa não com a proteção

---

1. MASSON, Cléber. **Direito Penal Esquematizado** – Parte Geral, v. 1. São Paulo: Editora Método, 2016. p. 112; CUNHA, Rogério Sanches. **Direito Penal** – Parte Geral. Salvador: Juspodivm, 2016. p. 188.

a bens jurídicos, mas com o império da norma), representando o Direito Penal do autor e simultaneamente o Direito Penal de terceira velocidade.

Parcela da doutrina afirma que há influências do Direito Penal do Inimigo nas seguintes normas: Lei 10.792/03 (criou o regime disciplinar diferenciado na execução penal), Leis 9.613/98, 11.343/06 e 12.850/13 (admitem meios extraordinários de obtenção de prova como colaboração premiada, ação controlada e infiltração policial), Lei 9.614/98 (Lei do abate de aeronaves); Lei 8.072/90 (que veda a fiança e algumas causas extintivas da punibilidade para crimes hediondos) e Lei 13.260/16 (prevê punição para atos preparatórios de terrorismo).

Não obstante a opinião doutrinária a respeito das referidas normas, é importante salientar que o Direito Penal do inimigo não é admitido no Brasil, porque as garantias materiais e processuais inerentes ao Estado Democrático de Direito, insculpidas em cláusula pétrea constitucional, devem obrigatoriamente ser respeitadas, independentemente de quem seja o criminoso.

Além disso, a adoção do Direito Penal do inimigo em um Estado que preza pelos valores democráticos constitui verdadeiro retrocesso histórico, na medida em que remonta a procedimentos característicos dos períodos anteriores ao Iluminismo, quando o acusado era despido de qualquer direito, e rebaixado à condição de objeto do processo. Desse modo, revela-se **inconstitucional**, por violar não somente diversas direitos e garantias fundamentais, mas também por afrontar um dos próprios fundamentos do Estado Democrático de Direito Brasileiro: o princípio da dignidade da pessoa humana (art. 1º, III, CF).

Capitulo 7

Velocidades do Direito Penal

A noção de velocidades do Direito Penal[1] foi idealizada por **Jesus-María Silva Sánchez**, que elencou 3 velocidades. Levou em conta para elaborar a teoria o tempo que o Estado leva para punir o autor de uma infração penal (conforme o procedimento de persecução penal utilizado) e a sanção penal aplicada (mais ou menos grave).

A **1ª velocidade** enfatiza as infrações penais mais graves, punidas com penas privativas de liberdade, exigindo, por este motivo, um procedimento mais demorado, que observa todas as garantias penais e processuais penais.

Já a **2ª velocidade** relativiza direitos e garantias fundamentais, possibilitando punição mais célere, mas, em compensação, prevê sanção não privativa de liberdade (penas alternativas).

A **3ª velocidade** mescla as 2 anteriores. Defende a punição do criminoso com pena privativa de liberdade (1ª velocidade), permitindo, para determinados crimes (tidos como mais graves), a flexibilização de direitos e garantias constitucionais (2ª velocidade). O Estado responde de forma intensa (nem sempre sinônimo de justiça) e célere. Essa velocidade se liga ao **Direito Penal do inimigo**.

Por fim, fala-se hodiernamente em uma **4ª velocidade** do Direito Penal, ou neopunitivismo, desenvolvida por **Daniel Pastor**. Destaca-se como um movimento do panpenalismo, que busca a todo custo o aumento do arsenal punitivo do Estado, inclusive de forma mais arbitrária e

1. CUNHA, Rogério Sanches. **Direito Penal. Parte Geral**. Salvador: Editora Juspodivm, 2016, p. 41.

abusiva do que o **Direito Penal do inimigo**. Cria-se, em outras palavras, um direito penal absoluto.

Em resumo:

	1ª Velocidade	2ª Velocidade	3ª Velocidade	4ª Velocidade
Espécie de sanção penal	Penas privativas de liberdade	Penas alternativas	Penas privativas de liberdade	Violação de direitos humanos de chefes de Estado
Procedimento	Garantista	Flexibilizado	Flexibilizado	Flexibilizado
Exemplo	CPP	Lei 9.099/95	Lei 12.850/13	Estatuto do TPI

Capítulo 8

Cenário da Bomba-relógio

Na obra "Les centurions", **Jean Larteguy** descreveu um cenário no qual o protagonista do romance descobre um plano de ataque iminente de terroristas, que haviam armado várias bombas relógio. Esse livro foi lançado em 1960 e inspirou a elaboração da teoria do cenário da bomba--relógio (*ticking time bomb scenario*).

Essa teoria se encaixa em um experimento no qual se supõe que terroristas armam diversas bombas-relógio com potencial de matar e ferir diversas pessoas inocentes. Quando os criminosos são capturados e ficam em poder das autoridades, questiona-se a possibilidade de **utilização da tortura** para que se descobrir onde as bombas teriam sido colocadas.

Para os teóricos dessa escola, é possível a adoção de métodos que utilizem a tortura, em casos excepcionais. A violação à integridade física do delinquente se justificaria pela salvaguarda da vida de várias pessoas. No conflito de dois bens jurídicos, a proteção da vida e integridade física de pessoas ameaçadas valeria mais do que a proteção da vida do terrorista.

Os pressupostos para justificar a sua utilização são:

a) ataque específico, certo e determinado (não pode aplicar a teoria em situações vagas);

b) ataque irá ocorrer em prazo curto (iminência do ataque)

c) ataque colocar em risco um número significativo e indeterminado de pessoas (potencialidade do ataque);

d) suspeitos estarem envolvidos diretamente no ataque;

e) suspeito ter as informações que poderão impedir o ataque (utilidade);

f) inexistência de outro meio seguro e eficaz para se obter as informações a tempo (inevitabilidade);

g) nenhuma outra ação poderia ser adotada para impedir o ataque (subsidiariedade);

h) motivação do torturador é apenas obter informações para salvar vidas;

i) utilização de forma excepcional, e não com frequência (excepcionalidade).

Adota-se uma visão utilitarista, com base em Stuart Mill e Jeremy Bentham. A tortura seria utilizada com a finalidade de combater um mal maior, ou seja, a morte de pessoas inocentes, em detrimento da tortura do suspeito. A licitude da utilização dessa teoria se justificaria no estado de necessidade ou na legítima defesa de terceiro. A teoria já foi utilizada nos Estados Unidos, a partir da necessidade de se reprimir atentados terroristas, em casos de extrema urgência e necessidade.

Contudo, não é aceita pela maioria. Norberto Bobbio inclusive afirma que há alguns direitos absolutos, que valem em qualquer situação e não podem ser mitigados nem em casos excepcionais, como o caso do direito de não ser escravizado e de não sofrer tortura.[1]

O ordenamento jurídico internacional veda a tortura, nos termos do art. 2.2, da Convenção Contra a Tortura (Decreto 40/81): "Em nenhum caso poderão invocar-se circunstâncias excepcionais tais como ameaça ou estado de guerra, instabilidade política interna ou qualquer outra emergência pública como justificação para tortura".

Na ordem jurídica nacional, importante lembrar que a dignidade da pessoa humana é um núcleo axiológico do qual derivam inúmeros direitos fundamentais, não podendo ser ignorado, na forma do art. 5º, III, da CF.

Pensar o contrário abriria um perigoso precedente para a utilização da tortura de forma institucionalizada.

Além disso, consistiria em verdadeira utilização do **Direito Penal do inimigo**, priorizando absolutamente a punição em detrimento de uma persecução criminal respeitadora de garantias mínimas ao acusado.

1. BOBBIO, Norberto. **A Era dos Direitos**. Rio de Janeiro: Campus, 1992, p. 20.

Capítulo 9

Teoria dos Testículos Despedaçados

Esta teoria nada mais é do que um **viés da teoria das janelas quebradas**, segundo a qual há uma íntima relação de causalidade entre a desordem e a criminalidade, e conclui que a repressão dos crimes, mesmo as infrações mais simples, deve ser imediata, sob pena de criar uma cultura de impunidade, ensejando a prática de outros tantos delitos.

Com uma leitura mais específica, a teoria dos testículos quebrados (*broken balls*), também de origem norte-americana, é um fenômeno que **decorre da maior repressão estatal às infrações de menor potencial ofensivo.**

Baseia-se na experiência policial, e sustenta que os autores de delitos de menor gravidade, **quando perseguidos com eficácia pelos policiais, em regra se dão por derrotados e migram para locais distintas a fim de continuar violando a lei penal** sem serem incomodados pelos agentes estatais.

Vale notar que a também chamada teoria dos testículos quebrados **não resolve o problema da criminalidade**, ocasionando tão somente a dispersão dos criminosos.

Capítulo 10

Correcionalismo

A Escola Correcionalista surgiu na Alemanha, em 1839, com a dissertação de **Karl Roder**, intitulada *Comentatio an poena malum debeat.* Contudo, os ideais correcionalistas foram melhores desenvolvidos na Espanha, por **Pedro Dorado Montero**, autor da obra *El Derecho Protector de los Criminales.*

Na visão do professor espanhol, **não há delito natural: toda espécie de crime é criação artificial da sociedade**, que seleciona determinados comportamentos como criminosos. Além disso, Dorado Montero defendeu a pena como forma de recuperação e adaptação social do infrator, de caráter eminentemente pedagógico.

O delinquente é um ser anormal, constituindo perigo para a convivência social, sendo indiferente a circunstância de tratar-se ou não de imputável. Afasta-se o livre-arbítrio. O criminoso é um ser limitado por uma anomalia de vontade, encontrando no delito o seu sintoma mais evidente, e, por isso, a sanção penal é vista como um bem. O importante não é a punição do delito, mas sim a cura ou emenda do delinquente.

Essa escola concebeu um modelo de Direito Penal em que o Poder Judiciário, as Polícias e os demais órgãos estatais de controle deveriam ser **unificados** de forma a constituir um só corpo de polícia. A finalidade da fusão é promover o bem-estar tratando o delinquente como pessoa que necessita de ajuda. Obtida a adaptação social, o indivíduo deixaria de constituir perigo à sociedade.

Capítulo 11

Bullying e Cyberbullying

O termo em inglês *bullying* é derivado da palavra *bully* (valentão, brigão, tirano). O termo foi cunhado na década de 70 pelo psicólogo sueco **Dan Olweus.**

O *bullying* consiste na **prática reiterada de agressões físicas ou psicológicas** por um ou mais indivíduos contra uma ou mais vítimas.

Qualifica-se pela combinação entre **humilhação e intimidação** de pessoas geralmente hipossuficientes, que não possuem condições de se defender.

Esse fenômeno ocorre com frequência no âmbito escolar, em que grupos dominantes exercer poder sobre os grupos mais fragilizados. Essa violência não se confunde com meras brincadeiras inofensivas, extrapolando o convívio humano normal.

Não raras vezes as agressões são realizadas de forma velada contra as vítimas.

Em geral são praticadas de maneira repetitiva, tendo o potencial de causar danos psicológicos permanentes.

O *bullying*, além de pernicioso por si só, é capaz de estimular outras formas de delinquência.

Hodiernamente, com o avanço da tecnologia, uma das formas mais empregadas para se consumar tal violência é por meio da internet. Nessa esteira, *cyberbullying* nada mais é do que a **prática de *bullying* através do meio virtual**, seja por redes sociais, emails, blogs ou outras formas.

Capítulo 12

Stalking e Cyberstalking

A palavra em inglês *stalking* é utilizada na prática de caça, deriva do verbo *stalk*, que corresponde a perseguir incessantemente. No contexto de caça, ocorre quando o predador persegue a presa de forma contínua.

Com efeito, *stalking* é conhecido por **perseguição persistente.** Consiste em forma de violência na qual o **sujeito invade repetidamente a esfera da vida privada da vítima**, por meio da repetição de atos de modo a restringir a liberdade ou atacar a privacidade ou reputação da vítima.

Há o emprego de táticas de perseguição diversas, a exemplo de ligações telefônicas, envio de mensagens por SMS, aplicativo ou e-mail, publicação de fatos ou boatos, remessa de presentes, espera de sua passagem nos lugares que frequenta, dentre outras.

O resultado é um dano temporário ou permanente à integridade psicológica e emocional.

Os motivos dessa prática são os mais variados: violência doméstica, inveja, vingança, ódio ou a pretexto de brincadeira.

Nos dias atuais, com o avanço da tecnologia, essa violência passou a ser concretizada também por meio virtual, pela internet. Daí se falar em *cyberstalking*, que significa a perseguição realizada por intermédio da internet, seja por redes sociais, e-mails, blogs ou outras maneiras.

Terceira Escola	Tentou conciliar preceitos da Escola Clássica e da Escola Positiva. Teve como expoentes **Giuseppe Impallomeni, Manuel Carnevale e Bernardino Alimena**. Luta contra a criminalidade por meio da reforma social do Estado. Pena com caráter aflitivo e função de defesa social. Distinção entre imputáveis e inimputáveis. Crime como fenômeno social e individual.

Nova Defesa Social	Seus articuladores foram **Marc Ancel, Filippo Gramatica e Adolphe Prins.** O delinquente deveria ser educado para assumir sua responsabilidade com a sociedade, possibilitando assim o convívio pacífico de todos. Deve-se proteger a sociedade das ações delituosas em vez de punir o criminoso. O principal é neutralizar a periculosidade do delinquente.
Garantismo Penal	**Luigi Ferrajoli** a figura do seu principal entusiasta. Deve-se proteger a sociedade das ações delituosas em vez de punir o criminoso, o principal é neutralizar a periculosidade do delinquente.O italiano criou um modelo que busca a mínima intervenção penal com as máximas garantias. Visa ao máximo grau de racionalidade e de limitação do poder punitivo do Estado, tutelando a pessoa humana contra arbitrariedades. Composto por 10 axiomas.
Direito Penal de Emergência (Direito Penal Simbólico)	**Luigi Ferrajoli** identificou o fenômeno para reprová-lo, por se tratar de uma política criminal frustrada que não observa os preceitos do Direito Penal mínimo e do garantismo penal. Sensação de insegurança presente na sociedade faz com que clame por punições cada vez mais rigorosas e pela retirada de direitos e garantias fundamentais do acusado. Atuação estatal tem cunho populista e considera exclusivamente o medo da população. Dá guarida a anseios imediatistas, oferecendo falsas soluções e atuando em conformidade com as pressões sociais sem nem mesmo se ater à verificação de sua eficácia como meio de prevenção do crime. **Manuel Meliá** utilizou o termo Direito Penal simbólico para designar essa falha do Estado.
Direito Penal do Autor e Direito Penal do Fato	Em razão do princípio da materialização do fato ou princípio da responsabilidade pelo fato, o **Estado só pode incriminar condutas humanas voluntárias, ou seja, fatos, e nunca pensamentos ou estilos de vida**. Esse postulado consagra o Direito Penal do fato, o oposto de Direito Penal do autor.
Direito Penal do Inimigo	Preconizado por **Günther Jakobs**. Defende a flexibilização ou eliminação de direitos e garantias individuais para aqueles que reiteradamente praticam crimes. Preocupa-se com o perfil do criminoso e não com o ato por ele praticado (manifestação do Direito Penal do Autor). A pena visa a eliminação ou a inutilização do criminoso.

Velocidades do Direito Penal	Idealizada por **Jesus-María Silva Sánchez**, que elencou 3 velocidades. Levou em conta para elaborar a teoria o tempo que o Estado leva para punir o autor de uma infração penal (conforme o procedimento de persecução penal utilizado) e a sanção penal aplicada (mais ou menos grave). **Daniel Pastor** trabalhou com uma 4ª velocidade.
Cenário da Bomba-relógio	**Jean Larteguy** descreveu um cenário da teoria que se encaixa em um experimento no qual se supõe que terroristas armam diversas bombas-relógio com potencial de matar e ferir diversas pessoas inocentes. Quando os criminosos são capturados e ficam em poder das autoridades, questiona-se a possibilidade de **utilização da tortura** para que se possa descobrir onde as bombas teriam sido colocadas.
Teoria dos Testículos Despedaçados	Viés da teoria das janelas quebradas. Decorre da maior repressão estatal às infrações de menor potencial ofensivo. Baseia-se na experiência policial e sustenta que os autores de delitos de menor gravidade, quando perseguidos com eficácia pelos policiais, em regra se dão por derrotados e migram para locais distintos a fim de continuar violando a lei penal sem serem incomodados pelos agentes estatais.
Correcionalismo	Surgiu com **Karl Roder**, e foi desenvolvida melhor por **Pedro Dorado Montero**. Não há delito natural: toda espécie de crime é criação artificial da sociedade, que seleciona determinados comportamentos como criminosos. Pena é forma de recuperação e adaptação social do infrator, de caráter eminentemente pedagógico.
Bullying e Cyberbullying	O termo foi cunhado na década de 70 pelo psicólogo sueco **Dan Olweus**. Consiste na prática reiterada de agressões físicas ou psicológicas por um ou mais indivíduos contra uma ou mais vítimas. Qualifica-se pela combinação entre humilhação e intimidação de pessoas geralmente hipossuficientes, que não possuem condições de se defender. Uma das formas mais empregadas para se consumar tal violência é por meio da internet. *Cyberbullying* nada mais é do que a prática de *bullying* através do meio virtual, seja por redes sociais, emails, blogs ou outras formas.

Stalking e Cyberstalking	*Stalking* é conhecido por perseguição persistente. Consiste em forma de violência na qual o sujeito invade repetidamente a esfera da vida privada da vítima, por meio da repetição de atos de modo a restringir a liberdade ou atacar a privacidade ou reputação da vítima. Os motivos dessa prática são os mais variados: violência doméstica, inveja, vingança, ódio ou a pretexto de brincadeira. Essa violência passou a ser concretizada também por meio virtual, pela. Daí se falar em *cyberstalking*, que significa a perseguição realizada por intermédio da internet, seja por redes sociais, emails, blogs ou outras maneiras.

EXERCÍCIOS

Questões

1. (PCMA - Delegado - CESPE - 2018)

Acerca do direito penal e do poder punitivo, assinale a opção correta.

a) O garantismo penal impede a intervenção punitiva do Estado, o qual deverá exercer função exclusivamente preventiva e garantidora das liberdades individuais.

b) O direito penal do autor poderá servir de fundamento para a redução da pena quando existirem circunstâncias pessoais favoráveis ao acusado.

c) O direito penal do ato tem como característica a ampliação da tipicidade do crime para atingir também os atos preparatórios e os de tentativa.

d) No direito penal do inimigo, a sanção penal é aplicada com extremo rigor e objetiva punir o inimigo de modo exemplar por atos cometidos, sem, contudo, relativizar ou suprimir garantias processuais.

e) A criminalização secundária tem como características a igualdade e a abstração, uma vez que a lei penal é genérica e a todos dirigida.

2. (PCSP - Investigador - VUNESP - 2014)

A distinção entre imputáveis e inimputáveis, a responsabilidade moral baseada no determinismo, o crime como fenômeno social e individual e a pena com caráter aflitivo, cuja finalidade é a defesa social, são características da:

a) Terza Scuola Italiana.

b) Escola Moderna Alemã.

c) Escola Positiva.

d) Escola Clássica.

e) Escola Tradicional.

3. (PCSP - Investigador - VUNESP - 2014)

A corrente do pensamento criminológico, que teve por precursor Filippo Gramatica e fundador Marc Ancel, a qual apregoa que o delinquente deve ser educado para assumir sua responsabilidade para com a sociedade, a fim de possibilitar saudável convívio de todos (pedagogia da responsabilidade), é denominada.

a) Janelas Quebradas (Broken Windows).

b) Escola Antropológica Criminal.

c) Nova Defesa Social.

d) Criminologia Crítica

e) Lei e Ordem

Gabarito e Explicação

Questão	Gabarito	Abordagem do assunto no livro
1	B	Capítulo 5
2	A	Capítulo 1
3	C	Capítulo 2

Bibliografia

ADLER, Freda; LAUFER, William S. eds. **New directions in criminological theory**: Advances in criminological theory. v. 4. New Brunswick: Transaction Publishers, 1993.

AGAMBEN, Giorgio. **Homo Sacer**: **o poder soberano e a vida nua**. São Paulo: Saraiva, 2010.

ARAGÃO, Antônio M. Sodré de. **As três escolas penais**. Rio de Janeiro: Freitas Vastos, 1963.

ÁVILA, Gustavo Noronha de. (Org.). **Fraturas do sistema penal. Processo Penal, Falsas Memórias e Entrevista Cognitiva: Da redução de danos à redução de dor.** Porto Alegre: Sulina, 2013.

BARATTA, Alessandro. **Criminologia crítica e Crítica do Direito Penal**: **introdução a sociologia do Direito Penal**. Rio de Janeiro, 2014.

BARROSO, Luís Roberto; MARTEL, Letícia de Campos Velho. **A morte como ela é: dignidade e autonomia no final da vida.** Revista da Faculdade de Direito da Universidade Federal de Uberlândia. v. 38. n. 1. 2010. Disponível em: <http://www.seer.ufu.br/index.php/revistafadir/article/view/18530/9930>.

BATISTA, Nilo. **Introdução crítica ao Direito Penal brasileiro**. Rio de Janeiro: Revan, 2007.

BATISTA, Vera Malaguti. **Introdução Crítica à criminologia brasileira.** Rio de Janeiro: Revan, 2011.

BECCARIA, Cesare. **Dos Delitos e das Penas**. Curitiba: Ed. Hemus, 2000.

BERISTAIN, Antonio. **Nova criminologia à luz do Direito Penal e da vitimologia.** Brasília: Editora Universidade de Brasília. 2000.

BITENCOURT. Cezar Roberto. **Tratado de Direito Penal**: Parte Geral. São Paulo: Saraiva, 2014.

BOBBIO, Norberto. **A Era dos Direitos.** Rio de Janeiro: Campus, 1992.

BUIST, Carrie L; LENNING, Emily. **Queer Criminology: New Directions in Critical Criminology**. Nova York: Routledge, 2016.

BUSATO, Paulo César. **Direito Penal Parte Geral.** São Paulo: Atlas, 2013.

BUSATO, Paulo César; CONDE, Francisco Muñoz. **Crítica ao Direito Penal do inimigo**. Rio de Janeiro: Lumen Juris, 2011.

CALDEIRA, Felipe Machado. **A evolução histórica, filosófica e teórica da pena**. Revista da EMERJ, Rio de Janeiro, n. 45, v. 12, 2009.

CALHAU, Lélio Braga. **Resumo de criminologia**. Niterói: Impetus, 2009.

CAMPOS, Carmem Hein, org. **Lei Maria da Penha comentada em uma perspectiva jurídico-feminista**. Rio de Janeiro: Lumen Juris, 2011.

CARNELUTTI, Francesco. **O problema da pena**. Belo Horizonte: Ed. Líder, 2008.

CARVALHO, Salo. **Sobre as possibilidades de uma criminologia queer**. Sistema Penal & Violência, Porto Alegre, v. 4, n. 2, p. 152-168, jul./dez. 2012.

CORNISH, Derek B.; CLARKE, Ronald V., eds. **The Reasoning Criminal: Rational Choices Perspectives on Offending.** New Brunswick: Transaction Publishers, 2014.

CORREA, Mariza. **Raimundo Nina Rodrigues e a "Garantia da Ordem Social".** REVISTA USP, São Paulo, n. 68, dez/fev 2005-2006.

CUNHA, Rogério Sanches. **Direito Penal. Parte Geral**. Salvador: Editora Juspodivm, 2016.

ELBERT, Carlos Alberto, dir; BELLOQUI, Laura, coord; **Criminología y sistema penal**: compilación *in memoriam*. Buenos Aires: Euros Editores S. R. L., 2004.

FARIAS JÚNIOR, João. **Manual de criminologia**. Curitiba: Juruá, 2009.

FELSON, Marcus; CLARKE, Ronald. **Oportunity Makes the Thief**: Practical Theory for Crime Prevention. Police Research Series, 1998. Disponível em: <http://www.popcenter.org/library/reading/pdfs/thief.pdf>. Acesso em: 24 jan. 2018.

FERNANDES, Valter; FERNANDES, Newton. **Criminologia Integrada.** São Paulo: Revista dos Tribunais, 2010.

FERRAJOLI, Luigi. **Direito e Razão.** São Paulo: Revista dos Tribunais, 2010.

FERREL, Jeff; HAYWARD, Keith; BROWN, Michelle. **Cultural Criminology**. Oxford Research Encyclopedias, sep. 2017. Disponível em: <http://criminology.oxfordre.com/view/10.1093/acrefore/9780190264079.001.0001/acrefore-9780190264079-e-202>. Acesso em: 24 fev. 2018.

FERRI, Enrico. **Sociología criminal.** Madrid: Centro Editorial de Góngora. t. II.

FONTES, Eduardo; HOFFMANN, Henrique (Org.). **Temas Avançados de Polícia Judiciária**. 2. ed. Salvador: Juspodivm, 2018.

FONTES, Eduardo; HOFFMANN, Henrique. (Org.). **Vade Mecum Carreiras Policiais**. 2. ed. Salvador: Juspodivm, 2018.

FONTES, Eduardo; MORAES, Geovane. **Temas Controversos de Direito Penal** Recife: Armador, 2016.

FONTES, Eduardo; MORAES, Geovane (Org.). **Coleção Item a Item – Delegado de Polícia**. Recife: Armador, 2016.

FOUCAULT, Michel. **Vigiar e Punir nascimento da prisão**. Petrópolis: Vozes, 2002.

GALVÃO, Fernando. **Direito Penal Parte Geral**. São Paulo: Saraiva, 2013.

GIACÓIA JUNIOR, Oswaldo. **Direitos humanos e bio-poder**. In: XIV Encontro Preparatório para o Congresso Nacional de CONPEDI, 2006, Marília/SP. **Anais do XIV Encontro Preparatório para o Congresso Nacional de CONPEDI**: A construção do saber jurídico no século XXI. Florianópolis: Fundação BOITEUX, 2005.

GOMES, Luiz Flávio. BIANCHINI, Alice. Beccaria (250 anos) e o drama do castigo penal: civilização ou barbárie? São Paulo: Saraiva, 2014.

GOMES, Luiz Flávio; MOLINA, Antonio Garcia-Pablos de. **Criminologia**. São Paulo: Revista dos Tribunais, 2008.

GRANT, José Zamora. **Derecho victimal: la víctima em el nuevo sistema penal mexicano**. Ciudad de Mexico: INACIPE, 2009.

GRECO, Rogério. **Direito Penal do Equilíbrio**: uma visão minimalista do Direito Penal. Niterói, RJ: Impetus, 2009.

GRECO, Rogério. **Curso de Direito Penal** – Parte Especial v. 3. Niterói: Impetus, 2017.

HAYWARD, Keith J.; MARUNA, Shadd; MOONEY, Jayne, eds. **Fifty Key Thinkers in Criminology**. 1 ed. New York: Routledge, 2010.

IENNACO, Rodrigo. **Behaviorismo e criminologia: controle do comportamento desviante.** Revista IBCCrim, n. 43, 2003. Disponível em: <http://www.buscalegis.ufsc.br/revistas/files/anexos/11672-11672-1-PB.htm>.

JAKOBS, Günther; MELIÁ, Manuel Cancio. **Direito Penal do Inimigo:** Noções e Críticas. Porto Alegre: Livraria do Advogado, 2012.

LIMA, Renato Sérgio de; RATTON, José Luiz; AZEVEDO, Rodrigo Ghiringhelli, (Orgs). **Crime, Polícia e Justiça no Brasil**. São Paulo: Contexto, 2014.

LIMA JÚNIOR, José César Naves de. **Criminologia.** Salvador: Juspodivm, 2017.

LOPES JR., Aury. **Direito Processual Penal**. São Paulo: Saraiva, 2014.

LOPES JR., Aury; Badaró, Gustavo Henrique Righi Ivahy. **Direito ao Processo Penal no Prazo Razoável**. Lumen Juris: Rio de Janeiro, 2006.

MANZANERA, Luis Rodriguez. **Victimología**. Cidade do México: Porrúa, 2010.

MASSON, Cleber. **Direito penal esquematizado**. v. 1. São Paulo: Método, 2014.

MATOS, Maria Amélia. **O Behaviorismo Metodológico e suas Relações com o Mentalismo e o Behaviorismo Radical.** Palestra apresentada no II Encontro Brasileiro de Psicoterapia e Medicina Comportamental, Campinas, out/93. Disponível em: <http://www.itcrcampinas.com.br/txt/behaviorismometodologico.pdf>.

MELOSSI, Dario, PAVARINI, Massimo. **Cárcere e fábrica** - As origens do sistema penitenciário (séculos XVI - XIX). Rio de Janeiro: Revan: ICC, 2006.

MILLER, J. Mitchell ed. **21st Century Criminology: A Reference Handbook**, v. 1. Thousand Oaks: SAGE Publications, 2009.

NORONHA, Magalhães. **Direito Penal**: Parte Geral. v. 1. São Paulo, Saraiva, 2004.

NUNES, Laura M. TRINDADE, Jorge. **Criminologia: trajetórias transgressivas**. Porto Alegre: Livraria do Advogado, 2013.

PENTEADO FILHO, Nestor Sampaio. **Manual esquemático de criminologia.** São Paulo: Saraiva, 2012.

PETERSON, Dana; PANFIL, Vanessa R., eds. **Handbook of LGBT Communities, Crime and Justice.** Nova York: Springer, 2014.

PRADO, Luiz Regis; CARVALHO, Érika Mendes de; CARVALHO, Gisele Mendes de. **Curso de Direito Penal Brasileiro.** São Paulo: Editora Revista dos Tribunais, 2015.

PRUDENTE, Neemias Moretti; SABADELL, Ana Lúcia. **Mudança de Paradigma: Justiça Restaurativa.** Revista Jurídica Cesumar, v. 8, n. 1, p. 49-62, 2008. Disponível em: <http://periodicos.unicesumar.edu.br/ index.php/revjuridica/article/view/719/554>.

QUEIROZ, Paulo. **Direito Penal:** Parte Geral. Rio de Janeiro: Editora Lumen Juris, 2008.

RODRIGUES. Raimundo Nina. **As Raças Humanas e a Reponsabilidade Penal no Brazil**. Editora Guanabara; Biblioteca de Cultura Scientifica dirigida pelo Prof. Afranio Peixoto. 1894.

SANTOS, José Eduardo Lourenço. **A Discriminação Racial na Internet e o Direito Penal.** O Preconceito sob a Ótica Criminal e a Legitimidade da Incriminação. Curitiba: Juruá, 2014.

SANTOS, Juarez Cirino dos. **Direito Penal:** Parte Geral. Curitiba. ICPC; Lumen Juris, 2008.

SANTOS, Juarez Cirino dos. **Manual de Direito Penal - Parte Geral**. Florianópolis: Conceito Editorial, 2012.

SCHWARTZ, Lilia Katri Moritz. **Quando a Desigualdade é Diferença:** Reflexões sobre Antropologia Criminal e Mestiçagem na obra de Nina Rodrigues. Gazeta Médica da Bahia, n.76 (Suplemento 2).

SERRANO, Alfonso Maíllo. **Introdução à criminologia: tradução de Luis Regis Prado**. São Paulo: Editora Revista dos Tribunais, 2007.

SHECAIRA, Sérgio Salomão. **Criminologia**. São Paulo: Editora Revista dos Tribunais, 2014.

SIMPSON, Sally S. **Feminist Theory, Crime and Justice.** In: Criminology Journal. v. 27:4. 1989. Disponível em: https://student.cc.uoc.gr/uploadFiles/181-%CE%9A%CE%9C%CE%9C%CE%9A397/Simpson%20Feminist%20 Theory%20crime%20and%20justice.pdf>. Acesso em 24 fev. 2018.

SUMARIVA, Paulo. **Criminologia: teoria e prática**. Niterói - RJ: Impetus, 2015.

TÁVORA, Nestor; ALENCAR, Rosmar Rodrigues **Curso de direito processual penal**. Salvador: Juspodivm, 2016.

TAYLOR, Ian; WALTON, Paul; YOUNG, Jock. **La nueva criminologia: contribución a una teoría social de la conducta desviada**. 1 ed. Buenos Aires: Amarrortu Editores, 1997.

TRINDADE, Jorge. **Manual de Psicologia Jurídica para Operadores do Direito**. Porto Alegre: Editora Livraria do Advogado, 2012.

VIANA, Eduardo. **Criminologia**. Salvador: Juspodivm, 2016.

WORTLEY, Richard; MAZEROLLE, Lorraine; eds. **Environmental Criminology and Crime Analysis.** New York: Routledge, 2011.

ZAFFARONI, Eugenio Raúl; PIERANGELI, José Henrique. **Manual de Direito Penal Brasileiro.** v. 1, parte geral. São Paulo: Editora Revista dos Tribunais, 2013.

ZAFFARONI, Eugenio Raúl. **A palavra dos mortos**: conferências de criminologia cautelar; coordenadores Luiz Flávio Gomes, Alice Bianchini. São Paulo: Saraiva, 2012.

ZAFFARONI, Eugenio Raúl. **A Questão Criminal**. Rio de Janeiro: Revan, 2013.

ZAFFARONI, Eugenio Raúl. **Tratado de Derecho Penal** - Parte General II. Buenos Aires: Ediar, 1987.

Anotações

EDITORA
JusPODIVM
www.editorajuspodivm.com.br